Schaum's Foreign Language Series

EDUCACION
Y
DOCENCIA

LECTURAS Y VOCABULARIO
EN ESPAÑOL

Protase E. Woodford
Conrad J. Schmitt

D0107751

McGraw-Hill, Inc.
New York   St. Louis   San Francisco   Auckland
Bogotá   Caracas   Lisbon   London   Madrid   Mexico City
Milan   Montreal   New Delhi   San Juan   Singapore
Sydney   Tokyo   Toronto

Sponsoring Editors: John Aliano, Meg Tobin
Production Supervisor: Leroy Young
Editing Supervisor: Patty Andrews
Cover Design: Wanda Siedlecka
Cover Illustration: Jane Sterrett
Text Design and Composition: Suzanne Shetler/Literary Graphics
Art: Grace Coughlan/Grace Design
Printer and Binder: R.R. Donnelley and Sons Company

This book is printed on recycled, acid-free paper
containing a minimum of 50% total recycled fiber with
10% postconsumer de-inked fiber.

EDUCACION Y DOCENCIA

1 2 3 4 5 6 7 8 9 10 11 12 13 14 15 DOC DOC 9 8 7 6 5 4 3

ISBN 0-07-056818-9

Library of Congress Cataloging-in-Publication Data
Woodford, Protase E.
  Educación y docencia: lecturas y vocabulario en español /
Protase E. Woodford, Conrad J. Schmitt.
        p.   cm. — (Schaum's foreign language series)
  Includes index.
  ISBN 0-07-056818-9
  1. Spanish language—Readers —Education.   2. Spanish language—Readers—
Teaching.   3. Spanish language—Textbooks for foreign speakers—English.
  I. Schmitt, Conrad J.   II. Title.   III. Series.
PC4127.E38W66   1994
468.6'421'02437—dc20   93-10682
                                                                  CIP

ABOUT THE AUTHORS

Protase E. Woodford

Mr. Woodford was Director of the Foreign Languages Department, Test Development, Schools and Higher Education Programs Division, Educational Testing Service, Princeton, New Jersey. He has taught Spanish at all academic levels. He has also served as Department Chairman in New Jersey high schools and as a member of the College Board Spanish Test Committee, the Board of Directors of the Northeast Conference on the Teaching of Foreign Languages, and the Governor's Task Force on Foreign Languages and Bilingual Education (NJ). He has worked extensively with Latin American, Middle Eastern, and Asian ministries of education in the areas of tests and measurements and has served as a consultant to the United Nations, the World Bank, and numerous state and federal government agencies. He was Distinguished Visiting Linguist at the United States Naval Academy in Annapolis (1987-88) and Visiting Professor at the Fundación José Ortega y Gasset in Gijón, Spain (1986). Mr. Woodford is the author of many high school and college foreign language textbooks, including the communicating titles in Schaum's Foreign Language Series. He has traveled extensively throughout Spain, Mexico, the Caribbean, Central America, South America, Europe, Asia, and the Middle East.

Conrad J. Schmitt

Mr. Schmitt was Editor-in-Chief of Foreign Language, ESL, and Bilingual Publishing with McGraw-Hill Book Company. Prior to joining McGraw-Hill, Mr. Schmitt taught languages at all levels of instruction from elementary school through college. He has taught Spanish at Montclair State College, Upper Montclair, New Jersey; French at Upsala College, East Orange, New Jersey; and Methods of Teaching a Foreign Language at the Graduate School of Education, Rutgers University, New Brunswick, New Jersey. He also served as Coordinator of Foreign Languages for the Hackensack, New Jersey, Public Schools. Mr. Schmitt is the author of many foreign language books at all levels of instruction, including the communicating titles in Schaum's Foreign Language Series. He has traveled extensively throughout Spain, Mexico, the Caribbean, Central America, and South America. He presently devotes his full time to writing, lecturing, and teaching.

PREFACE

The purpose of this book is to provide the reader with the vocabulary needed to discuss the fields of Education and Teaching in Spanish. It is intended for the person who has a basic background in the Spanish language and who wishes to be able to converse in this language in his or her field of expertise. The book is divided into two parts—Part One, Education and Part Two, Teaching. The content of each chapter focuses on a major area or topic relative to each of these fields. The authors wish to stress that it is not the intent of the book to teach Education or Teaching. The intent of the book is to teach the lexicon or vocabulary needed to discuss the fields of Education and Teaching in Spanish. It is assumed that the reader has learned about these fields either through college study or work experience.

The specific field-related vocabulary presented in this book is not found in basic language textbooks. This book can be used as a text in a specialized Spanish course for Education and Teaching. The book can also be used by students studying a basic course in Spanish who want to supplement their knowledge of the language by enriching their vocabulary in their own field of interest or expertise. This adds a useful dimension to language learning. It makes the language a valuable tool in the modern world of international communications and commerce. Since the gender of nouns related to professions in the romance languages involves grammatical changes that are sometimes quite complicated, we have, for the sake of simplicity, used the generic **el** form of nouns dealing with professions.

Using the Book

If a student uses the book on his or her own in some form of individualized study or leisurely reading, the following procedures are recommended to obtain maximum benefit from the book.

Since the specific type of vocabulary used in this book is not introduced in regular texts, you will encounter many unfamiliar words. Do not be discouraged. Many of the words are cognates. A cognate is a word that looks and may mean the same in both Spanish and English but is, in most cases, pronounced differently. Examples of cognates are **el estudiante** and **la educación.** You should be able to guess their meaning without difficulty, which will simplify your task of acquiring a new lexicon.

Before reading the chapter, proceed to the exercises that follow the reading. First, read the list of cognates that appears in the chapter. This cognate list is the first exercise of each chapter. Then look at the cognate exercises to familiarize yourself with them.

Continue by looking at the matching lists of English words and their Spanish equivalents. These matching lists present words that are not cognates, that is, those words that have no resemblance to one another in the two languages. Look at the English list only. The first time you look at this exercise you will not be able to determine the Spanish equivalent. The purpose of looking at the English list is to make you aware of the specific type of vocabulary you will find in reading the chapter. After having looked at the English list, read the Spanish list; do not try to match the English-Spanish equivalents yet.

After you have reviewed the cognates and the lists of English words, read the chapter quickly. Guess the meanings of words through the context of the sentence. After having read the chapter once, you may wish to read it again quickly.

After you have read the chapter once or twice, attempt to do the exercises. Read the chapter once again, then complete those exercises you were not able to do on the first try. If you cannot complete an exercise, check the answer in the Answer Key in the Appendix. Remember that the exercises are in the book to help you learn and use the words; their purpose is not to test you.

After going over the exercises a second time, read the chapter again. It is not necessary for you to retain all the words; most likely, you will not be able to. However, you will encounter many of the same words again in subsequent chapters. By the time you have finished the book, you will retain and be familiar with enough words to enable you to discuss the fields of Education and Teaching in Spanish with a moderate degree of ease.

If there is a reason for you to become expert in carrying on discussions about education or teaching in Spanish, it is recommended that you reread the book frequently. It is more advantageous to read and expose yourself to the same material often. Do not attempt to study a particular chapter arduously until you have mastered it. In language acquisition, constant reinforcement is more beneficial than tedious, short-term scrutiny.

In addition to the vocabulary exercises, there is a series of comprehension exercises in each chapter. These comprehension exercises will provide you with an opportunity to discuss, on your own, education and teaching and enable you to use the new vocabulary you just learned.

If you are interested in fields other than Education and Teaching, you will find, on the back cover of this book, a complete list of the titles and the fields available to you.

CONTENTS

Capítulo 1
HISTORIA

Objetivos de la educación

En todas las sociedades, desde las más primitivas hasta las más avanzadas, en todos los tiempos, desde la prehistoria hasta hoy, la meta de la educación ha sido la preparación de los jóvenes para entrar en y contribuir a la sociedad. En las sociedades primitivas la educación se enfocaba en las destrezas y habilidades necesarias para la supervivencia: la caza[1], la pesca[2], el cultivo y la recolección[3] de algunas frutas y legumbres.

Socialización La educación también se ha preocupado siempre de transmitir la cultura a las generaciones venideras[4]; de exponer a los jóvenes a los valores, creencias y normas de la sociedad; de enseñarles a respetar las instituciones establecidas como la religión y la familia. La educación es, pues, un aspecto de la socialización. Por eso la educación refleja las normas y valores de la sociedad. Un joven indígena de la selva[5] suramericana aprende de su padre cómo hacer una flecha[6]. En una comunidad agrícola de los EE.UU. los jóvenes toman cursos de agronomía. En las escuelas de Londres, Madrid y Nueva York los estudiantes aprenden a usar la informática.

Porque una meta de la educación es la socialización de los jóvenes, no es de sorprender que la religión haya jugado un papel primordial en la educación. La palabra «rabino» en hebreo significa «maestro». Sus discípulos le llamaban a Jesús «maestro». En el islam, los imanes son maestros que guían al pueblo en cuestiones de religión y moral. Los gurus hindúes son maestros espirituales.

Preparación del clero: la Europa medieval En la Europa medieval la educación formal era para los religiosos y los hijos de los nobles y estaba en manos del clero. Casi todo el mundo era analfabeto. Pocos eran los hombres que aprendieron a leer y menos las mujeres. Caso aparte era la España musulmana. En el año 900 en Córdoba había 28 escuelas gratuitas para los pobres cuando en la Europa cristiana no había ni una. Una meta importante de la educación era la preparación del clero. Los sacerdotes[7] tenían que saber leer.

Las primeras universidades europeas datan de la Edad Media: Oxford (1167), París (1150), Cambridge (1209), Salamanca (1230) y Alcalá de Henares (1498). Las primeras universidades en las Américas, a imitación de la de Salamanca, eran

---

[1]*hunting* [2]*fishing* [3]*harvest* [4]*future* [5]*tropical forest* [6]*arrow* [7]*priests*

las de Santo Domingo (1538), México (1553) y Lima (1553). Las primeras universidades en Norteamérica, Harvard (1636) y Yale (1701), también se dedicaban a la preparación del clero.

Necesidad de mano de obra diestra: la Revolución industrial Las escuelas públicas, tales como las conocemos hoy, son producto de la Revolución industrial. Anteriormente, la aristocracia gozaba de una educación clásica: filosofía, retórica, lógica. Las masas trabajaban la tierra sin necesidad de leer ni escribir. Con la Revolución industrial vino la necesidad de mano de obra diestra. Se necesitaban ingenieros y técnicos. Las primeras escuelas públicas se fundaron para proveer una educación básica a los futuros trabajadores especializados. Se entendía que una sociedad industrializada necesitaba trabajadores con cierto nivel de instrucción. La universidad, entonces, se limitaría a la aristocracia. En muchos países europeos las escuelas públicas eran responsabilidad de la iglesia. En España la educación primaria y secundaria estaba casi exclusivamente en manos de la iglesia hasta después de la muerte del General Franco en 1975, y en Inglaterra hasta mediados del siglo XIX.

Educación pública gratuita: los Estados Unidos En los EE.UU. la idea de la educación pública y gratuita tiene una larga historia. La primera escuela pública en los EE.UU. fue la Boston Latin School, fundada en 1635 y todavía en función. Los estados individuales tienen la responsabilidad por la educación y no el gobierno federal. En muchos estados la responsabilidad directa queda en manos de las comunidades locales, las ciudades, los pueblos o los condados. Al principio, la educación pública gratuita se limitaba a la escuela primaria. Ya para comienzos de este siglo eran bastante comunes las escuelas secundarias públicas y gratuitas, aunque la proporción de la potencial población estudiantil que servían era muy reducida.

Fue en Massachusetts donde se fundó la primera escuela pública; también fue Massachusetts, en 1852, el primer estado en hacer obligatoria la educación para todos los niños. No fue hasta 1918 que Misisipí y 1929 que Alaska hicieron lo mismo. En algunos estados, como Utah, Nuevo México y Ohio, la educación es obligatoria hasta los 18 años de edad. En Misisipí es hasta los 14, y en 33 estados hasta los 16.

Hoy la educación postsecundaria pública, si no totalmente gratuita, casi gratuita, se encuentra en la mayoría de los estados. El «community college», un tipo de instituto postsecundario que corresponde a los dos primeros años de universidad, se ha hecho muy popular en los últimos 20 años. También hay universidades públicas que ofrecen programas hasta el nivel de doctorado.

Según el censo más reciente, en los grados 1 a 8 inclusive, había 25.897.000 alumnos en las escuelas públicas y otros 2.740.000 en las escuelas privadas. En los grados 9 a 12 había 11.980.000 estudiantes en las escuelas públicas y 809.000 en las privadas. Para mantener este tremendo sistema público se requiere una inversión impresionante de fondos—según el último censo unos $158.827.473.000.

ESTUDIO DE PALABRAS

Ejercicio 1   Study the following cognates that appear in this chapter.

el objetivo	la población	directo
la educación	el programa	local
la sociedad	el doctorado	obligatorio
la preparación	el censo	postsecundario
la socialización	el grado	reciente
la cultura	la revolución	industrial
la generación	la aristocracia	público
la norma	la filosofía	clásico
la institución	la retórica	técnico
la religión	la lógica	básico
la familia	la masa	especializado
el aspecto	la instrucción	industrializado
la comunidad	el gobierno	primario
el curso		secundario
la agronomía	primitivo	federal
el discípulo	avanzado	
la cuestión	necesario	contribuir
la universidad	espiritual	transmitir
los fondos	medieval	exponer
el sistema	formal	respetar
la responsabilidad	gratuito	mantener

Ejercicio 2   Complete each expression with the appropriate word(s).

1. primitive society   la sociedad _____
2. advanced society   la _____ avanzada
3. future generations   las _____ venideras
4. societal values   los valores de la _____
5. formal education   la _____ formal
6. primary education   la _____ primaria
7. secondary education   la educación _____
8. postsecondary education   la _____ postsecundaria
9. public education   la educación _____
10. private education   la _____ privada
11. free public education   la _____ _____
    gratuita
12. public school   la escuela _____
13. private school   la escuela _____
14. Industrial Revolution   la Revolución _____
15. basic education   la educación _____
16. obligatory education   la educación _____
17. recent census   el censo _____
18. student population   la _____ estudiantil

Ejercicio 3   Match the verbs in Column A with related nouns in Column B.

A	B
1. entrar	a. la transmisión
2. contribuir	b. la necesidad
3. preparar	c. la instrucción
4. transmitir	d. la entrada
5. educar	e. la dedicación
6. dedicar	f. la contribución
7. necesitar	g. el mantenimiento
8. proveer	h. la preparación
9. instruir	i. la educación
10. mantener	j. la provisión
11. exponer	k. el respeto
12. respetar	l. la exposición

Ejercicio 4   Select the appropriate word(s) to complete each statement.

1. Hay diferentes _____ para los estudiantes con diferentes intereses y habilidades.
   a. programas   b. sistemas   c. fondos
2. Los estudiantes toman unos cinco _____ cada semestre.
   a. aspectos   b. sistemas   c. cursos
3. La _____ pública es gratuita.
   a. comunidad   b. instrucción   c. socialización
4. Una escuela elemental es una escuela _____.
   a. secundaria   b. primaria   c. clásica
5. El número de habitantes es la _____.
   a. comunidad   b. familia   c. población
6. Un ingeniero recibe mucha instrucción _____.
   a. clásica   b. técnica   c. básica
7. El gobierno local tiene la _____ de mantener y administrar las escuelas públicas.
   a. responsabilidad   b. cuestión   c. preparación

Ejercicio 5   Match the word in Column A with its synonym or definition in Column B.

A	B
1. los fondos	a. obligatorio
2. medieval	b. dar
3. contribuir	c. la ciencia de la agricultura
4. necesario	d. la nobleza
5. la aristocracia	e. el estudiante
6. la masa	f. de la Edad Media
7. la agronomía	g. el pueblo
8. el discípulo	h. el dinero

Ejercicio 6   Match the word in Column A with its opposite in Column B.

A	B
1. avanzado	a. local
2. formal	b. privado
3. federal	c. facultativo
4. primario	d. primitivo
5. público	e. secundario
6. obligatorio	f. informal

Ejercicio 7   Match the English word in Column A with its Spanish equivalent in Column B.

A	B
1. belief	a. la meta
2. investment	b. la destreza
3. skill	c. la habilidad
4. level, grade	d. la supervivencia
5. ability	e. el valor
6. goal	f. la creencia
7. county	g. la iglesia
8. survival	h. el nivel
9. church	i. el condado
10. value	j. la inversión

Ejercicio 8   Complete each statement with the appropriate word(s).
1. En los Estados Unidos, muchos estados se dividen en _____.
2. La _____ de la educación es la preparación de los jóvenes.
3. Cada alumno tiene sus propias _____ y _____. Es una meta de la educación desarrollar estas _____ y _____ individuales.
4. Cada _____ (el cristianismo, el judaísmo, el islam) tiene sus

_____.
5. El _____ de educación del individuo depende del número de años que ha asistido a la escuela. El doctorado, por ejemplo, es el _____ más alto.
6. Para mantener el sistema público de educación se requiere una _____ enorme de fondos.
7. Cada sociedad o cultura tiene su propio sistema de _____.
8. La sede de la _____ Católica Romana está en Roma.

Ejercicio 9   Match the English word or expression in Column A with its Spanish equivalent in Column B.

A	B
1. illiterate	a. enfocarse
2. labor, workers	b. enseñar
3. to focus	c. aprender
4. computer science	d. primordial

5. to learn
6. skillful
7. to teach
8. clergy
9. fundamental, very important

e. analfabeto
f. la informática
g. la mano de obra
h. diestro
i. el clero

Ejercicio 10   Complete each statement with the appropriate word(s).
1. Los profesores _____ y los alumnos _____.
2. El que no sabe leer ni escribir es _____.
3. Los sacerdotes, los curas, los rabinos y los imames son todos miembros del _____.
4. La educación juega un papel _____ en la transmisión de la cultura de una generación a otra.
5. Los países industrializados necesitan mucha _____ diestra.
6. La tecnología exige una mano de obra _____.
7. La _____ es la ciencia que tiene que ver con computadoras (ordenadores).

Ejercicio 11   Match the word in Column A with its synonym or definition in Column B.

A	B
1. la creencia	a. la habilidad
2. la destreza	b. el objetivo
3. diestro	c. muy importante
4. la meta	d. lo que se cree
5. primordial	e. hábil

Ejercicio 12   Match the verbs in Column A with related nouns in Column B.

A	B
1. enfocar	a. la enseñanza
2. enseñar	b. la creencia
3. aprender	c. el enfoque
4. creer	d. la inversión
5. invertir	e. el aprendizaje

COMPRENSION

Ejercicio 1   Answer.
1. ¿Cuál es la meta primordial de la educación?
2. ¿En qué se enfocaba la educación en las sociedades primitivas?
3. ¿Cuáles son otras metas u otros objetivos de la educación?
4. ¿Para quiénes era la educación en la Europa medieval?
5. ¿Por qué son las escuelas públicas un producto de la Revolución industrial?
6. ¿Qué necesitaba una sociedad industrializada?

7. ¿Para quiénes era la educación antes de la Revolución industrial?
8. ¿Dónde fue fundada la primera escuela pública en los Estados Unidos?
9. En los EE.UU., ¿quiénes son responsables de la educación?
10. ¿Cuál fue el primer estado en hacer obligatoria la educación?

Ejercicio 2   Follow the directions.
1. Dé ejemplos de cómo la religión ha jugado un papel importante en la educación.
2. Cite algunas de las universidades más antiguas.
3. Dé una definición de un «community college».

Capítulo 2
CARRERAS EN LA
EDUCACION

Cuando se piensa en las carreras en el campo de la educación, se piensa primero en la docencia. No cabe duda que el maestro está en el centro del proceso educativo. Pero la educación ofrece otras posibilidades profesionales además de la docencia.

Maestro especialista

Además del maestro de salón, que puede ser de grado en las escuelas elementales o de materia o asignatura en las escuelas secundarias, hay una variedad de puestos para especialistas. Algunas de las especialidades son: lectura, educación especial, inglés como segundo idioma, educación bilingüe. Estos especialistas típicamente viajan de salón en salón o de escuela en escuela. Los especialistas tienen que tener un entrenamiento y una preparación especiales para su trabajo. Muchas veces tienen una maestría en su área de especialización.

Consejero

Los consejeros tienen la responsabilidad de ayudar a guiar a los alumnos en su carrera estudiantil. Les aconsejan en cuanto a los cursos que deben tomar para lograr[1] sus propias metas. Cuando los estudiantes confrontan problemas en el aprendizaje, o a veces problemas personales, los consejeros les ayudan a resolverlos. A veces los consejeros sirven de intermediarios entre alumnos y maestros cuando surgen conflictos interpersonales. En las escuelas superiores los consejeros les ayudan a los estudiantes que quieren asistir a la universidad a escoger las instituciones más apropiadas para ellos. También les ayudan con las solicitudes y los otros trámites necesarios como las solicitudes de becas o préstamos. Los consejeros interpretan los resultados de las pruebas de admisión o de aptitud para ayudar a los estudiantes a escoger una universidad. Los consejeros invitan a representantes de las universidades a visitar a sus escuelas para hablar con los estudiantes. Muchos consejeros comienzan su carrera como maestros de salón. Después toman cursos especiales para consejeros.

Bibliotecario

Las bibliotecas escolares pueden ser muy pequeñas o pueden ser enormes. En algunas escuelas superiores con miles de estudiantes, las bibliotecas son más

---

[1] *achieve, meet, fulfill*

grandes que muchas bibliotecas municipales. Los bibliotecarios en las escuelas tienen todas las responsabilidades típicas de la profesión como la compra, la catalogación y el control de los libros y revistas. Hoy, además de los materiales impresos, los bibliotecarios también se ocupan de materiales como videos, discos y casetes. Los bibliotecarios en las escuelas, especialmente las escuelas elementales, les enseñan a los alumnos a usar los recursos de la biblioteca.

Psicólogo

En un distrito escolar puede haber uno o más psicólogos dependiendo del tamaño[2] del distrito. Por lo general, el psicólogo trabaja en las oficinas centrales. Cuando hay un problema con algún alumno es común que el psicólogo, junto con un consejero y el maestro de salón, formen un equipo para tratar de resolver el problema. Algunas «herramientas»[3] del psicólogo son: las entrevistas con el alumno y los padres, la aplicación y el análisis de los resultados de pruebas psicológicas, el estudio de los antecedentes académicos del alumno.

Especialista en evaluación

Esta persona tiene la responsabilidad de las actividades de evaluación en la escuela o en el distrito. En los distritos grandes el especialista es psicómetra. Su formación es en el campo de la psicometría, la rama de la psicología que enfoca en la medición de las habilidades mentales. Los especialistas en evaluación tienen que tener una preparación amplia en las estadísticas y su interpretación. Ellos ayudan a aplicar e interpretar los resultados de los exámenes estandarizados que se usan en el distrito. También pueden ayudar a los docentes en la elaboración de pruebas y exámenes locales, a nivel de distrito, escuela o salón de clase. Otra responsabilidad de estos especialistas es el mantenimiento de los archivos con los resultados de los exámenes a través del tiempo para poder identificar tendencias en el rendimiento académico.

Principal

Hay varios niveles administrativos en todos los centros educativos desde las escuelas pequeñas hasta las grandes universidades y ministerios de educación. El principal era, originalmente, el maestro «principal» de la escuela. Era el primero entre iguales. Hoy los principales son casi siempre exclusivamente administradores. Sus responsabilidades no les permiten el placer de enseñar unas clases. Los principales son los encargados de una escuela, sea grande o pequeña. En las escuelas grandes el principal tiene bajo él o ella uno o más viceprincipales. En muchos casos los viceprincipales tienen áreas específicas de responsabilidad: viceprincipal para currículo, viceprincipal para disciplina, etc.

Jefe de departamento o «coordinador»

En las escuelas superiores los maestros son especialistas en determinadas materias: matemáticas, ciencias, estudios sociales, lenguas extranjeras, etc. Cada departamento tiene su jefe o director. Hoy es común llamar a los jefes de

---

[2]*size*   [3]*tools*

departamentos «coordinadores». Así hay un coordinador de matemáticas, de ciencias, etc. Esta persona normalmente enseña algunas clases a la vez que desempeña[4] su cargo administrativo. Los jefes de departamento o coordinadores observan y evalúan a los docentes en su departamento. Preparan presupuestos para textos y otros materiales. Asignan a los maestros a las diferentes clases. Sobre todo, sirven de recurso a los otros maestros, especialmente a los novatos. En algunos estados los coordinadores o jefes de departamento tienen que tener una licencia de supervisor para desempeñar el cargo de coordinador o jefe. En las escuelas grandes hay jefes o coordinadores para los consejeros, para los maestros especialistas, para los programas atléticos, etc.

Superintendentes, directores y otros coordinadores

Más adelante se tratará de la organización de las escuelas y los distritos escolares. En todo caso, en los EE.UU. la persona encargada de todas las actividades educativas dentro de un distrito escolar es el superintendente. En los distritos grandes la administración se compone de un superintendente, varios superintendentes auxiliares, directores de varios tipos, coordinadores de transporte, mantenimiento, etc., más un grupo grande de profesionales y trabajadores de muchas clases.

---

[4]*carries out*

ESTUDIO DE PALABRAS

Ejercicio 1   Study the following cognates that appear in this chapter.

el proceso	la aplicación	educativo
la oportunidad	el análisis	profesional
el especialista	el resultado	elemental
el grado	la evaluación	especial
la educación	la estadística	bilingüe
la especialización	la interpretación	personal
el área	la administración	superior
el problema	el principal	central
el intermediario	el administrador	psicológico
el conflicto	el viceprincipal	académico
la aptitud	el currículo	auxiliar
la admisión	la disciplina	
la catalogación	el director	resolver
el material	el coordinador	observar
el video	el supervisor	evaluar
la (el) casete	el texto	
el disco	la licencia	
el psicólogo	el superintendente	
el distrito		

Ejercicio 2   Complete each expression with the appropriate word(s).
1. educational process   el _____ educativo
2. elementary school   la escuela _____
3. high school   la _____ superior
4. secondary school   la escuela _____
5. special education   la _____ especial
6. specialized area   el _____ de especialización
7. personal problems   los problemas _____
8. aptitude test   la prueba de _____
9. printed materials   los _____ impresos
10. central office   la oficina _____
11. district office   la _____ del distrito
12. psychological tests   las pruebas _____
13. academic background   los antecedentes _____
14. academic achievement   el rendimiento _____
15. department head   el jefe de _____
16. supervisor's certificate   la licencia de _____
17. assistant superintendent   el _____ auxiliar

Ejercicio 3   Complete each statement with the appropriate word(s).
1. En muchos distritos la educación formal empieza en el kínder, el jardín de infancia, y termina con el quinto o sexto _____.
2. Muchos docentes o maestros son generalistas y otros tienen un campo o área de _____.
3. El psicólogo les ayuda a los alumnos a _____ problemas personales o _____ interpersonales.
4. Muchos distritos ofrecen programas de educación _____ porque tienen alumnos que no hablan inglés.
5. Muchas veces el psicólogo o el consejero sirve de _____ en la resolución de problemas o conflictos.
6, El principal y el superintendente son _____.

Ejercicio 4   Put the following careers in correct hierarchical order.
el principal
el superintendente auxiliar
el jefe de departamento
el maestro de materia
el viceprincipal
el superintendente

Ejercicio 5   Match the verbs in Column A with related nouns in Column B.

A	B
1. educar	a. la aplicación
2. especializar	b. la evaluación
3. aplicar	c. la observación

4. analizar
5. resolver
6. evaluar
7. interpretar
8. administrar
9. observar
10. supervisar

d. la educación
e. la administración
f. la supervisión
g. la resolución
h. la especialización
i. el análisis
j. la interpretación

Ejercicio 6   Match the English word or expression in Column A with its Spanish equivalent in Column B.

A
1. career
2. teaching
3. classroom teacher
4. teacher
5. subject matter teacher
6. subject
7. position
8. training
9. guidance counselor
10. master's degree
11. to guide
12. to advise

B
a. el docente, el maestro
b. la materia, la asignatura
c. el consejero
d. guiar
e. el maestro de salón
f. la maestría
g. la carrera
h. aconsejar
i. la docencia
j. el maestro de materia
k. el puesto
l. el entrenamiento, la formación

Ejercicio 7   Complete each statement with the appropriate word(s).
1. En las escuelas elementales el _____ tiende a enseñar casi todas las asignaturas o materias.
2. En las escuelas secundarias el _____ tiene su propia área de especialización.
3. El _____ ayuda a los estudiantes a resolver sus problemas y a encontrar una universidad apropiada, por ejemplo.
4. El consejero tiene que tener _____ especial.
5. El consejero les _____ y _____ a los estudiantes.
6. Muchos docentes tienen su _____, es decir, cinco años de preparación universitaria.
7. Cuando pensamos en una _____ en el campo de la educación, casi siempre pensamos en la _____ pero la verdad es que hay muchos otros _____, como consejero, coordinador, administrador, etc.

Ejercicio 8   Match the English word or expression in Column A with its Spanish equivalent in Column B.

A
1. reading
2. English as a second language (ESL)

B
a. la beca
b. el préstamo estudiantil
c. los trámites

3. learning
4. application (for something)
5. scholarship
6. student loan
7. test
8. procedures, formalities
9. interview
10. team

d. la lectura
e. el inglés como segundo idioma
f. el equipo
g. el aprendizaje
h. la entrevista
i. la solicitud
j. la prueba, el examen

Ejercicio 9   Complete each statement with the appropriate word(s).
1. Tiene que llenar una _____ si quiere matricularse en la universidad.
2. Se ofrecen programas de _____ a los alumnos que no dominan el inglés, que no lo hablan en casa.
3. Muchos alumnos tienen que solicitar una _____ o un _____ estudiantil para asistir a la universidad porque su familia no tiene los recursos económicos necesarios.
4. Hay que tomar una _____ de aptitud académica antes de poder asistir a muchas universidades.
5. El maestro de salón, el consejero, el psicólogo y el sociólogo forman un _____ de especialistas para ayudar a los alumnos con problemas o necesidades especiales.
6. La _____ es de suma importancia porque el que sabe leer tendrá más éxito en el proceso educativo. El que no sabe leer encontrará muchas dificultades.

Ejercicio 10   Match the English word or expression in Column A with its Spanish equivalent in Column B.

A	B
1. library	a. la rama
2. librarian	b. los archivos
3. resources	c. la medición
4. branch	d. el novato
5. measurement	e. la biblioteca
6. at district level	f. el presupuesto
7. files	g. el bibliotecario
8. budget	h. a nivel de distrito
9. novice, beginner	i. los recursos

Ejercicio 11   Complete each statement with the appropriate word(s).
1. Hay muchos libros y revistas en una _____.
2. El _____ se encarga de la biblioteca.
3. El _____ es el que tiene muy poca experiencia.
4. Las bibliotecas les ofrecen muchos _____ a los estudiantes que sirven.

5. En la mayoría de los sistemas escolares hay varios administradores a
_____ de _____.
6. Las escuelas tienen que mantener _____ sobre cada alumno.
7. Los administradores tienen que preparar _____ para textos, salarios, mantenimiento de planta, etc.

Ejercicio 12   Match the word or expression in Column A with its definition or synonym in Column B.

A	B
1. el docente	a. la formación
2. la docencia	b. el oficio
3. la asignatura	c. el examen
4. el entrenamiento	d. lo que hay disponible
5. una serie de procesos	e. el maestro
6. la prueba	f. el que guía y da consejos
7. el presupuesto	g. la enseñanza
8. los recursos	h. el pronóstico financiero
9. el consejero	i. la materia
10. la carrera	j. los trámites

COMPRENSION

Ejercicio 1   Answer.
1. ¿Quién está en el centro del proceso educativo?
2. ¿Cuáles son algunas responsabilidades de los consejeros?
3. ¿Cómo comienzan sus carreras muchos consejeros?
4. ¿Cuáles son algunas «herramientas» del psicólogo?
5. En las escuelas grandes, ¿qué tienen los viceprincipales?
6. ¿Cuál es otro nombre que se les da a los jefes o directores de departamentos?

Ejercicio 2   Describe what each of the following does.
1. el maestro de salón
2. el maestro de materia o asignatura
3. un especialista
4. el consejero
5. el bibliotecario
6. el psicólogo
7. el especialista en evaluación
8. el principal
9. el viceprincipal
10. el jefe de departamento

Ejercicio 3   Follow the directions.

1. Prepare Ud. una lista de algunas posibilidades profesionales que existen en la educación además de la docencia.
2. Prepare Ud. una lista de los varios niveles administrativos en un distrito escolar.
3. Prepare Ud. una lista de las responsabilidades de un jefe de departamento.

Capítulo 3
CARACTERISTICAS DEL DOCENTE

Nadie niega que el deseo de ayudar y guiar a los jóvenes es una característica esencial de todo educador. Pero se requiere también años de práctica y buen juicio profesional.

Prototipos de maestros

El pedagogo alemán, Georg Kerschenteiner (1894–1932) en su obra *El alma del educador y el problema de la formación del maestro* dijo que había cuatro tipos básicos de maestros, y que cada tipo correspondía a una manera de enseñar. Según Kerschenteiner los cuatro tipos de maestros eran los ansiosos[1], los indolentes[2], los ponderados[3] y los natos[4].

El maestro ansioso El maestro ansioso emplea casi exclusivamente procedimientos pasivistas. Por miedo o por otra razón, evita provocar la iniciativa y la creatividad de sus alumnos. Nunca le plantea al alumno un problema para resolver independientemente.

El maestro indolente El maestro indolente es, sencillamente eso, perezoso y haragán[5]. Deja que los educandos se eduquen por sí solos, sin guía. Ni siquiera se preocupa de mantener el orden en el salón de clase.

El maestro ponderado El maestro ponderado es concienzudo y responsable. Sabe mantener un equilibrio entre el control y la libertad. Aprecia la iniciativa individual. Les presenta a los alumnos buenos modelos y patrones de conducta que les atraen. Es siempre honesto. Es un buen maestro.

El maestro nato El maestro nato, según Kerschenteiner, es *rara avis in terra*. Hay muy pocos de ellos. Son maestros por excelencia. Saben resolver los más complicados problemas pedagógicos. Son prácticos. Tienen excelente juicio y tienen la fuerza de sus convicciones.

Características del buen maestro

Conocimiento de la materia y técnicas eficaces Es obvio que para ser buen maestro es necesario dominar la materia que se enseña, pero no es bastante. El buen pedagogo también tiene que poder aplicar técnicas y métodos eficaces. Es importante tener los conocimientos y es indispensable poder transmitirlos. Pero no se trata solamente de la transferencia de información. Hay que levantar el interés y

---

[1]*anxious*   [2]*lazy*   [3]*prudent, cautious*   [4]*born (natural)*   [5]*lazy*

la curiosidad en el educando para que así desarrolle sus habilidades mentales. El buen maestro trata de analizar la dinámica de este proceso para desarrollarla al máximo.

LAS VIRTUDES DEL MAESTRO IDEAL

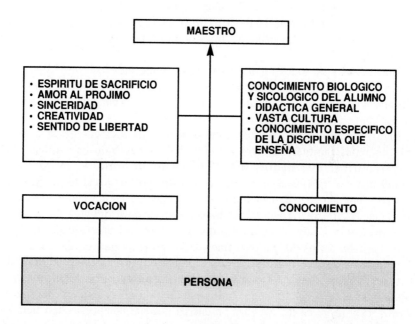

Flexibilidad La flexibilidad es una característica del pedagogo eficaz. Sabe que no hay solamente una técnica o metodología idónea para cada situación. Sabe que diferentes estudiantes o grupos de estudiantes no responden de la misma manera al mismo procedimiento o estrategia de enseñanza.

Factores indispensables Richard Arends en su libro *Learning to Teach* considera los siguientes cuatro factores como indispensables para el buen pedagogo. El buen pedagogo debe poseer: (1) una base de conocimientos que sirve de guía para la docencia, (2) un repertorio de técnicas eficaces, (3) las destrezas y actitudes necesarias para reflexionar y resolver problemas y (4) el reconocimiento que el aprender a enseñar es un proceso de toda la vida.

Demografía de la docencia

Sexo En los Estados Unidos hay más de dos millones de docentes en las escuelas primarias y secundarias del país. De ese número solamente una tercera parte se compone de[6] varones[7]. No obstante, la proporción de varones sube según

---

[6]*is made up of*   [7]*males*

el nivel o grado. En las escuelas superiores las mujeres representan aproximadamente el 38% de los docentes, mientras que en las escuelas elementales son el 85%.

Edad Durante la década de los 80, el grupo total de docentes en los EE.UU. era mayor en edad que el promedio de la fuerza laboral[8]. Mientras que la edad promedio para todos los trabajadores era de aproximadamente 36 años, el promedio para maestros era de 41 años. Menos del 30% de los docentes tenía menos de 35 años de edad. El maestro típico tenía unos 15 años de experiencia profesional, y más del 30% de los docentes tenían más de 20 años de experiencia.

Educación Casi todos los maestros tienen título universitario: 75% de ellos tienen un bachiller en educación y más del 50% una maestría, también en educación. Casi tres de cada cuatro docentes son casados con hijos. La mayoría de los docentes se jubilan a los 65 años.

El 50% de las madres de los docentes eran amas de casa; el 13% de las madres eran docentes también. El 16% de ellas habían recibido uno o más títulos universitarios. Los padres del 25% de los docentes eran gerentes o administradores. El 17% de ellos eran administradores en los sistemas educativos del país. También el 25% habían asistido a la universidad por cuatro años o más. Solamente el 20% de los padres eran trabajadores no diestros[9].

Experiencia La demografía de la docencia cambiará dramáticamente durante toda la década de los 90. Ya para fines de los 80 empezaba el retiro de grandes números de maestros mayores. Estos cambios reflejan también unos cambios demográficos nacionales. Durante los 70 hubo un descenso en el número de estudiantes y, por consiguiente, una disminución en el número de maestros nuevos. Hoy se ve en las escuelas un cuerpo docente compuesto de veteranos y novatos, con muy pocos en el medio. La mayoría de los maestros tienen mucha o muy poca experiencia.

Motivación Casi todos los maestros citan «el deseo de trabajar con gente joven» como la razón más importante por haber escogido la docencia como profesión. El «interés en una disciplina o campo específico» fue la segunda razón más importante y la tercera era «el valor que tiene la educación para la sociedad». Para muchos maestros la docencia ofrece algunas condiciones atractivas tales como las largas vacaciones y la relativa facilidad para ingresar en la profesión. Hasta recientemente, la docencia ha sido una de las profesiones mejor pagadas para mujeres. No obstante, todavía hay oficios que no requieren título universitario y que pagan sueldos superiores a los salarios de los maestros. Es obvio que los que se dedican a la enseñanza no lo hacen por el dinero.

---

[8]*work force*   [9]*unskilled*

ESTUDIO DE PALABRAS

Ejercicio 1 Study the following cognates that appear in this chapter.

el educador	la sinceridad	honesto
la práctica	el espíritu	pedagógico
el pedagogo	la vocación	práctico
el tipo	la flexibilidad	indispensable
la iniciativa	el grupo	mental
la creatividad	la estrategia	biológico
el orden	el repertorio	sicológico
el equilibrio	la actitud	
el control	la demografía	requerir
la libertad	la década	corresponder
el modelo	la experiencia	provocar
la conducta	el descenso	resolver
la convicción	la disminución	mantener
el método	la motivación	apreciar
la transferencia	la facilidad	aplicar
la información	la profesión	transmitir
el interés		analizar
la curiosidad	básico	responder
la dinámica	independiente	reflexionar
el proceso	responsable	dedicarse

Ejercicio 2 Match the word in Column A with its definition in Column B.

A	B
1. el educador	a. absolutamente necesario
2. básico	b. la capacidad de acomodarse
3. apreciar	c. comprender el valor de algo
4. la conducta	d. los informes
5. indispensable	e. el procedimiento
6. transmitir	f. el profesor, el maestro, el docente
7. la información	g. la baja
8. el proceso	h. el comportamiento
9. la flexibilidad	i. fundamental
10. el descenso	j. comunicar, transferir
11. la década	k. el inventario
12. el repertorio	l. un período de diez años

Ejercicio 3 Complete each expression with the appropriate word(s).
1. good professional judgement   el buen juicio _____
2. to maintain order   _____ el orden

3. self-initiative   la _____ individual
4. mental skills   las habilidades _____
5. teaching strategy   la _____ de enseñanza
6. years of experience   los años de _____
7. Bachelor's (degree) in   el bachillerato en _____
   Education
8. Master's (degree) in Education   la maestría en _____

Ejercicio 4   Match the verbs in Column A with related nouns in Column B.

A	B
1. requerir	a. la transferencia
2. iniciar	b. la disminución
3. resolver	c. el descenso
4. mantener	d. el requisito
5. aplicar	e. la motivación
6. transmitir	f. la resolución
7. transferir	g. la dedicación
8. analizar	h. el mantenimiento
9. descender	i. la iniciativa
10. disminuir	j. el análisis
11. motivar	k. la aplicación
12. dedicar	l. la transmisión

Ejercicio 5   Complete each statement with the appropriate word(s).
1. Hay que poder iniciar programas y actividades. Hay que tomar la

   _____.
2. Decir la verdad es una característica de una persona _____.
3. En la enseñanza no hay un solo proceso, técnica o _____ eficaz.
4. Es indispensable darles a los alumnos tareas que les piquen el _____
   o la _____.
5. La _____ es lo que le da a uno el deseo de hacer o cumplir algo.
6. El buen educador tiene que tener una _____ positiva hacia (ante) sus
   alumnos.
7. El buen maestro tiene que saber _____ el orden en el salón de clase.
   Hay que tener un _____ entre la disciplina y la libertad.

Ejercicio 6   Match the English word in Column A with its Spanish equivalent in Column B.

A	B
1. judgement	a. el patrón
2. procedure	b. la habilidad
3. learner	c. la destreza
4. pattern	d. el juicio
5. knowledge	e. el nivel
6. ability	f. el procedimiento

7. skill, expertise, dexterity
8. recognition, awareness
9. level
10. suitable, proper

g. idóneo
h. el educando
i. el reconocimiento
j. los conocimientos

Ejercicio 7   Give the word or expression being defined.
1. el proceso
2. la capacidad
3. el grado
4. apropiado
5. el que aprende
6. la habilidad, el arte

Ejercicio 8   Complete each statement with the appropriate word(s).
1. No hay un solo método _____ para todos los educandos.
2. Es necesario que el maestro tenga buen _____, que sepa tomar buenas decisiones.
3. Hay más varones (hombres) que enseñan en el _____ secundario que en el _____ elemental.
4. A veces es aconsejable seguir un modelo o _____.
5. El buen maestro debe tener un _____ profundo de la materia que enseña.

Ejercicio 9   Match the English word or expression in Column A with its Spanish equivalent in Column B.

A	B
1. to have (acquire) a thorough knowledge of, master	a. jubilarse
2. to develop	b. la edad
3. average	c. la gente joven
4. age	d. dominar
5. degree	e. el retiro
6. to retire	f. desarrollar
7. retirement	g. el título
8. young people	h. el promedio

Ejercicio 10   Complete each statement with the appropriate word(s).
1. El buen maestro tiene que _____ la materia que enseña.
2. El buen maestro tiene que saber cómo _____ las habilidades y destrezas de los educandos.
3. En los Estados Unidos la mayoría de los docentes tienen _____ universitario.
4. El _____ no es para la gente joven.
5. El educador tiene que tener un interés en la _____.
6. La mayoría de los docentes se _____ a la _____ de 65 años.

COMPRENSION _____

Ejercicio 1   Answer.
1. ¿Cuál es una característica esencial de todo educador?
2. Además de transferir información, ¿qué tiene que saber hacer un buen maestro?
3. ¿Por qué tiene que tener flexibilidad un buen maestro?
4. ¿Por qué cambiará dramáticamente la demografía de la docencia durante la década de los 90?

Ejercicio 2   Describe each of the following.
1. el maestro ansioso
2. el maestro indolente
3. el maestro ponderado
4. el maestro nato

Ejercicio 3   Follow the directions.
1. Prepare Ud. una lista de las características de un buen educador.
2. Prepare Ud. una lista de las ventajas que tiene una carrera docente.

Ejercicio 4   Give the following information.
1. el número de docentes en los Estados Unidos
2. la edad promedio de los docentes
3. la edad promedio de la fuerza laboral
4. los años de experiencia profesional del maestro típico

Capítulo 4
ESCUELA PRIMARIA

Preparación académica para la docencia

En muchos países la preparación académica para la docencia se efectúa en escuelas normales. En algunos lugares las escuelas normales reciben sus estudiantes directamente del sexto u octavo grado. Les dan dos años de estudios y vuelven a sus pueblos a enseñar en las escuelas primarias. Hasta la segunda década de este siglo, en los EE.UU. la escuela normal era de dos años. Los futuros docentes ingresaban después de haberse graduado de la secundaria. Durante los años 20 la mayoría de las escuelas normales norteamericanas se convirtieron en instituciones de cuatro años que otorgaban títulos universitarios.

Maestros de primaria

Los que se preparan para la docencia se dividen entre los que piensan enseñar en la primaria y los que van a enseñar en la secundaria. Los futuros maestros de primaria tienen que cursar estudios en las materias que se enseñan en la primaria: aritmética, estudios sociales, ciencias, lectura y ortografía. También tienen que tener algunos conocimientos de música y educación física. Ya que casi todas las escuelas elementales operan bajo el sistema de un salón y un maestro para todo el día, el maestro, muchas veces, tiene que enseñar todas las materias. En algunos distritos hay maestros itinerantes especializados en música y educación física.

Además de los conocimientos de la materia didáctica, los futuros maestros tienen que conocer las características de los educandos. Por eso toman cursos en psicología de la niñez y adolescencia, desarrollo y crecimiento del niño. El enfoque de estos cursos es sobre la manera en que la psicología o el desarrollo físico del niño afecta su aprendizaje. Por ejemplo, bien se sabe que los niños pequeños pueden concentrarse mentalmente por períodos de tiempo más cortos que los adolescentes o adultos. Por consiguiente, los maestros tienen que variar las actividades en el salón de clase con más frecuencia.

Planificación de las lecciones La planificación cuidadosa de las lecciones es sumamente importante para el docente en la educación primaria. Para que una lección tenga éxito es importante:

- preparar a los educandos proveyéndoles una introducción a lo que vendrá después
- indicarles los objetivos de la lección
- decirles a los educandos lo que es el propósito de la lección

- presentarles el contenido, los ejemplos y otros materiales de forma clara y sencilla
- proveerles un modelo cuando es apropiado
- verificar que los educandos han comprendido
- proveer mucha práctica guiada
- concluir la lección
- proveer oportunidad para práctica independiente

El maestro potencial tiene que tener conciencia de las metas de su profesión, de su historia y filosofía para poder comprender el papel de la educación en la sociedad.

Preocupaciones de los maestros

La profesora Frances Fuller de la Universidad de Texas estudió el comportamiento de maestros aprendices[1], maestros novatos y maestros con mucha experiencia. En un artículo en 1969 ("Concerns of Teachers: A developmental conceptualization," *American Educational Research Journal* 6, no. 2) ella expuso una teoría sobre tres etapas de preocupación por las que pasan los maestros cuando aprenden a enseñar.

La supervivencia La primera etapa es la de «supervivencia» y aceptación. Cuando por primera vez se encuentran delante de un grupo de estudiantes, les preocupa más que nada si los estudiantes les van a aceptar y si van a poder controlar la clase. También se preocupan mucho por la imagen que tienen de ellos sus colegas y supervisores.

La enseñanza Los maestros nuevos llegan a tener más confianza. Gran parte de la interacción con los estudiantes y la disciplina llegan a ser rutinarias. En este punto los maestros empiezan a enfocar en la enseñanza misma, en la realidad del salón de clase, en el tamaño de las clases, en la calidad de los materiales pedagógicos disponibles, en sus propias habilidades y técnicas para enseñar.

Los educandos Cuando los maestros llegan a la madurez[2], como individuos y docentes, ya dominan la situación del salón de clase y pueden «sobrevivir». Es ahora cuando se preocupan por las cuestiones de mayor importancia, las necesidades sociales y emocionales de los estudiantes, por ejemplo, y cómo adaptar las técnicas, la metodología y los materiales a las necesidades de los estudiantes y al aprendizaje.

Parece que esta evolución del docente sigue un camino que comienza con la preocupación por sí mismo, pasa por una etapa marcada por la atención a la situación y el desarrollo de las técnicas de enseñar y, por fin, a la preocupación por el estudiante y sus necesidades.

Modelos masculinos

Hoy en día hay hombres y mujeres en la educación primaria. Hasta hace poco, era muy raro ver a un maestro varón enseñando en una escuela primaria. La educación primaria, aunque no la administración, estaba casi exclusivamente en manos de mujeres. Hoy, en parte porque no hay una marcada diferencia salarial

---

[1]*student teachers* [2]*maturity*

entre la primaria y la secundaria como en el pasado, el número de maestros varones en la educación primaria es mayor. Muchos educadores se lamentaban de la falta de modelos masculinos en la educación primaria. Esta preocupación se intensificaba cuando se pensaba en el número de niños que carecen de presencia de un hombre en el hogar. Es importante que los niños tengan modelos de ambos sexos en su vida escolar.

ESTUDIO DE PALABRAS

Ejercicio 1   Study the following cognates that appear in this chapter.

la preparación	la sociedad	físico
la aritmética	la teoría	primario
los estudios sociales	la imagen	guiado
las ciencias	el colega	rutinario
la música	el supervisor	social
la educación física	la interacción	emocional
la psicología	la disciplina	
el adolescente	las técnicas	operar
el adulto	la calidad	afectar
la frecuencia	el material	concentrarse
la planificación	la necesidad	variar
la educación	la metodología	indicar
la introducción	la evaluación	verificar
el objetivo		concluir
el modelo	académico	aceptar
la práctica	normal	controlar
la historia	universitario	adaptar
la filosofía	didáctico	intensificar

Ejercicio 2   Complete each expression with the appropriate word(s).

1. academic preparation   la preparación _____
2. normal school   la escuela _____
3. university degree   el título _____
4. social studies   los estudios _____
5. physical education   la _____ física
6. physical need   la necesidad _____
7. emotional need   la _____ emocional
8. child psychology   la _____ de la niñez
9. adolescent psychology   la _____ de la adolescencia
10. elementary education   la _____ primaria (elemental)
11. guided practice   la _____ guiada
12. physical development   el desarrollo _____
13. lesson objectives   los _____ de la lección
14. independent practice   la _____ independiente

15. students' needs   las necesidades de los _____
16. teaching techniques   las _____ de enseñar
17. male model   el _____ masculino

Ejercicio 3   Match the word in Column A with its definition in Column B.

A	B
1. operar	a. elemental
2. variar	b. el gol
3. primario	c. terminar
4. indicar	d. hacer funcionar
5. el objetivo	e. chequear
6. verificar	f. cambiar
7. concluir	g. mostrar
8. rutinario	h. de todos los días

Ejercicio 4   Give the word or expression being defined.

1. de las emociones
2. de la psicología
3. de la sociedad
4. de la pedagogía
5. de la universidad

Ejercicio 5   Match the verbs in Column A with related nouns in Column B.

A	B
1. afectar	a. la conclusión
2. concentrar	b. la necesidad
3. introducir	c. la concentración
4. verificar	d. la preparación
5. concluir	e. la verificación
6. controlar	f. el efecto
7. necesitar	g. el control
8. preparar	h. la introducción

Ejercicio 6   Match the English word or expression in Column A with its Spanish equivalent in Column B.

A	B
1. to enroll	a. la lectura
2. to grant	b. la ortografía
3. to lack	c. ingresar
4. reading	d. el crecimiento
5. spelling	e. otorgar
6. itinerant (traveling) teacher	f. el enfoque
7. learner	g. carecer
8. growth	h. el desarrollo
9. development	i. el maestro itinerante

10. focus
11. home

j. el educando
k. el hogar

Ejercicio 7   Complete each statement with the appropriate word(s).
1. Dos asignaturas importantísimas en las escuelas primarias son
   _____ y _____.
2. Los estudiantes _____ en la universidad y después de cuatro años de estudio y preparación, la universidad les _____ un título.
3. El _____ va de un salón de clase (de un aula) a otro(a) o aún de una escuela a otra.
4. El buen maestro primario tiene que tener un conocimiento del _____ y _____ del niño.
5. Desgraciadamente muchos niños _____ de un modelo masculino porque no hay ningún padre en el _____.
6. El docente es el que enseña y el _____ es el que aprende.

Ejercicio 8   Match the English word or expression in Column A with its Spanish equivalent in Column B.

A	B
1. purpose	a. cuidadoso
2. content	b. el tamaño de la clase
3. example	c. la confianza
4. goal	d. el comportamiento, la conducta
5. role	e. el maestro potencial
6. future teacher	f. el papel
7. conduct, behavior	g. la meta
8. confidence	h. el ejemplo
9. class size	i. el contenido
10. careful	j. el propósito

Ejercicio 9   Give the word or expression being defined.
1. la conducta
2. meticuloso, esmerado
3. lo que se contiene dentro de algo
4. el gol
5. el número de alumnos en una clase
6. el que piensa enseñar
7. el objetivo, el gol
8. la intención, el objetivo

COMPRENSION

Ejercicio 1   Answer.
1. ¿Dónde se efectúa la preparación para la docencia en muchos países?
2. ¿Cuándo ingresan los estudiantes en las escuelas normales?

3. ¿Dónde van a enseñar?
4. ¿Hasta cuándo había escuelas normales en los Estados Unidos?
5. ¿Cuándo se convirtieron en instituciones de cuatro años?
6. ¿Cómo se dividen los dos grupos que se preparan para la docencia?
7. ¿Qué cursan los futuros maestros primarios?
8. ¿Cómo operan la mayoría de las escuelas elementales?
9. ¿Qué hacen los maestros itinerantes?
10. Además de los conocimientos de las materias que van a enseñar, ¿qué tienen que conocer los futuros maestros?
11. ¿Qué cursos toman?
12. ¿Por qué tienen que variar sus actividades con frecuencia los maestros en las escuelas primarias?
13. ¿Por qué no había muchos varones enseñando en las escuelas primarias?
14. ¿Por qué se lamentan muchos educadores de la falta de modelos masculinos en la educación elemental?

Ejercicio 2 Follow the directions.
1. Describa lo que debe hacer un maestro para presentar una buena lección.
2. Dé una lista de las tres etapas de preocupación por las que pasan los maestros según la profesora Frances Fuller.
3. Explique en qué se enfocan los maestros en cada una de estas etapas.

Capítulo 5
ESCUELA SECUNDARIA

Objetivos de la educación secundaria

Los objetivos de la educación secundaria tienden a variar en algunos aspectos con el tiempo y las necesidades. Hace 40 años, las asociaciones de maestros y de administradores formularon la siguiente lista de objetivos:

- responsabilidad y competencia cívica
- conocimiento de las operaciones del sistema económico y de las relaciones humanas involucradas[1] en él
- relaciones familiares
- conducta inteligente como consumidores
- aprecio de la belleza[2] y estética
- proficiencia en el uso del lenguaje

También se mencionaron otros objetivos como la habilidad de pensar racionalmente, el respeto por la verdad, el respeto por otras personas y la habilidad de trabajar cooperativamente con otros, el reconocimiento de los valores y principios éticos, etc. En estas listas no se ven los tradicionales objetivos académicos. Hoy, por razones económicas, se nota un énfasis en el desarrollo de aquellos conocimientos y habilidades que se relacionan con la competividad. Se lamenta el bajo rendimiento académico en las matemáticas y las ciencias, por ejemplo, y las consecuencias negativas que esto significa para la industria y el comercio[3] nacionales.

Preparación académica del maestro de secundaria

Una de las mayores diferencias entre los maestros de primaria y de secundaria es su preparación académica. Mientras que el maestro de primaria tiende a ser «generalista», el maestro de secundaria es casi siempre «especialista» en alguna materia académica: matemáticas, historia, etc. Por consiguiente, el número de cursos en su especialización es mayor. El maestro de primaria enseña matemáticas a un nivel fundamental. Tiene que dominar la metodología para enseñar la materia, pero no tiene que profundizarse en la trigonometría o el cálculo. El maestro de matemáticas en la secundaria tiene que tener un dominio mucho más profundo de las matemáticas, en todos los niveles. El maestro de primaria, cuando se gradúa de la universidad, típicamente recibe un título en pedagogía. En los EE.UU. sería un bachiller en educación. El maestro de secundaria muchas veces

---

[1]*involved* [2]*beauty* [3]*business, trade*

recibe un título en su campo específico: bachiller de artes en español o en historia, bachiller de ciencias en biología, etc.

El «generalista» y el «especialista» Este contraste entre «generalista» y «especialista» se ve en las clases que enseñan. El maestro de primaria se queda con un solo grupo de alumnos durante todo el día. Les enseña lenguaje, matemáticas, ciencias, lectura y, muchas veces, arte, música y educación física, aunque con frecuencia hay especialistas itinerantes para esas materias. El maestro de matemáticas en una escuela secundaria puede enseñar matemáticas a cuatro, cinco o hasta seis grupos diferentes en un solo día. Lo más probable es que enseñe diferentes niveles y cursos durante el día. Por ejemplo, puede enseñar un par de clases de primer año de álgebra, un par de cursos de geometría y un curso avanzado de álgebra o trigonometría.

Antiguamente, tanto los maestros de secundaria como los de primaria recibían su preparación pedagógica en una escuela normal. Las escuelas normales, casi siempre de dos años, eran privadas y estatales. Con un título de «normalista», los docentes podían ejercer su profesión. Hoy, en casi todos los estados, se requiere un título universitario de un programa aprobado de cuatro años para poder enseñar. Es muy frecuente que los maestros de secundaria tengan, además, una maestría o licenciatura en educación o en su campo de especialización.

Organización de las escuelas secundarias

En los EE.UU. la educación secundaria originalmente consistía de cuatro años , de escuela superior o «high school» que seguían los ocho años de escuela elemental. Durante la década de 1930 aparecieron los «junior high school». La educación secundaria se dividía en dos fases, cada una de tres años. La «junior high» abarcaba[4] los séptimo y octavo años de la tradicional escuela elemental más el noveno grado que correspondía al primer año de escuela superior. La segunda fase se denominaba «senior high school» y correspondía a los grados 10, 11 y 12.

Hoy existe otra configuración de educación secundaria. Se ha vuelto a la escuela superior de cuatro años con los grados 9 a 12. En lugar del «junior high» hay una escuela media o «middle school» con sólo el séptimo y octavo grados o el sexto, séptimo y octavo. Tanto el «junior high» como el «middle school» se parecen a la escuela superior en su currículo y formato. Los estudiantes tienen diferentes maestros para las diferentes materias y pasan de una sala de clase a otra para cada curso.

Escuelas superiores «comprensivas» En los EE.UU. en el sistema de educación pública, lo más común es la escuela superior «comprensiva». En esta escuela hay programas con enfoque académico, comercial o general.

Los programas académicos sirven principalmente para preparar a los estudiantes para la universidad. Las universidades imponen ciertos requisitos en

---

[4]*comprised*

cuanto al número y tipo de cursos que se deben aprobar en la secundaria: álgebra y geometría, dos o más años de una lengua extranjera, dos o tres años de ciencias, etc. Los programas «académicos» requieren estos cursos de sus estudiantes. Los programas «comerciales» son cada vez menos frecuentes. Muchos representan un vestigio[5] de los antiguos programas que preparaban a las jóvenes para trabajo en oficinas cuando las oportunidades en otras carreras eran muy limitadas para mujeres. Los programas «generales» se diseñaron[6] para aquellos alumnos que terminarían su educación en la escuela superior. Se trataba de proveerles de los conocimientos y destrezas necesarias para el comercio y la industria.

Currículo secundario En las escuelas secundarias de primera fase— «junior high» o «middle school»—hay un currículo central que es obligatorio para todos los alumnos, más una selección de cursos a elegir. Los cursos obligatorios típicos son: inglés, ciencias generales, estudios sociales, matemáticas y educación física. Típicos cursos electivos o facultativos son: lengua extranjera, música y arte.

En la segunda fase, o escuela superior, se ve un mayor grado de especialización y cursos electivos. En los programas académicos ofrecen cursos de ciencias en biología, física y química; en estudios sociales hay cursos en historia nacional y mundial, cívica, sociología, economía y psicología; en matemáticas hay cursos en álgebra, geometría, trigonometría y cálculo; en lenguas extranjeras ofrecen hasta cuatro años de francés, español, alemán, latín y otras. Además, los estudiantes tienen cursos obligatorios en inglés y educación física y otras posibilidades como orquesta, baile, artes plásticas, etc. Los programas comerciales ofrecen cursos en áreas como mecanografía, uso de máquinas comerciales, informática, correspondencia comercial y matemáticas comerciales. En los programas generales los cursos de lenguaje y matemáticas enfocan en las aplicaciones prácticas en el mundo industrial y comercial. También hay cursos en «consumerismo», asuntos legales como los contratos de alquiler[7] y compra y venta[8], y artes manuales.

Otros tipos de escuelas superiores Las escuelas superiores comprensivas no son las únicas instituciones de educación secundaria. Hay escuelas superiores públicas de otros tipos también. Hay escuelas «vocacionales» donde se preparan trabajadores diestros, electricistas, especialistas en mecánica, fontanería, carpintería, ebanistería; en cosmetología, peluquería, hostelería, cocina y mucho más. En las grandes ciudades, y en algunos estados, a nivel estatal, hay escuelas superiores o «academias» dedicadas a la preparación de estudiantes con aptitudes especiales en las artes, las ciencias y las lenguas extranjeras. Y no se debe olvidar de las escuelas superiores privadas, laicas y religiosas, a las que asisten más de 800.000 estudiantes en Norteamérica.

---

[5]*leftover*   [6]*were designed*   [7]*rental (leasing) agreements*   [8]*contracts of purchase and sale*

ESTUDIO DE PALABRAS _____

Ejercicio 1   Study the following cognates that appear in this chapter.

la asociación	la física	ético
la responsabilidad	la química	negativo
la competencia	los estudios sociales	generalista
la relación	el arte	especialista
el consumidor	la música	específico
la proficiencia	la educación física	privado
el respeto	el «consumerismo»	estatal
el énfasis	el electricista	aprobado
las matemáticas	el mecánico	comprensivo
las ciencias	la cosmetología	académico
la historia	la economía	obligatorio
la consecuencia	la cívica	práctico
la especialización	la psicología	vocacional
el programa	el currículo	especial
la organización	el formato	
la fase	el requisito	tender a
la configuración	la aplicación	formular
la trigonometría	la aptitud	graduarse
el cálculo		requerir
la biología	secundario	imponer
el álgebra	familiar	

Ejercicio 2   Complete each statement with the appropriate word(s).
1. El álgebra, la geometría, la trigonometría y el cálculo son cursos en
   _____.
2. La biología, la física y la química son _____.
3. La historia, la geografía, la educación cívica son _____.
4. La historia, la literatura, las ciencias, etc., son cursos _____ mientras
   que las artes mecánicas e industriales son cursos _____.
5. El _____ enseña una sola materia, matemáticas, por ejemplo, y el
   _____ enseña muchas materias.
6. Los _____ enseñan en las escuelas primarias y los _____
   tienden a enseñar en las escuelas secundarias.
7. Los que enseñan en la secundaria se _____ de la universidad con un
   título en su campo de _____.

Ejercicio 3   Match the verbs in Column A with related nouns in Column B.

A	B
1. tender	a. la competencia
2. formular	b. la aplicación
3. configurar	c. el respeto
4. competir	d. la formulación

5. consumir   e. el requisito
6. respetar   f. la tendencia
7. requerir   g. la configuración
8. imponer   h. la imposición
9. aplicar   i. el consumo

Ejercicio 4   Complete each expression with the appropriate word(s).
1. secondary education   la educación _____
2. teachers' association   la _____ de maestros
3. human relations   las relaciones _____
4. family relations   las _____ familiares
5. language proficiency   la _____ en el uso del
                                lenguaje
6. ethical principles   los principios _____
7. academic achievement   el rendimiento _____
8. academic subject   una materia _____
9. teacher preparation, teacher la _____ pedagógica
   training
10. state school   una escuela _____
11. private school   una _____ privada
12. university degree   el título _____
13. field of specialization   el campo de _____
14. comprehensive high school   la escuela secundaria _____
15. core curriculum   el _____ central
16. general science   las ciencias _____
17. physical education   la _____ física
18. plastic arts   las _____ plásticas
19. academic program   el programa _____
20. vocational (tech) ed(ucation) la _____ vocacional
21. business (commercial) program el _____ comercial
22. secular school   la _____ laica
23. religious school   la escuela _____
24. special aptitude   la aptitud _____

Ejercicio 5   Match the English word or expression in Column A with its
Spanish equivalent in Column B.

A	B
1. development	a. aprobar
2. competitiveness	b. el nivel
3. academic achievement	c. el dominio
4. level	d. el desarrollo
5. lay, secular	e. la licenciatura
6. master's degree	f. la competividad
7. in-depth knowledge	g. laico
8. to pass	h. el rendimiento académico

Ejercicio 6 Complete each statement with the appropriate word(s).

1. Antes de poder ingresar (inscribirse, matricularse) en la universidad, hay que _____ cierto número y tipo de cursos secundarios.
2. Sí, ella ha obtenido el grado de licenciado. Tiene su _____ en educación. Ya ha cumplido cinco años de universidad.
3. Todos se lamentan del bajo _____ de muchos alumnos hoy, sobre todo en las matemáticas, las ciencias y la proficiencia en el uso del lenguaje.
4. El maestro que es especialista tiene que tener un _____ profundo de la materia que enseña.
5. Lo contrario de una escuela religiosa es una escuela _____.
6. La mayoría de los docentes al _____ secundario son especialistas y los del _____ primario o elemental son generalistas.
7. La _____, o sea, el deseo de ganar es algo positivo si no es exagerada.

Ejercicio 7 Match the verbs in Column A with related nouns in Column B.

A	B
1. rendir	a. el desarrollo
2. competir	b. el rendimiento
3. desarrollar	c. el dominio
4. dominar	d. la competividad

Ejercicio 8 Match the English word or expression in Column A with its Spanish equivalent in Column B.

A	B
1. business	a. el comercio; comercial
2. foreign language	b. la informática
3. elective course	c. la mecanografía
4. required course	d. la lengua extranjera
5. orchestra	e. la hostelería
6. dance	f. el curso a elegir, el curso opcional, el curso facultativo
7. plastic arts	g. el curso obligatorio
8. computer science	h. la orquesta
9. business math	i. el baile
10. typing	j. las matemáticas comerciales
11. skilled laborer	k. la fontanería
12. plumbing	l. las artes plásticas
13. carpentry (shop)	m. la peluquería
14. cabinetmaking, woodworking	n. la ebanistería
15. hairdressing	o. la cocina
16. hotel management	p. la carpintería
17. cooking	q. el trabajador diestro

Ejercicio 9 Identify the course each person should take.
 1. Quiere ser intérprete.
 2. Quiere trabajar en una oficina moderna.
 3. Quiere trabajar con computadoras.
 4. Quiere trabajar en un hotel.
 5. Quiere trabajar en un restaurante.
 6. Quiere ser bailarín.
 7. Quiere ser peluquero.
 8. Quiere ser flautista.
 9. Quiere dibujar, pintar y hacer esculturas.
10. Quiere reparar tubos, caños y conductos.
11. Quiere hacer escritorios

Ejercicio 10 Complete each statement with the appropriate word(s).
 1. En la escuela secundaria algunos cursos son _____ y otros son _____.
 2. El que se especializa en _____ es carpintero.
 3. El que se especializa en _____ es ebanista.
 4. El que se especializa en _____ es fontanero o plomero.
 5. Los carpinteros, ebanistas y fontaneros son todos _____.

COMPRENSION

Ejercicio 1 True or false?
 1. Los objetivos de la educación secundaria no cambian casi nunca.
 2. Hace unos 40 años los objetivos de las asociaciones de maestros abarcaban sólo asuntos académicos.
 3. Hoy en día la mayoría de los alumnos alcanzan un alto rendimiento académico, sobre todo en las matemáticas y las ciencias.
 4. El bajo rendimiento académico por parte de los educandos tiene consecuencias negativas para la industria y el comercio.
 5. En los Estados Unidos, las universidades imponen ciertos requisitos en cuanto al número y tipo de cursos que se deben aprobar en la secundaria.
 6. Las escuelas laicas son religiosas.

Ejercicio 2 Answer.
 1. ¿Cuál es una de las mayores diferencias entre los maestros de primaria y los de secundaria?
 2. ¿Quién tiende a ser generalista? ¿Y especialista?
 3. ¿En qué recibe su título el maestro de secundaria?
 4. ¿Cómo se organizaba la educación secundaria originalmente?
 5. ¿Cuál es una configuración frecuente hoy en día?
 6. Actualmente, ¿cuántos alumnos asisten a escuelas superiores privadas en los Estados Unidos?

Ejercicio 3   Follow the directions.
1. Compare el día de un maestro de primaria con el de un maestro de secundaria.
2. Describa una escuela secundaria «comprensiva».
3. Prepare Ud. una lista de los cursos que se ofrecen en la secundaria. Luego indique si cada curso forma parte del currículo académico, comercial o vocacional.
4. Prepare Ud. una lista de los cursos que suelen ser obligatorios. ¿Y cuáles son opcionales (a escoger, facultativos)?

Capítulo 6
EL EDUCANDO—
CRECIMIENTO Y
DESARROLLO

El educando y su conducta

Los futuros maestros no solamente tienen que dominar las materias que enseñarán, sino también tienen que tener un conocimiento profundo del educando y de su conducta. El educador estudia al educando desde varios puntos de vista, entre ellos el biológico, el psicológico y el sociológico. Se estudia al educando dentro del proceso continuo que es la vida humana, o enfocando en uno de los diferentes períodos dentro del proceso.

Edad cronológica y «edad de desarrollo» La edad cronológica es aquélla que se representa en años, meses y días. Para los docentes la que más importa no es esta «edad» sino la madurez física, psíquica y social del educando. A estos niveles de madurez se les llama «edad de desarrollo». La primera, la edad cronológica, es la misma para todo el mundo. La otra, la «edad de desarrollo», es totalmente individual. Un ejemplo de la «edad de desarrollo» es la «edad mental» que se determinaba mediante las «pruebas de inteligencia».

Edad biológica Shakespeare aludía a «las siete edades del hombre». Las siete edades eran edades «biológicas». El psicólogo argentino, Alfredo Calcagno, presenta las siguientes cinco etapas o edades biológicas.

• **La niñez** Comprende desde el nacimiento hasta los 12 años y se divide en la infancia (0 a 7 años) y la niñez o puericia (7 a 12 años).

• **La juventud** Comprende desde los 12 hasta los 30 años. Se divide en la adolescencia [en sus tres etapas de prepubertad (12 a 14 años), pubertad (14 a 16 años) y nubilidad (16 a 20 años)] y en la juventud (20 a 30 años).

•**La virilidad/madurez** Se divide en la virilidad/madurez creciente (30 a 40 años) y la virilidad/madurez decreciente (40 a 50 años).

• **La vejez** Se divide en la declinación (50 a 60 años) y en la decadencia (60 a 68 años).

• **La senectud, ancianidad o senilidad** Se divide en la caducidad y la decrepitud.

En cuanto al estudio del educando, se debe considerar la herencia, el crecimiento y el medio físico.

Herencia En el momento de concepción el humano recibe 23 cromosomas del padre y 23 de la madre. Cada cromosoma contiene miles de genes, y estos genes determinan todas las características que hereda el individuo. Gran parte de la inteligencia del individuo es heredada, pero el ambiente en que se cría puede incrementar o disminuir el nivel intelectual. No obstante, el mejor ambiente y la mejor educación no podrán hacer un genio de una persona con limitada capacidad intelectual. La verdad es que casi nadie desarrolla ni emplea al máximo su potencial intelectual.

Crecimiento corporal Este es el período de la vida cuando la persona joven adquiere las proporciones corpóreas y las propiedades de la persona adulta. Este período representa casi la tercera parte de la vida humana. Entre los factores que intervienen en el crecimiento hay los factores físicos externos (como la alimentación) e internos (como las secreciones glandulares), los factores étnico-raciales y los factores sociales como el status socioeconómico de los padres. La escuela es uno de los factores sociales que interviene en el desarrollo del niño.

El desarrollo físico del niño rara vez sigue un ritmo regular, más bien se da a trompicones[1]. En cuanto a diferencias entre los sexos, el desarrollo de los varones tiende a ser más lento que el de las hembras, las mujeres llegando primero a la madurez. Durante el total período de crecimiento, la crisis más importante es la pubertad. La pubertad representa la puerta a la madurez y el comienzo de la actividad sexual. Es una revolución fisiológica que influye dramáticamente en el estado psíquico de la persona y en el desarrollo de su personalidad.

Medio físico El medio físico influye en el desarrollo intelectual desde el principio. Los bebés que gozan de[2] estímulo visual, de libertad de movimiento, de interacción con varias personas adultas, de una variedad de experiencias aprenden con más facilidad y rapidez. En el salón de clase también influye el contorno físico. Los colores pueden estimular o deprimir. La luz, el orden de los pupitres, el decorado, todos afectan la conducta de los educandos.

Las etapas en el desarrollo mental

Jean Piaget (1896–1980), el psicólogo suizo, observó que los niños piensan de una manera diferente a como razonan los adultos. Piaget formuló una teoría del desarrollo cognoscitivo. Según Piaget, los niños pasan por cuatro etapas distintas en un orden fijo que es el mismo para todos los niños. Las etapas son diferentes no solamente en la cantidad de información que se adquiere en cada una, sino también en la calidad de los conocimientos y la comprensión. Piaget propuso que el avance de una etapa a la próxima ocurría cuando el niño llegaba a un nivel apropiado de madurez y fue expuesto a experiencias relevantes. Faltando esas experiencias el niño no podría llegar a su más alto nivel de crecimiento cognoscitivo.

---

[1] *by fits and starts*   [2] *enjoy*

Las cuatro etapas de Piaget son: la etapa sensorimotora (nacimiento a 2 años), la etapa preoperacional (2 a 7 años), la etapa de las operaciones concretas (7 a 12 años) y la etapa de las operaciones formales (12 años a adulto). Las características de cada etapa son las siguientes.

Etapa sensorimotora Durante esta etapa ocurre la ordenación de las experiencias por medio de los sentidos (la vista, el tacto, el gusto y el olfato), el desarrollo de las destrezas motriles (la manipulación), el desarrollo de la noción de la permanencia de objetos, es decir, que las cosas siguen existiendo aunque no estén a la vista, y la falta de capacidad para la representación simbólica.

Etapa preoperacional Durante esta etapa ocurre el desarrollo del lenguaje y del pensamiento simbólico (los niños pueden usar la imaginación, pretendiendo que una muñeca[3] es un bebé, por ejemplo) y el desarrollo del pensamiento egocéntrico o centrado en sí mismo. (En esta etapa, cuando los niños se tapan[4] los ojos creen que nadie los puede ver.)

Etapa de las operaciones concretas En esta etapa ocurre el desarrollo de la habilidad de usar la lógica, la comprensión del principio de la conservación, (que la cantidad no se relaciona con el arreglo[5] o la forma del objeto), la comprensión del concepto de reversibilidad (la idea de que algo puede volver a su estado original si se invierte[6] una acción anterior).

Etapa de las operaciones formales Esta es la etapa del pensamiento abstracto, formal y lógico. Los jóvenes pueden pensar en lo que es probable; pueden analizar hipótesis que son realmente imposibles; pueden anticipar, planear y evaluar; comprenden las metáforas y construyen teorías. Al parecer, muchas personas nunca llegan a esta etapa, ni cuando llegan a la madurez. Estudios con estudiantes universitarios sugieren que sólo el 40% al 60% de ellos llegan plenamente a esta etapa.

No todos los investigadores están de acuerdo con Piaget. Muchos sugieren[7] que el desarrollo cognoscitivo es gradual y continuo en la mayoría de los casos. También creen que las etapas específicas de Piaget no son adecuadas[8], que puede haber más o menos etapas. Algunos críticos de Piaget creen que no dio bastante importancia al lenguaje, a la memoria y a la percepción en los esfuerzos de los niños para resolver problemas.

Para los docentes, hay mucho de importancia en el trabajo de Piaget y otros psicólogos. Casi todos están de acuerdo en cuanto a los siguientes principios para el desarrollo cognoscitivo de los niños.

- Los niños deben tener mucha oportunidad para explorar e investigar su medio ambiente.
- Los niños deben tener la oportunidad de cometer errores, sin ser sujetos a muchas reglas arbitrarias ni al castigo.
- No se debe imponer demasiada presión sobre los niños jóvenes ya que puede resultar en el estrés.

---

[3]*doll*   [4]*cover*   [5]*arrangement*   [6]*reverses*   [7]*suggest*   [8]*sufficient, adequate*

ESTUDIO DE PALABRAS _____

Ejercicio 1   Study the following cognates that appear in this chapter.

la conducta	el bebé	corporal
el proceso	el estímulo	corpóreo
la infancia	el movimiento	glandular
la adolescencia	la interacción	interno
la prepubertad	la experiencia	externo
la pubertad	la facilidad	étnico
la declinación	el color	racial
la decadencia	la teoría	socioeconómico
la senilidad	la cantidad	sexual
la decrepitud	la calidad	fisiológico
la concepción	la comprensión	visual
el humano	el avance	cognoscitivo
el cromosoma	la manipulación	relevante
el gen	la noción	sensorimotor
la característica	la permanencia	preoperacional
la inteligencia	la representación	simbólico
el potencial	la imaginación	egocéntrico
la metáfora	la lógica	abstracto
el investigador	la conservación	formal
la memoria	el concepto	lógico
la percepción	la reversibilidad	
el crítico	la hipótesis	incrementar
la oportunidad		disminuir
el error	biológico	resolver
el estrés	sociológico	explorar
la proporción	psicológico	investigar
el período	continuo	cometer
el factor	cronológico	resultar
la secreción	físico	adquirir
el status	psíquico	intervenir
el ritmo	social	estimular
la diferencia	individual	pretender
el sexo	mental	analizar
la crisis	intelectual	anticipar
la creatividad	gradual	planear
la personalidad	arbitrario	evaluar

Ejercicio 2   Complete each expression with the appropriate word(s).

1. chronological age   la edad _____
2. physical maturity   la madurez _____
3. intellectual potential   el _____ intelectual

4. glandular secretion — la _____ glandular
5. socioeconomic status — el status _____
6. physical development — el desarrollo _____
7. intellectual development — el _____ intelectual
8. visual stimulus — el estímulo _____
9. freedom of movement — la libertad de _____
10. physical control — el _____ físico
11. mental development — el desarrollo _____
12. cognitive development — el _____ cognoscitivo
13. sensorimotor stage (phase) — la etapa _____
14. abstract thought — el pensamiento _____

Ejercicio 3 Give the word or expression being defined.
1. el comportamiento
2. el procedimiento
3. personal
4. aumentar
5. bajar
6. hacer un error
7. obtener
8. del interior
9. del exterior
10. varón o hembra
11. rojo, azul, verde
12. la idea

Ejercicio 4 Match the verbs in Column A with related nouns in Column B.

A	B
1. incrementar	a. la percepción
2. disminuir	b. la investigación
3. percibir	c. la permanencia
4. resolver	d. el estímulo
5. investigar	e. el incremento
6. cometer	f. la resolución
7. resultar	g. la disminución
8. adquirir	h. la comisión
9. estimular	i. la adquisición
10. comprender	j. el resultado
11. permanecer	k. la comprensión
12. imaginar	l. la anticipación
13. analizar	m. la evaluación
14. anticipar	n. el análisis
15. planear	o. el plan
16. evaluar	p. la imaginación

Ejercicio 5   Give the word or expression being defined.
1. de la biología
2. de la sociología
3. de la psicología
4. de la raza
5. de la etnicidad
6. de la economía
7. de la cronología
8. de la inteligencia
9. del cuerpo
10. del sexo
11. de la fisiología

Ejercicio 6   Complete each statement with the appropriate word(s).
1. Es algo que continúa. Es un proceso _____.
2. La _____ es de 0 a 7 años y la _____ es de 12 a 20 años.
3. Son los _____ que determinan lo que heredamos de nuestros padres.
4. El _____ contiene miles de genes.
5. La inteligencia del individuo es heredada, pero el ambiente o medio físico en que vive (se cría) el individuo puede _____ o _____ su nivel intelectual.
6. No es una cosa instantánea ni momentánea. Es _____.
7. La _____ sexual empieza durante la pubertad.
8. A veces hay que pretender un poco y usar la _____.

Ejercicio 7   Select the appropriate word to complete each expression.

cometer   resolver
analizar   intervenir
estimular

1. _____ un error
2. _____ un conflicto
3. _____ los resultados
4. _____ en el asunto
5. _____ la curiosidad

Ejercicio 8   Match the English word or expression in Column A with its Spanish equivalent in Column B.

A	B
1. learner	a. la edad de desarrollo
2. child development	b. la vejez, la senectud
3. child growth	c. la madurez, la virilidad
4. age	d. la nubilidad
5. developmental age	e. el educando
6. maturity	f. la juventud
7. IQ test	g. el desarrollo del niño

8. birth
9. childhood
10. youth
11. marriageable age
12. old age

h. el crecimiento del niño
i. el nacimiento
j. la edad
k. la niñez, la puericia
l. la prueba de inteligencia

Ejercicio 9   Put the following stages of human development in correct chronological order.

el nacimiento
la niñez, la puericia
la vejez, la senectud
la infancia
la madurez, la virilidad
la juventud

Ejercicio 10   Complete each statement with the appropriate word(s).
1. El que está aprendiendo es el _____.
2. La edad cronológica es la misma para todo el mundo, pero la _____, que es el nivel de madurez, es totalmente individual. Varía de un individuo a otro.
3. La _____ es la edad de poder casarse, de poder procrear.
4. _____ y _____ tienen que ver con los cambios en las proporciones corpóreas y en los estados mentales del niño.
5. Las _____ pueden indicar el nivel de inteligencia del niño pero hoy en día hay mucha controversia sobre su utilización porque hay muchos factores que pueden influir en el desarrollo mental.

Ejercicio 11   Match the English word or expression in Column A with its Spanish equivalent in Column B.

A	B
1. inheritance	a. criar
2. environment	b. deprimir
3. to inherit	c. razonar
4. to rear, raise, bring up	d. la herencia
5. to influence, intervene	e. heredar
6. to reason	f. la alimentación
7. to depress	g. el medio físico, el ambiente, el medio ambiente
8. food	h. intervenir

Ejercicio 12   Give the word or expression being defined.
1. explicar algo por medio de razones y pruebas
2. lo que comemos
3. todo lo que nos rodea; las circunstancias o personas que influyen en la vida de una persona
4. tomar parte en un asunto, participar, influir

5. hacer triste, causar la depresión mental
6. nutrir, alimentar y cuidar a un niño

Ejercicio 13   Match the verbs in Column A with related nouns in Column B.

A	B
1. razonar	a. la alimentación
2. alimentar	b. la herencia
3. criar	c. la intervención
4. heredar	d. el razonamiento, el raciocinio
5. intervenir	e. la cría

Ejercicio 14   Match the English word or expression in Column A with its Spanish equivalent in Column B.

A	B
1. male	a. las destrezas motriles
2. female	b. el sí mismo
3. language	c. el varón
4. thought	d. la hembra
5. motor skills	e. el castigo
6. self, ego	f. el lenguaje
7. punishment	g. la presión
8. pressure	h. el pensamiento

Ejercicio 15   Complete each statement with the appropriate word(s).
1. Si se impone demasiada _____ sobre un individuo, puede resultar en el estrés.
2. Al niño que hace algo malo, le dan un _____.
3. El del sexo masculino es el _____.
4. La del sexo femenino es la _____.
5. Hay tres clases de _____: el _____ hablado, el _____ escrito y el _____ por señas.

Ejercicio 16   Match the English word or expression in Column A with its Spanish equivalent in Column B.

A	B
1. surroundings	a. la luz
2. light	b. el pupitre
3. school desk	c. el contorno
4. sense	d. la vista
5. sight	e. el olfato
6. smell	f. el tacto
7. touch	g. el gusto
8. taste	h. la audición; el oído
9. hearing	i. expuesto
10. exposed	j. el sentido

Ejercicio 17   Match the verbs in Column A with related nouns in Column B.

A	B
1. ver	a. la vista
2. oler (huele)	b. el tacto
3. tocar	c. el gusto
4. oír	d. el oído
5. gustar	e. el olfato

Ejercicio 18   Complete each statement with the appropriate word(s).
1. El ser humano tiene cinco _____.
2. El _____ físico puede influir mucho en la conducta del niño.
3. Cada alumno tiene su _____ en el salón de clase.
4. Hay que tener suficiente _____ para leer.
5. Los niños deben estar _____ a muchas oportunidades y experiencias diferentes.

COMPRENSION

Ejercicio 1   Answer.
1. ¿Qué es la edad cronológica?
2. ¿Qué es la edad de desarrollo?
3. ¿Cuáles son las cinco etapas o edades biológicas según el psicólogo argentino Alfredo Calcagno?
4. En el momento de concepción, ¿qué recibe el humano de su madre y de su padre?
5. ¿Qué contiene cada cromosoma?
6. ¿Qué determinan los genes?
7. ¿Cuál es un factor físico externo que interviene en el crecimiento?
8. ¿Cuál es un factor físico interno que interviene en el crecimiento?
9. ¿Qué representa la pubertad?
10. ¿Qué bebés aprenden con más facilidad y rapidez?
11. ¿Quién era Jean Piaget?
12. ¿Cuáles son los cuatro sentidos?
13. ¿Cuáles son algunas críticas que hacen muchos investigadores sobre la teoría del desarrollo cognoscitivo de Piaget?

Ejercicio 2   Give the appropriate age for each stage of human development.
1. la infancia
2. la niñez o la puericia
3. la adolescencia
    a. la prepubertad
    b. la pubertad
    c. la nubilidad
    d. la juventud

4. la virilidad, la madurez creciente
5. la virilidad, la madurez decreciente
6. la vejez
   a. la declinación
   b. la decadencia

Ejercicio 3   True or false?
1. Gran parte de la inteligencia del individuo es heredada.
2. El ambiente en que se cría el niño no influye en el nivel intelectual del individuo.
3. El desarrollo físico del niño sigue un ritmo regular.
4. El desarrollo de las hembras tiende a ser más lento que el de los varones.
5. El medio físico influye en el desarrollo intelectual desde el principio.
6. Según Piaget, el desarrollo cognoscitivo del niño comprende cuatro etapas distintas en un orden fijo.
7. Según Piaget, si al niño le faltan ciertas experiencias, no podrá llegar a su más alto nivel de crecimiento cognoscitivo.
8. Todos llegan a poder pensar abstracta y lógicamente.
9. Casi todos los investigadores están de acuerdo con la teoría de Piaget.

Ejercicio 4   Follow the directions.
1. Dé las cuatro etapas del desarrollo cognoscitivo que propuso Piaget.
2. Explique la noción de la permanencia de objetos.
3. Dé un ejemplo del pensamiento simbólico.
4. Explique el principio de conservación.
5. Explique el concepto de reversibilidad.
6. Dé algunas oportunidades que deben tener los niños para asegurar su desarrollo cognoscitivo.

Capítulo 7
ORDEN Y DISCIPLINA

Mantenimiento del orden y la disciplina

La mayor preocupación de los nuevos maestros es el mantenimiento del orden y la disciplina. Todo el mundo bien sabe lo crítico que es establecer el orden al comienzo del año escolar. Los maestros que pierden el control a principio del año rara vez lo recobran.

La enseñanza y el aprendizaje efectivos requieren un ambiente donde hay orden. Esto no quiere decir que no habrá movimiento ni interacciones entre estudiantes. Lo que importa es que haya reglas y procedimientos claros y justos en la clase y, más importante aún, que se entiendan y se respeten. Los buenos maestros establecen muy pocas reglas, las enseñan cuidadosamente y las aplican rigurosa y consistentemente. También es importante explicarles a los estudiantes las razones por las reglas. Las razones pueden ser prácticas o morales, o pueden tener que ver con la seguridad física—las reglas en un laboratorio o en un taller, por ejemplo. Lo importante es que los estudiantes comprendan que las reglas no son arbitrarias, que tienen lógica. No se puede enfatizar demasiado la importancia de la consistencia en la aplicación de las reglas. Si la regla es de no hablar mientras el maestro escribe en la pizarra, entonces no se puede permitir que nadie hable, aunque sea en voz baja sin molestar a la clase y aunque sea por razones muy buenas. Una vez que se permiten excepciones, la regla pierde su valor.

Para los maestros nuevos es difícil mantener esta consistencia porque varias actividades pueden ocurrir a la vez y es un problema fijarse en más de una. También el poner en vigor y hacer obedecer las reglas requiere cierta voluntad y valor de parte del maestro, ya que a nadie le gusta enfrentarse con otro. Por eso algunos maestros novatos permiten que ocurra el mal comportamiento de los estudiantes en lugar de confrontarlo y actuar debidamente. Los docentes veteranos bien saben que al no tratar los problemas cuando ocurren, sólo se vuelven más graves después.

¿Cómo se mantienen el orden y la disciplina? Como en todo, no hay una sola manera de proceder. Existe una variedad de métodos para establecer y mantener el orden. Cada uno depende de cómo se comprende la conducta humana, y se vale de[1] varias técnicas para estimular en el estudiante la conducta apropiada y disuadirlo de la conducta inapropiada.

---

[1]*make use of*

Modificación de conducta Es ésta una de las metodologías más comunes, en particular con estudiantes que tienden a desobedecer las reglas. La idea es que toda conducta es aprendida, incluso la conducta inapropiada y, por consiguiente, tiene que ser reforzada. Los maestros adeptos a la modificación de conducta estudian su propia conducta para determinar si hay algo que hacen que pueda reforzar la conducta negativa de sus estudiantes. En los estudios que se han hecho sobre la modificación de conducta han descubierto que los docentes tienen más éxito cuando reconocen y refuerzan la buena conducta que cuando castigan la mala conducta. Para reforzar la buena conducta se debe identificar las conductas deseables, identificar las técnicas de refuerzo apropiadas y usar estas técnicas para reforzar y fomentar las conductas deseadas.

Elogios, compensas y privilegios El uso del elogio es una de las técnicas más comunes para reforzar la conducta apropiada. No obstante, el elogio tiene que ser sincero y específico. No se puede elogiar el comportamiento de una manera muy general, hay que especificar lo que ha hecho bien el estudiante. Algunos maestros otorgan compensas y privilegios a sus estudiantes como una forma de reforzar la conducta apropiada. Algunas compensas son puntos extra que se agregan[2] a la nota final por algún trabajo especial, certificados de reconocimiento y, especialmente en las escuelas primarias, estrellas de oro o «caritas contentas»[3]. Algunos privilegios son el de no tener que hacer alguna tarea, tiempo libre para leer y el nombramiento a un puesto de importancia como líder de la clase, operador de máquinas como el video o la grabadora, etc.

Consecuencias lógicas El psicoanalista Rudolph Dreikur desarrolló una metodología basada en la idea de que el niño que se porta mal debe conocer y sentir, personalmente, las consecuencias de su propia conducta. Lo que se espera es que el niño aprenda a portarse con un sentido de responsabilidad. Según Dreikur, los estudiantes deben ayudar a desarrollar las reglas de la clase, y los maestros deben ayudar a los niños que desobedecen a comprender la razón por la regla y por qué desobedecieron. Una base de la metodología de Driekur es la idea de que toda conducta del estudiante se dirige a un fin. Puede ser la búsqueda de atención, la competencia por el poder o un reflejo de insuficiencia.

Castigo Igual que se reconoce la buena conducta mediante el elogio o el privilegio, se puede reconocer la mala conducta por medio del castigo y las penalidades. Otra vez, es sumamente importante, desde el principio, establecer las reglas y explicarlas claramente. También hay que explicar detalladamente las penalidades por desobedecer las reglas. El estudiante que desobedece debe recibir un solo aviso y una explicación de cómo debe comportarse. Cada vez que el estudiante repite la conducta negativa, recibe una sanción de mayor gravedad.

La verdad es que hay pocas sanciones que se pueden imponer. Algunos ejemplos son: (1) hacer que el estudiante quede en la escuela por determinado

---

[2]*are added*   [3]*happy faces*

tiempo después de terminar las clases; (2) restarle privilegios al estudiante; (3) restarle puntos de su nota final en el curso por razones de conducta; (4) expulsarle de la clase o, en casos severos, de la escuela.

Causas de conducta negativa Existe una variedad de razones por la conducta inapropiada en el salón de clase. A veces los estudiantes traen a la escuela los problemas emocionales o psicológicos que sufren en el hogar o en la comunidad. Los estudiantes se aburren de vez en cuando en la escuela; no ven ninguna conexión entre el trabajo de la escuela y la vida real. Hay que reconocer también que la rebeldía y la búsqueda de atención son parte del proceso de maduración.

A pesar del interés que tiene el docente en el estudiante, muchas veces es contraproducente dedicar demasiado tiempo en buscar la causa de la conducta inapropiada. Mejor es descubrir la conducta e intervenir rápida y efectivamente. Hoy, en muchos distritos escolares, la conducta inapropiada repetida resulta en el estudio del caso por un equipo de especialistas. El equipo normalmente consiste del maestro, del psicólogo o trabajador social de la escuela y un consejero. Juntos tratan de determinar la mejor manera de ayudar al estudiante. A veces la conducta inapropiada llega a ser actividad criminal. La violencia, el consumo y la venta de drogas, etc., requieren la intervención de la administración y la policía.

ESTUDIO DE PALABRAS

Ejercicio 1   Study the following cognates that appear in this chapter.

el orden	el operador	contraproducente
la disciplina	el video	criminal
el mantenimiento	la responsabilidad	
la interacción	la atención	respetar
el laboratorio	la penalidad	aplicar
la consistencia	el detalle	enfatizar
la aplicación	la sanción	permitir
la excepción	la comunidad	ocurrir
la conducta	la conexión	obedecer
la modificación		estimular
la compensa	riguroso	disuadir
el privilegio	práctico	determinar
la violencia	arbitrario	repetir
el consumo	apropiado	imponer
la policía	inapropiado	expulsar
la droga	sincero	intervenir
el líder	emocional	

Ejercicio 2   Match the verbs in Column A with related nouns in Column B.

A	B
1. mantener	a. la obediencia
2. mover	b. la desobediencia
3. respetar	c. el respeto
4. aplicar	d. la repetición
5. enfatizar	e. la aplicación
6. permitir	f. la expulsión
7. ocurrir	g. el mantenimiento
8. obedecer	h. la compensación, la compensa
9. desobedecer	i. el permiso
10. estimular	j. el movimiento
11. disuadir	k. la intervención
12. compensar	l. el énfasis
13. repetir	m. el estímulo
14. expulsar	n. la ocurrencia
15. intervenir	o. la disuasión

Ejercicio 3   Complete each expression with the appropriate word(s).

1. maintaining order   el mantenimiento del _____
2. maintaining discipline   el _____ de la disciplina
3. appropriate behavior   la conducta _____
4. inappropriate behavior   la _____ inapropiada
5. behavior modification   la _____ de conducta
6. social worker   el trabajador _____
7. criminal activity   la actividad _____
8. drug use   el consumo de _____
9. police intervention   la _____ de la policía

Ejercicio 4   Select the appropriate word to complete each statement.

1. Los alumnos tienen que comprender y _____ las reglas.
   a. administrar   b. intervenir   c. respetar
2. Hay que aplicar las reglas de disciplina con _____.
   a. severidad   b. consistencia   c. modificación
3. Los alumnos tienen que _____ las reglas.
   a. obedecer   b. desobedecer   c. permitir
4. El docente tiene que _____ sanciones cuando la conducta del alumno es inapropiada.
   a. intervenir   b. imponer   c. repetir
5. Las penalidades demasiado severas pueden ser _____.
   a. prácticas   b. apropiadas   c. contraproducentes
6. No es siempre fácil _____ la causa de la mala conducta.
   a. determinar   b. enfatizar   c. aplicar

7. Las reglas para el mantenimiento del orden y la disciplina en el salón de clase no deben ser _____.
   a. sinceras   b. prácticas   c. arbitrarias
8. Los actos de violencia exigen la _____ de la policía.
   a. administración   b. intervención   c. penalidad

Ejercicio 5   Match the English word or expression in Column A with its Spanish equivalent in Column B.

A	B
1. teaching	a. la seguridad
2. learning	b. el comportamiento
3. worry	c. sentir
4. rule	d. la enseñanza
5. safety	e. el aprendizaje
6. to face up to, confront	f. molestar
7. to annoy, bother	g. deseable
8. behavior	h. la preocupación
9. to encourage, foster	i. restar
10 desirable	j. la regla
11. to feel	k. enfrentarse
12. to take away	l. fomentar

Ejercicio 6   Match the word in Column A with its definition in Column B.

A	B
1. restar	a. fastidiar, incomodar
2. el comportamiento	b. confrontar
3. molestar	c. quitar
4. enfrentarse	d. la ley
5. la regla	e. la conducta

Ejercicio 7   Complete each statement with the appropriate word(s).
1. El profesor debe _____ siempre la conducta apropiada.
2. La conducta apropiada es siempre _____.
3. Algunas reglas son necesarias para asegurar la _____ física, en un laboratorio de química o en un taller de artes manuales, por ejemplo.
4. El mantenimiento del orden y la disciplina es una _____ del maestro novato.
5. Los maestros se dedican a la _____.
6. Los alumnos deben dedicarse al _____.
7. El profesor le dice que le va a _____ algunos privilegios si no se comporta mejor.
8. Un alumno no tiene el derecho de _____ a los otros alumnos.

Ejercicio 8   Match the English word or expression in Column A with its Spanish equivalent in Column B.

A	B
1. praise	a. la tarea
2. to give, grant	b. la competencia
3. gold star	c. la búsqueda
4. assignment, task	d. el elogio
5. appointment	e. la grabadora
6. tape recorder	f. otorgar
7. chalkboard	g. el taller
8. shop	h. la estrella de oro
9. search, looking for	i. el nombramiento
10. competition	j. la pizarra, el pizarrón

Ejercicio 9   Complete each statement with the appropriate word(s).

1. Los futuros carpinteros están trabajando en el _____.
2. El maestro escribe en la _____.
3. Algunos maestros les _____ privilegios a los alumnos por su buena conducta.
4. El _____ a un puesto importante como líder de la clase es un ejemplo de una compensa.
5. La _____ de atención es frecuentemente un motivo de conducta inapropiada.
6. La mayoría de los maestros exigen que los alumnos terminen sus _____ a tiempo.
7. Hay que poner una casete en la _____.

Ejercicio 10   Match the nouns in Column A with related verbs in Column B.

A	B
1. la búsqueda	a. competir
2. la competencia	b. nombrar
3. el elogio	c. buscar
4. el nombramiento	d. grabar
5. la grabadora	e. elogiar

Ejercicio 11   Match the English word or expression in Column A with its Spanish equivalent in Column B.

A	B
1. inferiority complex	a. el consejero
2. warning	b. aburrir
3. to bore	c. la rebeldía
4. power	d. el reflejo de insuficiencia
5. rebellion	e. el equipo
6. team	f. el aviso
7. counselor	g. el poder

Ejercicio 12   Complete each statement with the appropriate word(s).
1. El _____ de especialistas que está estudiando el caso comprende el maestro, el psicólogo, el trabajador social y el _____.
2. El maestro tiene que tener el _____ de imponer las reglas.
3. A él no le interesa nada; todo le _____.
4. El maestro le dará sólo un _____ y luego lo castigará.
5. Algunos alumnos se comportan mal porque sufren de un _____.
6. La _____ en forma exagerada puede resultar en la violencia.

COMPRENSION

Ejercicio 1   Answer.
1. ¿Cuál es la mayor preocupación de muchos maestros nuevos?
2. ¿Por qué es difícil que los maestros nuevos mantengan una consistencia en la aplicación de las reglas?
3. ¿Cuáles son algunas compensas que se dan para la buena conducta?
4. ¿Cuáles son algunos privilegios que el maestro les puede otorgar a los alumnos por su buena conducta?
5. ¿Cuáles son algunos factores que le motivan al alumno a comportarse mal?
6. ¿Cuáles son algunas sanciones que se pueden imponer por la mala conducta?
7. ¿En qué resulta frecuentemente la conducta inapropiada repetida?
8. ¿Cuándo requiere la mala conducta la intervención de la administración y la policía?

Ejercicio 2   True or false?
1. Es fácil recobrar el control después de perderlo.
2. La enseñanza y el aprendizaje requieren un ambiente de orden.
3. Los alumnos tienen que entender y respetar las reglas de disciplina.
4. Los buenos maestros establecen muchas reglas.
5. Los buenos maestros no tienen que explicar las razones por las reglas a los alumnos.
6. La consistencia en la aplicación de las reglas es importantísima.
7. Hay un solo procedimiento para mantener el orden y la disciplina.
8. Los maestros tienen más éxito cuando reconocen y refuerzan la buena conducta que cuando castigan la mala conducta.
9. Se reconoce la buena conducta mediante el castigo y las penalidades.

Ejercicio 3   In your own words, explain each of the following.
1. la modificación de conducta
2. la metodología del psicoanalista Rudolph Dreikur

Capítulo 8
PROBLEMAS DE
APRENDIZAJE

Identificación de los problemas

Los psicólogos y pedagogos emplean una variedad de términos para identificar a aquellos niños que, a pesar de poseer una inteligencia normal o con frecuencia superior, no sacan beneficio de la instrucción formal en los programas académicos tradicionales. Estos niños no muestran ninguna incapacidad física, cultural o emocional. En el pasado se les tachaba a estos jóvenes de «perezosos», «estúpidos», faltos de ambición y el deseo de aprender, o sencillamente «faltos»[1]. Era común castigarlos y hacer ejemplo de ellos, sentándolos en un rincón[2] de la clase y poniéndoles orejas de burro[3]. En tiempos más recientes se ha hablado de «desórdenes de tipo psicomotor», de hiperkinesis, de impulsividad, de dislexia, discalculia, hiperactividad, retardación psicolingüística, disfunción cerebral mínima, etc.

Es importante definir lo que es un niño con un problema de aprendizaje. No se trata de retardo mental, ni de un defecto físico, ni de un problema emocional, ni de una desventaja cultural. Se trata de un niño con inteligencia por lo menos normal que sufre de un atraso en el desarrollo de la habilidad de sostener la atención selectiva. La instrucción no especializada, típica de los programas tradicionales, no sirve para enseñar al niño con este tipo de condición. Para que el niño pueda usar al máximo su capacidad intelectual hay que proveerle una instrucción especializada. El mayor problema en este campo es la identificación temprana de los niños con problemas de aprendizaje. Los investigadores han estudiado varias teorías sobre las causas de problemas de aprendizaje. Se han considerado las lesiones cerebrales, problemas de percepción visual, de desarrollo psicolingüístico, etc. Aún no se ha llegado a un acuerdo sobre las causas. Lo importante no es tanto la causa como el remedio.

La hiperactividad Hay quienes piensan, erróneamente, que la hiperactividad y los problemas de aprendizaje son sinónimos. Hay muchos niños hiperactivos que no muestran problemas de aprendizaje, y hay algunos niños con problemas de aprendizaje que también son hiperactivos. Porque muchos niños con lesiones cerebrales causadas por enfermedad o accidente sufren de hiperactividad o hiperkinesia, hay quienes creen que todos los niños hiperactivos tienen lesiones

---

[1]*lacking, deficient*   [2]*corner*   [3]*dunce cap*

cerebrales, y porque muchos niños con problemas de aprendizaje son también hiperactivos, han concluido que ellos también sufren de alguna disfunción cerebral. No es así, aunque con frecuencia las dos condiciones se ven en el mismo niño.

Lo que sí ocurre es que el niño hiperactivo llama la atención del docente. Su comportamiento, su movimiento constante, sus gritos[4], los disturbios que causa en la clase resultan en la atención de las autoridades escolares, del psicólogo o del consejero. Lo examinan. Descubren que su logro académico no está de acuerdo con su capacidad intelectual. Dicen que tiene «problemas de aprendizaje». Otro niño, muy inteligente, también tiene un logro académico muy por debajo de su capacidad intelectual, pero no causa ningún disturbio en clase ni problemas para el maestro. Su logro académico puede ser regular, promedio, pero muy inferior a su verdadera capacidad. Nunca se le descubren sus «problemas de aprendizaje», porque no es «hiperactivo» y no llama la atención.

La «hiperactividad» es algo subjetivo. No todos los niños muestran el mismo nivel de actividad. Son los adultos quienes determinan lo que es normal y anormal. Son los adultos quienes rotulan o categorizan a los niños según sus propios criterios. La intolerancia de algunos adultos en cuanto a la «hiperactividad» ha resultado en el uso de drogas con los niños para reducir su nivel de actividad. Claro está que en algunos casos de hiperkinesia patológica el empleo de drogas puede ser necesario. No obstante, el efecto de las drogas en el aprendizaje a largo plazo todavía no se conoce.

Los exámenes y las pruebas Generalmente, la determinación de la presencia de problemas de aprendizaje se basa en la comparación del logro académico del niño con su rendimiento en una prueba de inteligencia. El problema es que las pruebas de inteligencia no son muy confiables, ya que no pueden medir la inteligencia absoluta y pueden ser influenciadas por factores tales como la motivación, la experiencia y el estado emocional y físico del examinando en el momento de la aplicación de la prueba. Nunca se debe basar la evaluación de un niño en una sola aplicación de un instrumento o procedimiento.

La atención selectiva Los estímulos visuales, auditivos y sensoriales que nos rodean son muchos. Para poder funcionar, tenemos que enfocar la atención en aquellos aspectos que importan para determinado fin. Por ejemplo, cuando leemos, enfocamos en el material impreso[5], en la forma, el orden y como se relacionan las letras y las palabras. En unos estudios de laboratorio sobre la atención selectiva, los buenos lectores tuvieron resultados muy superiores a los resultados de los malos lectores. Esta atención selectiva es una habilidad que se desarrolla mientras que el niño crece. Es posible que los problemas de aprendizaje resulten de un atraso en el desarrollo de la atención selectiva.

Estrategias para los docentes

Si se acepta la premisa de que el niño con problemas de aprendizaje todavía puede aprender, entonces hay que escoger[6] las estrategias más efectivas para enseñarle. Se debe enfocar en cómo diferenciar los aspectos de un estímulo, las

---

[4]*shouting, screams*   [5]*printed*   [6]*choose*

letras que se parecen, la «d», la «b» y la «p», por ejemplo. También uno puede valerse de más de un sentido. Por ejemplo, se le puede dar al niño un modelo tridimensional de la letra para que la tome en las manos. Es muy importante ayudarle al niño a prestar atención. Se puede variar las actividades. Se puede enseñarle al niño a darse instrucciones a sí mismo oralmente. Sobre todo, hay que recordar, como se enfatizó cuando se trató de la disciplina, que se debe reforzar las conductas apropiadas, que compensar la conducta deseable es más eficaz que castigar la conducta indeseable.

ESTUDIO DE PALABRAS

Ejercicio 1   Study the following cognates that appear in this chapter.

el psicólogo	la intolerancia	psicolingüístico
el pedagogo	las drogas	cerebral
la inteligencia	la determinación	mínimo
la instrucción	el problema	especializado
el programa	el retardo	intelectual
la ambición	la presencia	tridimensional
la hiperkinesis	la comparación	visual
la impulsividad	la motivación	erróneamente
la dislexia	la experiencia	constante
la hiperactividad	la evaluación	normal
la retardación	el instrumento	anormal
la disfunción	el estímulo	patológico
la teoría	la forma	emocional
la causa	el estudio	selectivo
el resultado	el laboratorio	auditivo
la estrategia	el examen	sensorial
la premisa		
el modelo	superior	identificar
la percepción	formal	diferenciar
el remedio	académico	reducir
el movimiento	tradicional	poseer
el disturbio	estúpido	
la autoridad	psicomotor	

Ejercicio 2   Complete each expression with the appropriate word(s).

1. formal instruction   la instrucción _____
2. traditional academic program el programa académico

   _____

3. slight brain dysfunction   la _____ cerebral mínima
4. brain (cerebral) damage   las lesiones _____
5. psycholinguistic retardation   la retardación _____
6. mental retardation   el retardo _____

   el retraso _____

7. learning disability (problem)   el _____ de aprendizaje
8. emotional problem   el problema _____
9. cultural disadvantage   la desventaja _____
10. selective attention   la _____ selectiva
11. physical defect   el _____ físico
12. intellectual capacity   la capacidad _____
13. early identification (detection)   la _____ temprana
14. visual perception   la _____ visual
15. hyperactive child   el niño _____
16. academic success   el logro _____
17. academic achievement   el rendimiento _____
18. intelligence test   la prueba de _____
19. visual stimulus   el _____ visual
20. auditory stimulus   el _____ auditivo
21. laboratory studies   los estudios de _____

Ejercicio 3   Give the word or expression being defined.
1. el que practica la psicología
2. el que se dedica a la enseñanza, el docente
3. lo contrario de «anormal»
4. la enseñanza
5. lo contrario de «inteligente»
6. del cerebro
7. lo contrario de «el efecto»
8. la solución
9. de siempre
10. la molestia
11. lo contrario de «normal»
12. bajar, disminuir
13. la prueba
14. la idea, la señal, el índice

Ejercicio 4   Select the appropriate word(s) to complete each statement.
1. El niño que tiene un problema con _____ visual puede confundir las letras.
      a. el movimiento   b. la percepción   c. la determinación
2. Muchos educandos que tienen problemas de aprendizaje necesitan _____ especializada e individualizada.
      a. instrucción   b. disfunción   c. identificación
3. La prueba de inteligencia es _____ no siempre confiable para determinar la capacidad intelectual del educando.
      a. una forma   b. un remedio   c. un instrumento
4. El niño que es falto de _____ no quiere trabajar.
      a. tolerancia   b. atención   c. ambición

5. Es necesario _____ el problema antes de tratar de encontrar un remedio.
   a. identificar   b. especializar   c. reducir

Ejercicio 5   Match the word in Column A with its opposite in Column B.

A	B
1. el remedio	a. informal
2. erróneamente	b. aumentar
3. mínimo	c. la causa
4. formal	d. anormal
5. superior	e. correctamente
6. normal	f. inferior
7. reducir	g. máximo
8. la presencia	h. la ausencia

Ejercicio 6   Match the English word or expression in Column A with its Spanish equivalent in Column B.

A	B
1. to benefit from	a. castigar
2. to accuse of, label (in a negative way)	b. sostener
	c. valerse de
3. to punish	d. sacar beneficio de
4. to set an example, make an example of	e. medir
	f. tachar de
5. to maintain, keep up	g. prestar atención
6. to label	h. hacer ejemplo de
7. to measure	i. rotular
8. to make use of	
9. to pay attention	

Ejercicio 7   Complete each statement with the appropriate word(s).

1. La prueba de inteligencia es sólo un instrumento para _____ la inteligencia de un individuo.
2. Los educandos deben _____ de su instrucción.
3. Es necesario _____ a lo que dice el maestro.
4. Para determinar o evaluar la capacidad del educando, el pedagogo nunca debe _____ de un solo instrumento.
5. Los docentes suelen (tienden a) _____ al alumno por su conducta inapropiada.
6. Muchas veces se les _____ de delincuentes a los alumnos que siempre causan un disturbio en el salón de clase.
7. Para _____ la atención de los alumnos, es necesario variar las actividades educativas.

Ejercicio 8   Match the word in Column A with its definition in Column B.

A	B
1. sacar beneficio de	a. usar, emplear, utilizar
2. rotular	b. mantener
3. valerse de	c. hacer caso de
4. prestar atención	d. categorizar, clasificar
5. sostener	e. corregir, darle una penalidad
6. castigar	f. beneficiarse de

Ejercicio 9   Match the English word or expression in Column A with its Spanish equivalent in Column B.

A	B
1. lazy	a. el lector
2. lacking, deficient	b. confiable
3. desire	c. perezoso
4. disadvantage	d. la prueba
5. slowness, delay	e. a largo plazo
6. brain damage	f. falto de
7. success	g. el rendimiento
8. average	h. la lesión cerebral
9. test	i. el examinando
10. performance	j. la desventaja
11. reliable	k. el deseo
12. reader	l. el logro
13. examinee, examination candidate	m. promedio
	n. el atraso
14. process	o. el procedimiento
15. long-term	

Ejercicio 10   Complete each statement with the appropriate word(s).
1. El rendimiento académico de este joven es muy bajo porque es _____ de ambición. Es muy _____. No estudia nunca y no hace ningún esfuerzo.
2. Los _____ están tomando una prueba estandarizada.
3. Muchos alumnos que sólo pueden leer con dificultad, sufren de un _____ en el desarrollo mental.
4. El logro académico varía mucho de un niño a otro. Puede ser inferior, _____ o superior.
5. Muchos niños que tienen _____ han tenido una enfermedad o un accidente.
6. El _____ en una sola _____ de inteligencia no es suficiente para rotular a un alumno. Las pruebas de inteligencia no son siempre _____ porque pueden ser influenciadas por muchas circunstancias.

7. Muchos alumnos que son de familias de bajo nivel socioeconómico vienen a la escuela con una _____ cultural.
8. El niño debe tener un _____ de aprender.
9. Son los objetivos o las metas _____ que tienen mucha importancia porque indican lo que debe ser el resultado del procedimiento educativo.

COMPRENSION

Ejercicio 1   True or false?

1. Hay muchos niños que no sacan beneficio de la instrucción formal en los programas académicos tradicionales.
2. Es importante definir lo que es un niño con un problema de aprendizaje porque siempre trata de un atraso mental, de un defecto físico o de un problema emocional.
3. La hiperactividad y los problemas de aprendizaje son sinónimos.
4. No se conoce el efecto a largo plazo de las drogas recetadas a los niños con hiperkinesia patológica.
5. Las pruebas de inteligencia son muy confiables.
6. Es posible que muchos problemas de aprendizaje resulten de un atraso en el desarrollo de la atención selectiva.
7. Desgraciadamente los niños con problemas de aprendizaje no pueden aprender.
8. Para enseñar a muchos alumnos, el docente tiene que valerse de más de un sentido.

Ejercicio 2   Answer.

1. En el pasado, ¿cómo se les tachaban a los niños que no sacaban beneficio de la instrucción formal?
2. ¿Cómo los castigaban los maestros?
3. ¿Cuáles son algunas condiciones que indican un desorden de tipo psicomotor?
4. ¿Cómo se define a un alumno con un problema de aprendizaje?
5. ¿De qué sufren muchos niños con lesiones cerebrales?
6. Generalmente, ¿cómo se determina la presencia de problemas de aprendizaje?
7. ¿Por qué no son muy confiables las pruebas de inteligencia?

Ejercicio 3   Follow the directions.

Explique por qué es muy común que el niño hiperactivo con un problema de aprendizaje sea rotulado con más frecuencia que el niño que no sufre de la hiperactividad.

Capítulo 9
EDUCACION
PREESCOLAR

El jardín de infancia

Tradicionalmente, la educación formal comenzaba en el primer grado de la escuela primaria cuando los niños tenían seis o siete años de edad. En Alemania, en el siglo XIX se introdujo el concepto del *kindergarten,* que en alemán significa «jardín de infancia». En el jardín de infancia los niños de cuatro a seis años aprenden unos conceptos básicos que ayudan a prepararlos para la instrucción formal. El jardín de infancia comenzó en Alemania como experimento para niños de familias acomodadas[1]. En poco tiempo la idea fue aceptada por educadores en todo el mundo. Hoy en los EE.UU. hay casi cuatro millones de niños matriculados en jardines de infancia, tanto públicos como privados.

En años recientes los investigadores han estudiado el efecto de una intervención temprana en la educación de los niños pequeños, especialmente los niños que vienen de familias y comunidades de bajo nivel socioeconómico y que carecen de las experiencias típicas de los niños de la clase media. Cuando el niño llega a la escuela en el primer grado, se supone que ha tenido unas experiencias que le preparan para el programa de estudios. Estas experiencias son típicas de la clase media. Se reconoce que la educación formal, por bien o por mal, se ha diseñado, en la mayoría de los casos, para un alumno «típico», que es representante de la clase media.

Las guarderías para niños

Hoy día, también se ha reconocido la necesidad de proveer tanto cuidado como instrucción a los niños pequeños de familias donde los dos padres trabajan. En los EE.UU., el Canadá y gran parte de Europa, la familia nuclear con la madre y el padre que trabajan es hoy la norma. ¿Qué se hace con los niños pequeños? En Francia, Holanda y Suecia hace años que han establecido guarderías para niños pequeños cuyos padres trabajan. Las guarderías ofrecen instrucción preescolar. El gobierno sufraga[2] el costo de las guarderías. En los EE.UU. algunas grandes empresas proveen guarderías para los hijos de sus empleados a un costo mínimo. En Milwaukee, un estudio comparando el logro de niños en guarderías a tiempo completo con el de niños que se criaron solamente en casa indica que los niños en el programa preescolar de tres a seis años de edad mostraron mayor desarrollo

---

[1]*wealthy* [2]*pays, defrays*

lingüístico y mayor logro académico que los otros niños. Varios estudios muestran que los niños en programas preescolares muestran mayor grado de independencia y autosuficiencia que los niños sin esa experiencia.

El programa «Head Start»
    Estudios como aquéllos citados influyeron en el establecimiento del programa «Head Start» por el gobierno federal norteamericano. El propósito del programa era de proveer oportunidades educativas a niños económicamente desventajados para que pudieran llegar a ser adultos económicamente independientes. Los estudios que se hicieron para determinar la efectividad del programa «Head Start» indicaron que los niños que tomaron parte en el programa durante la década de 1960 tuvieron igual o mayor logro académico que sus similares, menor tasa de retención y menor participación en «clases especiales». Además, los participantes en «Head Start» han mostrado menor grado de conducta antisocial o delincuente que sus similares que no participaron en «Head Start». También muestran menos abandono de la escuela superior y mayor asistencia a la universidad que aquéllos que no participaron en el programa.

Los programas preescolares en Norteamérica
    En general, los programas preescolares aceptan a niños de dos a cinco años. A los cinco años los niños entran en el jardín de infancia. En un programa típico, los niños llegan a la escuela o centro desde las 7:30 de la mañana, aunque el programa oficial no comienza hasta las 8:30 o las 9:00. Durante este período de tiempo los niños juegan bajo la supervisión de los docentes. Se les provee a los niños papel, crayolas, tijeras y libros para jugar adentro, además de equipo de parque como los columpios, el tobogán, el cajón de arena para jugar afuera.
    Al comenzar el programa formal del día, una actividad típica sería sentar a los niños en un círculo, saludarles[3] y hacerles preguntas como «¿quién sabe qué día es hoy?», «¿alguien sabe la fecha?». Luego se les pide a los niños que muestren algo que han traído a clase o que digan al grupo algo interesante que les ha pasado o que han hecho. Otra actividad es el trabajo con un tablero de felpa. Los niños escogen figuras de felpa y, bajo las instrucciones de la maestra, las ponen en el tablero. Las actividades formales se alternan con períodos de juego individual y en grupo. Los niños aprenden a recoger sus materiales y a limpiar lo que han ensuciado. A veces los niños toman parte en la preparación de comida. Pelan[4] papas y zanahorias, por ejemplo, pero siempre con cuchillos de plástico que no pueden cortarles[5] fácilmente. Las maestras les leen antes de que tomen una siesta. Los programas preescolares son de medio día o de un día entero.

Metas de los programas preescolares
    Además de un enfoque en el desarrollo cognoscitivo, los programas preescolares tienen otras metas. La socialización de los niños es un objetivo

---

[3]*greet them*   [4]*They peel*   [5]*cut them*

importante. La socialización de los niños es un reflejo de los valores de la sociedad. En los EE.UU., por ejemplo, la independencia, la libertad, la democracia y el individualismo son importantes. Por consiguiente, estos valores se enfatizan en los programas preescolares. Los niños aprenden a votar. Pueden votar por un cuento favorito o por el nombre que se le dará a una mascota. La expresión verbal es un aspecto de individualismo, y en los programas preescolares se trata de desarrollar las habilidades verbales de los niños. Otro valor que se enfatiza es la imaginación y la creatividad. Se le da al niño mucha oportunidad para expresarse individualmente, de forma oral, por el arte o en la expresión dramática.

En China y Japón, por ejemplo, también se enfatiza el desarrollo lingüístico, pero de otras formas. En Japón, en lugar de promover la autoexpresión, se anima al niño a ser buen escuchador, a ser muy sensible a la comunicación de otros, comunicación verbal y no verbal. Los chinos y los japoneses quieren que los niños expresen lo que se comparte con otros en lugar de lo individual y personal. Por eso, en Japón se vale mucho de la recitación en coro y no de la expresión individual.

El caso de Japón es interesante. En los programas preescolares se da menos importancia a la parte puramente académica que en los EE.UU. En un estudio comparativo, casi la mitad de los maestros preescolares norteamericanos indicaron un énfasis en lo académico como una de las metas más importantes del programa preescolar; solamente el 2% de los maestros japoneses indicaron lo académico como una meta importante. Esta diferencia no debe interpretarse como una falta de interés en el logro académico por parte de los japoneses. En Japón, la mayoría de los niños aprenden a leer en su propio hogar. En lugar de enfocar en un currículo académico en los programas preescolares, los japoneses tratan de inculcar en los niños una actitud positiva hacia la escuela y de desarrollar unas habilidades fundamentales para el aprendizaje, tales como la perseverancia, la concentración y, sobre todo, la habilidad de funcionar como parte del grupo.

En los programas preescolares se da mucha atención a la higiene. Los niños aprenden a lavarse las manos después de visitar los aseos y antes de comer y a lavarse los dientes y la cara después de comer.

Los docentes preescolares

En todo el mundo, la gran mayoría de los docentes en los programas preescolares son mujeres. No es necesariamente así cuando se trata de supervisores, administradores y profesores universitarios «expertos» en la educación preescolar. Allí los hombres predominan. El «status» de los docentes en programas preescolares es bastante bajo comparado con los maestros de niños mayores, no importa su formación profesional y su experiencia. Por lo general, en los EE.UU. el salario del docente preescolar es la mitad de lo que es para un maestro de escuela elemental.

Los programas preescolares van aumentando en número, importancia e impacto, tanto en los EE.UU. y los otros países industrializados como en los países en vías de desarrollo[6], por una serie de razones sociales y económicas que muy bien se conocen.

---

[6]*developing*

ESTUDIO DE PALABRAS

Ejercicio 1   Study the following cognates that appear in this chapter.

el concepto	el parque	la importancia
el experimento	el círculo	el impacto
el educador	la figura	
el investigador	los materiales	básico
el efecto	el valor	socioeconómico
la intervención	la sociedad	nuclear
el programa	la socialización	lingüístico
el estudio	la libertad	académico
la familia	la democracia	desventajado
la norma	el individualismo	independiente
el costo	el grupo	antisocial
el grado	la expresión	delincuente
la independencia	la imaginación	verbal
la autosuficiencia	la creatividad	sensible
la oportunidad	la autoexpresión	positivo
la efectividad	el interés	profesional
la participación	el currículo	
el participante	la actitud	alternar
el similar	la perseverancia	proveer
la supervisión	la concentración	votar
el supervisor	la higiene	inculcar

Ejercicio 2   Complete each expression with the appropriate word(s).

1. early childhood education   la _____ preescolar
2. basic concepts   los conceptos _____
3. formal instruction   la _____ formal
4. early intervention   la _____ temprana
5. nuclear family   la familia _____
6. preschool instruction   la _____ preescolar
7. degree of independence   el grado de _____
8. degree of self-sufficiency   el grado de auto_____
9. educational opportunities   las _____ educativas
10. underprivileged (disadvantaged) child   el niño _____

11. antisocial behavior   la conducta _____
                              el comportamiento _____
12. delinquent behavior   la conducta _____
13. individual play   el juego _____
14. group play   el juego en _____
15. societal values   los valores de la _____
16. verbal expression   la _____ verbal
17. linguistic development   el desarrollo _____
18. individual expression   la _____ individual
19. academic curriculum   el currículo _____
20. professional training   el entrenamiento _____
                              la formación _____

Ejercicio 3   Match the word in Column A with its definition in Column B.

A	B
1. básico	a. el resultado
2. el educador	b. la independencia
3. el efecto	c. fundamental
4. proveer	d. la idea
5. el costo	e. el nivel
6. el grado	f. el modelo, lo típico
7. el concepto	g. el docente
8. la norma	h. dar
9. la autosuficiencia	i. el precio, lo que cuesta

Ejercicio 4   Give the word or expression being defined.
1. el que educa
2. el que participa
3. el que investiga
4. el que tiene una desventaja
5. el que supervisa

Ejercicio 5   Match the English word or expression in Column A with its Spanish equivalent in Column B.

A	B
1. kindergarten	a. el equipo de parque
2. nursery, day-care center	b. afuera
3. care	c. adentro
4. to rear, raise	d. el jardín de infancia
5. crayons	e. la guardería para niños
6. scissors	f. tomar una siesta
7. slide	g. la mascota
8. swing	h. el cuidado
9. sandbox	i. criar

10. felt board	j. el tablero de felpa
11. playground equipment	k. el cajón de arena
12. inside	l. el tobogán
13. outside	m. las tijeras
14. restrooms	n. el columpio
15. to take a nap	o. las crayolas
16. pet	p. los aseos

Ejercicio 6   Follow the directions.
1. Dé Ud. una lista del equipo que se encuentra en un parque para niños.
2. Dé una lista de los materiales que usan los niños o los maestros en una guardería para niños o en un jardín de infancia.

Ejercicio 7   Complete each statement with the appropriate word(s).
1. Los niños juegan _____ cuando hace mal tiempo y juegan _____ cuando hace buen tiempo.
2. Los niños pequeños tienen que ir a los _____ con frecuencia.
3. Un perro o un gato puede ser una _____.
4. El _____ de los niños cuyos dos padres trabajan es importante.
5. Es difícil _____ bien a los niños. No es una tarea fácil.
6. Los niños deben _____ cuando tienen sueño.

Ejercicio 8   Match the English word or expression in Column A with its Spanish equivalent in Column B.

A	B
1. enrolled	a. la empresa
2. level	b. el empleado
3. purpose	c. matriculado
4. rate	d. la tasa
5. full-time	e. el nivel
6. half day	f. la clase media
7. full day	g. el propósito
8. corporation	h. a tiempo completo
9. employee	i. el medio día
10. middle class	j. el día entero

Ejercicio 9   Match the definition in Column A with the word or expression it defines in Column B.

A	B
1. el que trabaja	a. a tiempo completo
2. la compañía	b. la tasa
3. 40 horas a la semana	c. matriculado
4. de las 8:00 a las 12:00 del día	d. el empleado

5. de las 8:00 a las 4:00 del día   e. la clase media
6. el porcentaje   f. la empresa
7. el grado   g. el propósito
8. entre la clase baja y la clase alta   h. el nivel
9. inscrito   i. el medio día
10. la intención, el objetivo   j. el día entero

Ejercicio 10   Match the English word or expression in Column A with its Spanish equivalent in Column B.

A	B
1. to lack	a. la retención
2. to design	b. enfatizar
3. retention, holding back	c. recoger
4. (act of) dropping out of high school	d. la recitación en coro
5. to gather, collect	e. carecer de
6. to clean	f. el cuento
7. to dirty	g. diseñar
8. to emphasize	h. el escuchador
9. to increase	i. el abandono de la escuela superior
10. listener	j. aumentar
11. story	k. limpiar
12. choral recitation	l. ensuciar

Ejercicio 11   Give the word or expression being defined.
1. la prohibición de pasar de un grado (una clase) a otro(a); la necesidad de pasar otro año en el mismo grado
2. la decisión de no seguir con los estudios secundarios
3. todo el grupo repite en voz alta la misma cosa a la vez
4. hacer un plan
5. los «Los tres osos», «Caperucita Roja», «Blancanieves y los siete enanitos»

Ejercicio 12   Complete each statement with the appropriate word(s).
1. Hay que _____ lo que se ha ensuciado.
2. Hay que _____ un programa especial para los niños desventajados.
3. Los niños tienen que _____ sus materiales después de usarlos.
4. El que escucha es el _____.
5. Muchas familias de las clases socioeconómicas más bajas _____ de muchos recursos para satisfacer las necesidades básicas.
6. Hay que _____ la importancia de diseñar programas cuyo propósito es el desarrollo de la autosuficiencia.

COMPRENSION _____

Ejercicio 1   True or false?

1. Los investigadores han descubierto que la intervención temprana en la educación de los niños pequeños es beneficiosa, sobre todo para los de las clases desventajadas.

2. Muchas experiencias que se supone que ha tenido un niño antes de llegar a la escuela son típicas de la clase media.

3. Los niños en programas preescolares tienden a mostrar mayor desarrollo lingüístico y mayor grado de independencia y autosuficiencia que los niños sin esta experiencia.

4. La mayoría de los docentes en los programas preescolares son mujeres y sus salarios son más bajos que los de los maestros en las escuelas primarias.

Ejercicio 2   Answer.

1. ¿Cuándo comenzaba la educación formal tradicionalmente?

2. ¿Dónde se introdujo el concepto del jardín de infancia?

3. ¿Para quiénes comenzó como experimento el jardín de infancia?

4. ¿Por qué es especialmente importante la intervención temprana en la educación de los niños de bajo nivel socioeconómico?

5. ¿Qué se supone que haya tenido el niño al llegar al primer grado?

6. ¿Por qué se ha reconocido recientemente la importancia de proveer cuidado a los niños pequeños?

Ejercicio 3   Answer.

1. ¿Qué es el programa «Head Start»?

2. ¿Cuáles son algunos resultados positivos para los niños que tomaron parte en el programa «Head Start» durante la década de 1960?

Ejercicio 4   Follow the directions.

1. Prepare Ud. una lista de las actividades que tienen lugar en una guardería para niños.

2. Prepare Ud. una lista de las metas de los programas preescolares.

Capítulo 10
EDUCACIÓN
BILINGÜE

Historia

El concepto de la educación bilingüe no es nuevo. En Filadelfia en 1694 había escuelas bilingües, alemán-inglés. Escuelas bilingües en alemán e inglés existían en Baltimore, Cincinnati, Cleveland, Indianapolis, Milwaukee, St. Louis y Newark en el siglo XIX. Algunas de estas escuelas eran públicas, otras eran religiosas. En Ohio, en 1839 los padres de familia podían escoger instrucción en inglés, alemán o ambos idiomas para sus hijos. En 1847 el estado de Luisiana adoptó la misma política para inglés y francés. El territorio de Nuevo México, en 1850, autorizó la educación bilingüe en español e inglés.

En otros países la educación bilingüe es muy común. En España, donde existen varias lenguas nacionales, la educación bilingüe en español y catalán, español y vascuence, y español y gallego, es aceptada. En otros países donde hay una lengua nacional y varias lenguas regionales, es muy común que los niños comiencen su instrucción formal con la lengua regional, para luego cambiar a la lengua oficial o nacional más tarde. Este es el caso en Filipinas, partes de la India y varios países africanos.

Cuestiones políticas

A fines del siglo XIX en los EE.UU. la política lingüística empezó a cambiar. La tolerancia por la instrucción en otros idiomas iba desapareciendo[1]. La meta era «americanizar» a los inmigrantes. Una forma de «americanizar» era eliminar el uso de otras lenguas. Un lugar lógico para comenzar era la escuela. La Primera Guerra Mundial[2] dio gran ímpetu a este movimiento, ya que la mayoría de los programas bilingües eran de alemán, y los EE.UU. estaba luchando[3] contra Alemania en la guerra. Muchos estados legislaron la eliminación y prohibición de programas de educación bilingüe. La xenofobia de la época se nota en una ley aprobada en Iowa en 1919 que prohibía el uso por teléfono de cualquier idioma que no fuera el inglés.

Fundamentos de la educación bilingüe

El niño que llega a la escuela a la edad de cinco o seis años ya tiene un dominio impresionante de la lengua hablada. Su comprensión auditiva y su

---

[1]*disappearing*   [2]*World War*   [3]*fighting*

habilidad para hablar son muy desarrolladas. Una de las primeras tareas del sistema educativo es la alfabetización del niño. En la secuencia normal, se le enseña al niño los símbolos—en inglés o en español las letras—que corresponden a los sonidos que representan cosas y conceptos. El niño de habla española ve las letras «g a t o». El docente le enseña los sonidos que las letras representan. El niño ya conoce el concepto, el animalito, que va con los sonidos «g a t o». El problema ocurre cuando los sonidos y las letras «c a t» se presentan a un niño que no tiene idea de lo que los sonidos representan. Para él el animalito es «g a t o».

En la educación bilingüe se comienza con la alfabetización del niño en su lengua materna, sea español, inglés, chino o ruso. A la vez que se le enseña al niño a leer y a escribir en el idioma que ya domina oralmente, se le enseña también la forma oral del nuevo idioma. Cuando el niño empieza a controlar las formas orales del nuevo idioma, se empieza el proceso de alfabetización en ese idioma. Lo que entra en juego ahora es la «transferencia». Ya que el niño comprende el proceso de alfabetización, porque ha pasado por él en su lengua materna, el proceso se hace más fácil y rápido para su segundo idioma.

La época contemporánea

En la década de 1960 los educadores se preocuparon[4] por el logro académico de los niños de grupos minoritarios. Los niños de ascendencia mexicana en el suroeste, por ejemplo, sufrían una tasa de deserción escolar muy por encima de la tasa de los niños angloamericanos. También su nivel de logro académico era inferior. Una de las razones, se suponía, era la falta de dominio del idioma y de los conceptos básicos. Hubo entonces un resurgimiento[5] de interés por la educación bilingüe. En 1968 el Congreso aprobó[6] la Ley de Educación Bilingüe o Título VII. En 1971 el estado de Massachussetts aprobó la primera ley para fomentar la educación bilingüe. Hoy, unos 30 estados permiten por ley la instrucción en otras lenguas que el inglés.

En 1970 en San Francisco, un abogado[7] se enteró de[8] que el hijo de uno de sus clientes estaba fracasando en sus estudios porque no entendía la lengua de instrucción, el inglés. Inició un pleito contra el sistema escolar de San Francisco. Este caso, Lau (por el niño Kinney Lau) versus Nichols resultó originalmente en un fallo a favor del sistema escolar. En 1974 la Corte Suprema denegó el fallo original y falló a favor del niño. El resultado fue una serie de ordenanzas a favor de la educación bilingüe.

Tipos de programas bilingües

Programas de transición Los programas más comunes son programas de transición. En estos programas los niños comienzan sus estudios por medio de la lengua materna. Al mismo tiempo se les enseña el inglés, primero hablado y

---

[4]*were concerned* [5]*resurgence* [6]*approved* [7]*lawyer* [8]*found out*

después escrito. Cuando los niños llegan a dominar el inglés pasan al programa «regular» donde reciben toda su instrucción por medio del inglés. Han hecho «la transición». En muchos estados se permite un máximo de tres años de educación bilingüe antes de la transición.

Programas de mantenimiento Los programas de mantenimiento tienen como objetivo no permitir que los niños bilingües pierdan su dominio de la lengua materna. Se trata de mantener la lengua materna por medio de cursos y actividades en ese idioma durante toda la carrera escolar del niño. Se ha hablado de programas donde los dos idiomas tendrían igual valor. Es decir, el niño, después de haber dominado los dos idiomas, podría escoger cursos en una lengua u otra. En la escuela superior podría tomar sus matemáticas en inglés y sus ciencias en otro idioma. Aunque muchos creen que este tipo de programa tiene mucho valor, es rarísimo.

Programas bilingües de dos sentidos Actualmente se está enfocando en lo que se llama «educación bilingüe de dos sentidos». En este tipo de programa participan tanto los niños de habla inglesa como los niños de «habilidad limitada en inglés». El objetivo es el desarrollo de un verdadero bilingüismo en todos los niños. Se trata de enseñar a los anglohablantes un idioma nuevo de manera eficaz y duradera[9], a la vez que se desarrollan las habilidades de los otros niños en inglés. Otra ventaja de este tipo de programa es la eliminación de la segregación de los niños de «habilidad limitada en inglés», ya que todos los niños, mayoritarios y minoritarios, tomarían parte juntos en el mismo programa.

Programas bilingües de las escuelas internacionales Un tipo de programa bilingüe que siempre ha gozado[10] de gran éxito y apoyo es lo que se da en las escuelas binacionales e internacionales. Estas escuelas tienden a responder a las necesidades de familias de diplomáticos y administradores de empresas multinacionales. Existen en todas partes del mundo. Los hijos de las clases altas en los diferentes países también asisten a estas escuelas donde la instrucción se da casi siempre en uno de los idiomas de gran prestigio internacional, casi siempre el inglés o el francés. En esas escuelas las clases se dan en la lengua internacional. Así es que en una escuela de este tipo en Latinoamérica, por ejemplo, los niños de habla española o portuguesa recibirían casi toda su instrucción formal por medio del inglés o del francés. Los logros académicos de estos estudiantes tienden a ser por lo menos igual, pero normalmente superior al logro de sus contrapartes en las escuelas nacionales.

---

[9]*lasting*   [10]*enjoyed*

ESTUDIO DE PALABRAS _____

Ejercicio 1   Study the following cognates that appear in this chapter.

la educación	la transferencia	limitado
la cuestión	el grupo	mayoritario
la tolerancia	la ordenanza	multinacional
el inmigrante	la transición	
el ímpetu	el curso	eliminar
el movimiento	la habilidad	legislar
la eliminación	el bilingüismo	notar
la prohibición	la segregación	prohibir
la xenofobia	el diplomático	corresponder
la época	el contraparte	representar
el uso		controlar
la comprensión	bilingüe	sufrir
la secuencia	moral	mantener
el símbolo	materno	participar
la letra	oral	
la forma	minoritario	

Ejercicio 2   Match the verbs in Column A with related nouns in Column B.

A	B
1. cuestionar	a. la transferencia
2. tolerar	b. la eliminación
3. eliminar	c. la segregación
4. legislar	d. la comprensión
5. prohibir	e. el mantenimiento
6. comprender	f. la legislación
7. controlar	g. la cuestión
8. transferir	h. la tolerancia
9. mantener	i. el control
10. segregar	j. la prohibición

Ejercicio 3   Complete each expression with the appropriate word(s).

1. bilingual education — la _____ bilingüe
2. bilingual program — el programa _____
3. minority group — el grupo _____
4. language of instruction — la lengua de _____
5. transitional program — un _____ de transición
6. maintenance program — un _____ de mantenimiento
7. limited English proficiency (LEP) — la habilidad _____ en inglés
8. multinational enterprise — la empresa _____

Ejercicio 4 Complete each statement with the appropriate word(s).

1. En los Estados Unidos hay muchos grupos _____.
2. Los nuevos _____, es decir, los que acaban de llegar de otro país, no saben hablar inglés.
3. La _____ es el odio o temor a los extranjeros.
4. Hay que tener cuidado que las clases bilingües no resulten en la _____ de grupos étnicos.
5. La letra es un _____ que representa un sonido del idioma.

Ejercicio 5 Match the word or expression in Column A with its definition in Column B.

A	B
1. prohibir	a. tomar parte
2. el uso	b. de la madre
3. participar	c. lo contrario de «mayoritario»
4. minoritario	d. no permitir
5. materno	e. el período de tiempo
6. la época	f. el empleo

Ejercicio 6 Match the English word or expression in Column A with its Spanish equivalent in Column B.

A	B
1. policy	a. el segundo idioma
2. language	b. la ley
3. goal	c. la lengua hablada
4. law	d. la política
5. mastery	e. la alfabetización
6. mother (native) tongue, native language	f. la lengua, el idioma
7. spoken language	g. de habla española, hispanohablante
8. literacy	h. el dominio
9. sound	i. de habla inglesa, anglohablante
10. Spanish-speaking	j. la lengua materna, el idioma materno
11. English-speaking	k. el sonido
12. second language	l. la meta

Ejercicio 7 Complete each statement with the appropriate word(s).

1. En muchas escuelas el grupo minoritario es _____ y el grupo mayoritario es _____.
2. La _____ de la educación bilingüe es enseñarle dos idiomas al alumno.
3. La _____ empieza con la introducción de las letras que representan los sonidos del idioma.

4. La _____ es la que se habla y que se aprende en casa, en el hogar.
5. El niño llega a la escuela con un _____ impresionante de la forma hablada (oral) de la lengua _____.
6. La _____ de esta escuela le permite al niño tener tres años de instrucción en la lengua materna antes de introducir la instrucción en inglés.
7. El curso de inglés como _____ es una parte íntegra del programa bilingüe.
8. La letra «a» representa un _____ en español y la letra «o» representa otro.

Ejercicio 8   Match the English word or expression in Column A with its Spanish equivalent in Column B.

A	B
1. to read	a. fracasar
2. to write	b. entrar en juego
3. to come into play	c. fallar
4. to understand	d. iniciar un pleito
5. to fail	e. leer
6. to encourage	f. la tasa
7. to pronounce a verdict	g. escribir
8. verdict	h. la deserción escolar
9. advantage	i. entender
10. support	j. la ascendencia
11. to initiate a lawsuit	k. fomentar
12. rate	l. el apoyo
13. (act of) dropping out of school	m. la ventaja
14. background	n. el fallo

Ejercicio 9   Match the verbs in Column A with related nouns in Column B.

A	B
1. leer	a. el apoyo
2. escribir	b. el fomento
3. apoyar	c. la lectura
4. fallar	d. la escritura
5. fomentar	e. el fallo

Ejercicio 10   Complete each statement with the appropriate word(s).
1. Recibir una «F» en el curso es _____ en el curso.
2. Es importante que el programa tenga el _____ de la comunidad.
3. Es necesario hablar, _____, _____ y _____ el idioma.
4. La _____ de deserción _____ es más alta entre los alumnos de _____ española que entre los anglohablantes.
5. Hay muchos factores que _____ para desarrollar un buen programa educativo.
6. Hablar varios idiomas le da al individuo una _____ enorme.

COMPRENSION

Ejercicio 1   True or false?
1. El concepto de la educación bilingüe es nuevo en los Estados Unidos.
2. Las primeras escuelas bilingües eran español-inglés.
3. La educación bilingüe existe sólo en los Estados Unidos.
4. En los programas bilingües, se le enseña al niño a leer y escribir en el idioma que ya domina mientras se le enseña la forma oral del segundo o nuevo idioma.
5. En los años 60 los niños de ascendencia mexicana en el suroeste de este país tenían un nivel de logro académico inferior al logro académico de los niños de habla inglesa porque les faltaba el dominio del idioma de instrucción.

Ejercicio 2   Answer.
1. ¿Por qué dio la Primera Guerra Mundial ímpetu a la eliminación de programas bilingües en los Estados Unidos?
2. ¿Cuál es un ejemplo de la xenofobia?
3. ¿Qué tiene el niño a la edad de cinco o seis años?
4. ¿Cuál es una de las primeras metas del sistema educativo?
5. ¿Qué se le enseña primero al niño?
6. ¿A qué corresponden las letras?
7. ¿Qué representan los sonidos?
8. En la educación bilingüe, ¿en qué lengua se empieza la alfabetización? ¿Por qué?
9. En los años 60, ¿de qué sufrían los niños de ascendencia mexicana en el suroeste?
10. ¿Qué fue el caso Lau?
11. ¿Cuáles son algunas ventajas de un programa de educación bilingüe de dos sentidos?
12. ¿Qué son las escuelas binacionales o internacionales? ¿Qué tipo de programa bilingüe se ofrece en estas escuelas?

Ejercicio 3   Explain what happened in the field of bilingual education in the following years.
1. 1968
2. 1971
3. 1974

Ejercicio 4   In your own words, explain each of the following bilingual programs.
1. un programa bilingüe de transición
2. un programa bilingüe de mantenimiento
3. un programa de educación bilingüe de dos sentidos

Capítulo 11
EDUCACION
MULTICULTURAL

¿Qué es la educación multicultural?

Pocos movimientos han resultado en una polémica como la que surge[1] del concepto de la educación multicultural. Primero hay que tratar de definir lo que es este concepto. Para sus adeptos la educación multicultural existe para fomentar un aprecio y reconocimiento de todos los grupos culturales. Por «grupos culturales» no se entiende solamente los grupos étnicos y religiosos, sino también los minusválidos, los ancianos, las mujeres, los diferentes grupos socioeconómicos. Uno de sus objetivos es desarrollar las habilidades para trabajar y colaborar efectivamente con miembros de diferentes grupos tanto nacionales como internacionales.

Todos reconocen que los EE.UU. es único en el mundo en su variedad humana. Ningún país goza de[2] la diversidad étnica, religiosa y cultural que tiene Norteamérica. Los estudios demográficos indican unos profundos cambios en la composición de la población del país. Lo más dramático es el cambio en los patrones de inmigración; ya no son de Europa la mayoría de los inmigrantes. A pesar de ser una «nación de inmigrantes», hasta mediados de este siglo, una de las metas sociales del sistema educativo era, no solamente la asimilación e integración sino la homogeneización de los hijos de los inmigrantes y los diferentes grupos étnicos. El modelo para la homogeneización era el norteamericano de ascendencia europea, del norte de Europa, pero especialmente de Inglaterra. Se suponía que existía una raza y una cultura norteamericana, y que todos los recién llegados debieran abandonar la cultura que trajeron y adoptar completamente la nueva.

Una base filosófica de la educación multicultural es la idea del pluralismo cultural. Esta idea acepta la realidad de una cultura dominante, que es la norteamericana, pero también reconoce y valora las subculturas y su aporte a la sociedad. Porque la historia de la nación y la historia universal se han derivado de fuentes anglosajonas, se considera que ha habido una falta de reconocimiento de las contribuciones de otras culturas a la humanidad. Se considera que la historia que se ha enseñado y la visión del mundo ha sido «eurocéntrica». Para crear un equilibrio se recomienda un enfoque que incluya también un reconocimiento del aporte de culturas no europeas.

---

[1]*arises* [2]*enjoys*

Metodologías

Los educadores, especialistas en educación multicultural, hablan de dos metodologías, la de tópico y la de concepto. Aunque la primera tiende a ser más fácil de implementar, es la menos recomendable por varias razones.

Metodología por tópico En la metodología por tópico, el docente trata de reconocer y de enseñar sobre una cultura específica. Algunas actividades comunes son la celebración de una fiesta típica de la cultura, la presentación de información sobre algún héroe o evento de importancia nacional, muestras de las artes, la comida o el idioma de determinado grupo o cultura. Aunque estas actividades tienen algún valor educativo, presentan también una problemática. Lo que dejan con el estudiante son una serie de trocitos de información, de fragmentos que difícilmente les llevan a un profundo aprecio de la cultura. También tienden a hacer hincapié[3] en las diferencias entre las culturas y no en las semejanzas.

Metodología por concepto Los expertos están de acuerdo[4] que la metodología conceptual es preferible. En esta metodología el maestro incluye en las lecciones tradicionales conceptos importantes de pluralismo cultural. El concepto de la interdependencia se puede incluir en una lección sobre la ecología. El docente puede enfocar en los problemas ecológicos y sus causas, el uso de los recursos naturales y la forma en que se distribuyen y se consumen entre las diferentes naciones. Puede discutir la forma en que el destino ecológico de este país está vinculado[5] con el de otros países. En una lección sobre la familia, se puede considerar la estructura social de diferentes culturas, el trato de los viejos, la familia nuclear y el clan, las instituciones religiosas, educativas y sociales.

El programa de estudios multiculturales

En la mayoría de las escuelas, la educación multicultural se enfatiza en los estudios sociales más que en ninguna otra materia. No obstante, se puede introducir elementos de educación multicultural en casi todas las materias. En las matemáticas, cuando se enseña el diseño y uso de gráficas, se podría usar como contenido la representación de la diversidad étnica de la nación o de la ciudad o región. Al escoger material de lectura, se podría incluir literatura de otras culturas que la mayoritaria, especialmente obras de autores negros, indígenas, asiáticos o africanos, por ejemplo.

Conceptos multiculturales El estado de Nueva York ha desarrollado una serie de siete conceptos para la educación multicultural en los estudios sociales.

- **Democracia** Los ideales democráticos se establecen como fundación de la sociedad norteamericana.
- **Diversidad** La comprensión y el respeto para con otros y consigo se enfatizan.
- **Justicia social y económica** Se basa en la comprensión de las responsabilidades personales y sociales por los sistemas económicos y sociales y sus efectos.

---

[3]*emphasize*   [4]*agree*   [5]*tied to, related*

• **Globalismo** Se incluye el reconocimiento de la interdependencia y la ciudadanía mundial.

• **Balance ecológico** Se enfatiza el reconocimiento de la responsabilidad por el vecindario global.

• **Etica y valores** La búsqueda de la justicia y la responsabilidad es de importancia primordial.

• **El individuo y la sociedad** El individuo se ve como partícipe en la sociedad.

Pedagogía Para enseñar estos conceptos se recomiendan los siguientes principios para la enseñanza y aprendizaje.

• La selección de material y contenido debe ser culturalmente *inclusiva*.

• El material y el contenido deben representar la diversidad y la unidad entre y a través de los grupos.

• El material y el contenido deben colocarse dentro del *contexto de su época y lugar*.

• El material y el contenido deben dar prioridad a la profundidad más que a la cobertura[6].

• Las perspectivas multiculturales deben infundir el currículo total, desde prekinder hasta el grado 12.

• El material y el contenido deben tratarse como socialmente construidos y por lo tanto provisionales, como es todo conocimiento.

• La enseñanza de los estudios sociales debe valerse de y basarse en las experiencias y los conocimientos que los estudiantes traen al salón de clase.

• La pedagogía debe incorporar una variedad de modalidades interactivas de enseñanza y aprendizaje para fomentar la comprensión (en lugar del aprender de memoria), el estudio de la controversia y el aprendizaje mutuo.

---

[6]*surface*

ESTUDIO DE PALABRAS

Ejercicio 1 Study the following cognates that appear in this chapter.

la polémica	la visión	la ecología
el concepto	el tópico	la causa
el grupo	la celebración	el uso
la variedad	la presentación	la estructura
la diversidad	la información	el clan
la inmigración	la institución	la institución
la asimilación	el héroe	la literatura
la integración	el evento	la democracia
la homogeneización	la problemática	la comprensión
la base	el fragmento	el respeto
el pluralismo	la diferencia	la justicia
la subcultura	el experto	la responsabilidad
la historia	la interdependencia	el globalismo

el balance	socioeconómico	colaborar
la unidad	humano	indicar
el contexto	cultural	abandonar
la época	demográfico	adoptar
la prioridad	filosófico	valorar
la profundidad	dominante	recomendar
la modalidad	recomendable	tender a
la controversia	específico	implementar
	preferible	distribuir
multicultural	natural	consumir
étnico	inclusivo	discutir
religioso	interactivo	enfatizar

Ejercicio 2   Match the verbs in Column A with related nouns in Column B.

A	B
1. colaborar	a. el respeto
2. indicar	b. el consumo
3. asimilar	c. el uso
4. integrar	d. el abandono
5. abandonar	e. la causa
6. adoptar	f. la comprensión
7. tender	g. la discusión
8. implementar	h. la adopción
9. celebrar	i. la tendencia
10. causar	j. la distribución
11. usar	k. la celebración
12. distribuir	l. la implementación
13. consumir	m. la integración
14. discutir	n. la colaboración
15. comprender	o. la asimilación
16. respetar	p. la indicación

Ejercicio 3   Match the word in Column A with its definition in Column B.

A	B
1. multicultural	a. hacer todo uniforme
2. el concepto	b. el tema
3. asimilar	c. el suceso
4. la homogeneización	d. de muchas culturas diferentes
5. recomendar	e. poner énfasis en
6. el tópico	f. sólo una pequeña parte
7. implementar	g. la idea, la opinión
8. el evento	h. usar, emplear
9. el fragmento	i. el proceso de incluir y hacer parecer
10. distribuir	a la masa

11. consumir
12. enfatizar
13. el balance
14. la época

j. un período específico de tiempo
k. sugerir, proponer
l. repartir una cosa entre varios
m. poner en efecto
n. el equilibrio

Ejercicio 4   Give the word or expression being defined.
1. de la religión
2. de la demografía
3. de la filosofía
4. de la etnicidad
5. de la humanidad
6. de la naturaleza
7. de la cultura

Ejercicio 5   Match the English word or expression in Column A with its Spanish equivalent in Column B.

A	B
1. follower, supporter	a. el aprecio
2. to promote, encourage	b. el aporte
3. appreciation	c. el cambio
4. recognition	d. la semejanza
5. change	e. el adepto
6. pattern	f. el patrón
7. contribution	g. fomentar
8. balance	h. el reconocimiento
9. similarity	i. el equilibrio

Ejercicio 6   Complete each statement with the appropriate word(s).
1. Debemos estudiar las _____ entre grupos culturales, no sólo las diferencias.
2. En la historia de los Estados Unidos, siempre ha habido _____ de inmigración.
3. Hay que comprender y apreciar el _____ de cada grupo cultural.
4. Hay que _____ el entendimiento entre los muchos grupos étnicos y culturales que viven en los Estados Unidos.
5. Recientemente ha habido _____ en los patrones de inmigración.
6. Aquel señor tiene ideas muy independientes. No es _____ de ninguna ideología.

Ejercicio 7   Match the verbs in Column A with related nouns in Column B.

A	B
1. fomentar	a. el aporte
2. cambiar	b. el reconocimiento

3. apreciar   c. el aprecio
4. reconocer   d. el cambio
5. aportar   e. el fomento

Ejercicio 8   Match the English word or expression in Column A with its Spanish equivalent in Column B.

A	B
1. disabled (person)	a. los recursos
2. little piece (segment)	b. la búsqueda
3. resources	c. el contenido
4. design, outline	d. el minusválido
5. chart, graph	e. la ciudadanía
6. content	f. el trocito
7. indigenous	g. el vecindario
8. citizenship	h. el diseño
9. neighborhood	i. la gráfica
10. search, quest	j. indígena

Ejercicio 9   Complete each statement with the appropriate word(s).
1. Hay que tratar de conservar nuestros _____ naturales.
2. El gobierno puede otorgar la _____ a todos los que viven legalmente en el país si la piden.
3. En un libro de trigonometría hay muchos _____ y _____.
4. Los mayas, los aztecas y los incas son todas civilizaciones _____ de nuestro continente.
5. Es mejor leer toda la obra literaria, no sólo un _____.
6. ¿Cuál es el _____ del artículo? ¿De qué se trata?

COMPRENSION

Ejercicio 1   True or false?
1. Hay más variedad étnica, racial, religiosa, etc., en los Estados Unidos que en muchos otros países.
2. La gran mayoría de los inmigrantes a los Estados Unidos siguen siendo de Europa.
3. Los adeptos de la educación multicultural aceptan la realidad de la existencia de una cultura dominante.
4. La historia que se ha enseñado en nuestras escuelas ha sido «eurocéntrica».
5. Se recomienda un reconocimiento del aporte de las culturas no europeas a la sociedad norteamericana.
6. En la mayoría de las escuelas, la educación multicultural se enfatiza en los estudios sociales.

Ejercicio 2   Answer.

1. Para los adeptos de la educación multicultural, ¿para qué propósito existe la educación multicultural?
2. A pesar de ser una nación de inmigrantes, ¿qué había sido una de las metas sociales del sistema educativo hasta mediados de este siglo?
3. ¿Quién era el modelo para la homogeneización?
4. ¿Cuál es una base filosófica importantísima de la educación multicultural?
5. Aunque los adeptos de la educación multicultural aceptan la realidad de una cultura dominante, ¿qué más reconocen y valoran?
6. ¿Cuáles son las dos metodologías de la educación multicultural?
7. ¿Cuál de las dos es la preferible o recomendable?
8. ¿Cuáles son los siete conceptos para la educación multicultural desarrollados por el estado de Nueva York?

Ejercicio 3   Follow the directions.

1. Discuta las diferencias entre la metodología por tópico y la metodología por concepto.
2. Discuta las posibles desventajas de la metodología por tópico.

Capítulo 12
PLANIFICACION

Razones por la planificación

Los psicólogos nos dicen que una de las pesadillas[1] más comunes es la siguiente. La persona se encuentra en un salón de clase y tiene que tomar un examen o tiene que hacer una presentación ante el grupo. No tiene la menor idea de lo que tiene que hacer. Se despierta en un estado de terror. Esta pesadilla para el docente se hace realidad cuando no se ha preparado adecuadamente para sus clases.

La buena planificación motiva al estudiante, ayuda a enfocar el proceso de aprendizaje y evita muchos de los problemas de control de la clase. Varios estudios sugieren que los docentes nuevos y los docentes veteranos planifican de forma diferente. Porque los veteranos han tenido mucha experiencia en la preparación de planes, sus planes tienden a ser menos detallados. Los maestros nuevos deben asegurarse de proveer bastante tiempo cada día para la planificación.

El plan anual

La planificación es esencial y tiene varias formas. El buen maestro organiza un plan anual. Para hacerlo, examina críticamente lo que hizo durante el año pasado, el logro de sus alumnos y las causas del éxito o del fracaso y trata de mejorar su actuación. Evalúa la eficacia de las metodologías y los materiales empleados y busca nuevos métodos o materiales que sean más adecuados para sus alumnos. El plan anual tiene que ser flexible porque es imposible predecir los problemas o las oportunidades que puedan presentarse durante el año y que van a obligar el cambio. El plan anual sirve de guía y debe poder ser mejorado constantemente.

La organización de un curso requiere la atención a los siguientes factores: (1) la selección y evaluación de los objetivos; (2) la decisión sobre los métodos, técnicas y destrezas que llevarán a los objetivos; (3) la organización de la materia de acuerdo con el tiempo disponible en el salón de clase; (4) la selección de equipo tecnológico o audiovisual; (5) la selección del libro de texto y otros materiales didácticos; (6) la organización del sistema de evaluación del aprendizaje de los educandos y de la eficacia del curso.

---

[1]*nightmares*

Planificación por fases cronológicas Se puede considerar la planificación y la toma de decisiones pedagógicas en tres fases cronológicas: (1) anterior a la instrucción; (2) durante el proceso de instrucción y (3) posterior a la instrucción. Durante la primera y la tercera fase el docente tiene tiempo para reflexionar sobre sus decisiones. Las decisiones durante la segunda fase, durante la instrucción, tienen que tomarse en el momento, de forma espontánea.

Planificación por épocas del año escolar Otra manera de considerar la planificación es por épocas del año escolar: el día, la semana, la unidad, el semestre, el año entero. Para cada una hay una serie de metas u objetivos, fuentes de información, formato y criterios para determinar la efectividad de la planificación.

- **Objetivos** Por ejemplo, la planificación para una unidad tendría como objetivos: (1) el desarrollo de una serie de experiencias pedagógicas bien planeadas; (2) la presentación de contenido comprensivo, integrado y significativo a un nivel apropiado para los alumnos.
- **Fuentes de información** Las fuentes de información serían: (1) las habilidades e intereses de los alumnos; (2) los materiales, textos y el tiempo disponibles; (3) los objetivos del distrito escolar; (4) el equipo y las facilidades disponibles.
- **Formato** El formato del plan sería: (1) un bosquejo de las actividades y el contenido; (2) un listado de las actividades en la secuencia en que se presentarán; (3) notas en el libro de planes.
- **Evaluación** Algunos criterios para evaluar la efectividad serían: (1) la concordancia con los objetivos del semestre y el año; (2) la concordancia con los intereses y compromiso de los alumnos.

Plan de la lección

El plan para cada lección puede presentarse de distintos formatos. El modelo de formato que sigue fue desarrollado por la profesora Madeline Hunter de UCLA.

- **Objetivo** El objetivo describe el resultado que se espera de la lección.
- **Conjunto previsor** Este establece la razón por, y la motivación para, la lección.
- **Entrada** Aquí se anotan los conceptos y destrezas que se explicarán.
- **Modelación** Es la demostración de los conceptos o destrezas.
- **Práctica dirigida** Es la práctica en la clase de los conceptos o las destrezas.
- **Verificación de comprensión** Se presenta una prueba o tarea para determinar si los estudiantes comprendieron la lección.
- **Práctica independiente** Se presenta una tarea para continuar la práctica fuera de clase.

El objetivo El plan comienza con el objetivo. Existen unas pautas para determinar el valor de un objetivo. El objetivo debe ser específico y bien definido y debe centrarse en el educando. El objetivo debe identificar lo que el educando debe aprender como resultado de la instrucción y no lo que el docente va a hacer.

El objetivo mismo debe definir la forma en que se evaluará. El objetivo debe indicar el nivel de logro que el docente considera apropiado.

He aquí algunos ejemplos de objetivos: (1) «El educando podrá describir una cadena alimentaria[2]». (2) «El educando podrá responder apropiadamente a un saludo[3] en inglés». La prueba para el primer objetivo podría ser: «Al presentarle una serie de fotos de plantas, consumidores primarios y consumidores secundarios, el estudiante los pondrá en el orden correcto en la cadena alimentaria». El nivel de logro para la clase podría ser: «Un mínimo del 90% de la clase responderá correctamente». Para cada niño podría ser: «Pondrá las fotos en el orden correcto un mínimo de cuatro veces en cinco oportunidades».

El objetivo puede definirse de esta manera: «El principio o fin a que se dirige una acción o actividad. Describe un resultado esperado y se define en términos de comportamiento o de resultados, es decir, lo que el alumno hará cuando deba demostrar que ha alcanzado su propósito.»

Otras categorías en el plan En los planes de los docentes, las categorías que aparecen con más frecuencia son los objetivos, el contenido académico, la metodología y las técnicas de presentación, los materiales y los resultados esperados. Varios estudios sugieren que los docentes nuevos tienden a enfocar más en el contenido y las actividades que en los objetivos de la lección o curso al hacer sus planes. Los mismos estudios indican que mientras más experiencia tienen los docentes, menos tiempo dedican a la planificación.

---

[2]*food chain*   [3]*greeting*

ESTUDIO DE PALABRAS

Ejercicio 1   Study the following cognates that appear in this chapter.

la planificación	el método	anual
la presentación	la técnica	flexible
el proceso	el texto	audiovisual
el problema	el semestre	didáctico
el control	el formato	integrado
el plan	el criterio	específico
la eficacia	la unidad	definido
la metodología	la secuencia	
el material	el objetivo	motivar
la oportunidad	el resultado	examinar
la organización		evaluar
el curso	adecuadamente	
la decisión	detallado	

Ejercicio 2   Complete each expression with the appropriate word(s).

1. learning process   el _____ de aprendizaje
2. yearly (annual) plan   el _____ anual

3. daily plan   el _____ del día (diario)
4. audiovisual equipment   el equipo _____
5. textbook selection   la _____ del libro de

                              _____
6. teaching materials   los _____ didácticos
7. sources of information   las fuentes de _____
8. unit plan   la planificación para una

                              _____
9. integrated content   el contenido _____
10. appropriate level   el nivel _____
11. specific objective   el objetivo _____
12. expected result   el _____ esperado
13. presentation techniques   las técnicas de _____

Ejercicio 3   Complete each statement with the appropriate word(s).
1. La _____ se hace anteriormente a la presentación.
2. La _____ se hace posteriormente a la planificación.
3. El plan debe ser _____, no superficial.
4. El libro de _____ es un _____ didáctico.
5. El año escolar se divide en dos _____.
6. Una lección bien planeada puede _____ a los alumnos, es decir,
   darles el deseo de aprender. También puede evitar problemas de
   _____ o disciplina en el salón de clase.
7. Los _____ y las _____ que emplea el maestro influyen en la
   manera en que se presenta la lección.
8. Los _____ del plan de la lección deben ser claros y _____ y
   deben indicar los _____ esperados.

Ejercicio 4   Match the English word or expression in Column A with its
Spanish equivalent in Column B.

A	B
1. to avoid	a. predecir
2. to improve	b. el plan de la lección
3. to predict	c. el logro, el éxito
4. to reach, attain	d. el fracaso
5. success	e. evitar
6. failure	f. el libro de planes
7. long-term	g. mejorar
8. guide	h. alcanzar
9. guideline	i. la guía
10. plan book	j. la pauta
11. lesson plan	k. a largo plazo

Ejercicio 5   Complete each statement with the appropriate word(s).

1. Es imposible _____ lo que pasará durante el año escolar. Cada grupo de alumnos reacciona de manera distinta.
2. El buen docente siempre trata de _____ sus métodos y técnicas.
3. Se debe evaluar siempre el nivel de _____ de cada alumno.
4. A todo costo se debe tratar de _____ un alto nivel de _____.
5. El maestro escribe los objetivos y el formato de la presentación en su _____.
6. El plan anual debe servirle de _____ al maestro pero tiene que ser flexible.
7. Los planes _____ tienen que ser más flexibles que los planes del día.
8. Hay que determinar si los educandos pueden _____ los resultados esperados.

Ejercicio 6   Match the English word or expression in Column A with its Spanish equivalent in Column B.

A	**B**
1. skill	a. el año escolar
2. equipment	b. el nivel
3. decision making	c. la destreza
4. school year	d. el nivel de logro
5. level	e. la toma de decisiones
6. list	f. el bosquejo
7. sketch, outline	g. el equipo
8. level of success	h. el listado

Ejercicio 7   Match the word in Column A with its definition in Column B.

A	**B**
1. un bosquejo	a. la lista
2. el logro	b. un esquema
3. el nivel	c. la habilidad
4. la destreza	d. el éxito
5. el listado	e. el grado

Ejercicio 8   Complete each statement with the appropriate word(s).

1. Hay que desarrollar al máximo las _____ de cada alumno.
2. En muchos distritos el _____ comprende unos 180 días.
3. Hay que evaluar el _____ de logro de cada alumno.
4. El plan de una lección debe incluir un _____ de las actividades y del contenido de la lección.
5. Se debe poner también un _____ de las actividades en la secuencia en que se presentarán.

COMPRENSION

Ejercicio 1   Answer.
1. ¿Por qué debe ser flexible el plan anual?
2. ¿Qué debe hacer el maestro al preparar su plan anual?
3. ¿Cómo puede planificar el maestro por épocas?
4. ¿Con qué comienza un plan?
5. ¿Cómo debe ser el objetivo?
6. ¿En quién debe centrarse?
7. ¿Qué debe identificar el objetivo?

Ejercicio 2   Follow the directions.
1. Dé Ud. tres razones por la planificación.
2. Dé Ud. cinco factores que deben considerarse al organizar un curso.
3. Dé tres fases cronológicas de la planificación.
4. Describa todo lo que debe contener un buen plan de lección.

Ejercicio 3   Follow the directions.
Escriba Ud. un buen objetivo para una lección en la materia que Ud. enseña o piensa enseñar.

Capítulo 13
MEDICION Y EVALUACION

Alguna terminología

En el área de la medición y evaluación se emplea una terminología que no está siempre clara. La «evaluación» es el proceso por el que se obtiene la información necesaria para la toma de decisiones educativas. La «medición» es el proceso que provee la información en forma cuantitativa. Las «pruebas» y los «exámenes» son instrumentos de medición que se aplican para obtener información. Las pruebas que se usan en el salón de clase son de varios formatos. Hay pruebas de verdad o falso; de llenar el blanco; de ensayo; de selección múltiple; de pareo. Las pruebas solamente pueden proveer información. La calidad de la información depende de la calidad de la prueba. La información que se deriva de los instrumentos se usa para diferentes propósitos.

Pruebas diagnósticas En el salón de clase es muy importante saber lo que saben y lo que no saben los estudiantes para poder planificar las lecciones. Se pueden dar pruebas preliminares a comienzo de curso para determinar el nivel de los estudiantes. Al comenzar un curso de álgebra avanzada sería útil dar una prueba sobre álgebra fundamental para ver dónde están los estudiantes. Esta sería una prueba diagnóstica, ya que su propósito es determinar las necesidades de los estudiantes y preparar las lecciones para satisfacer esas necesidades. Las pruebas diagnósticas no se usan para dar notas a los estudiantes ni para comparar un estudiante con otro.

La evaluación formativa La evaluación es una parte integral de la enseñanza. El docente tiene que estar consciente[1] constantemente del progreso de los educandos hacia los objetivos y metas del curso. El propósito de la evaluación formativa es informar al docente de los logros y las deficiencias de los educandos periódicamente durante el curso. Esta información se usa entonces para ayudar al docente a modificar las lecciones y para informar al educando sobre las áreas que requieren más atención. Algunos docentes usan estas pruebas para informar a los educandos de sus logros sin, necesariamente, ponerles una nota. Otros docentes dan una nota a estas pruebas y las usan como parte de la nota final.

La evaluación sumativa Como indica el nombre, esta evaluación se hace al final de curso, de programa o de otro período decisivo. Las decisiones que se toman tienden a ser de mayor importancia: aprobar el curso; pasar al próximo año; graduarse del colegio; recibir un título; obtener una licencia. Estos exámenes sirven para determinar la competencia o el dominio de una materia.

---

[1]*be aware*

Pruebas de logro o aprovechamiento versus pruebas de proficiencia En términos generales, las pruebas de logro o aprovechamiento se basan en el contenido de un curso. Si el estudiante domina la materia presentada en el curso debe sacar buen resultado en la prueba. El contenido de la prueba refleja el contenido del curso. Las pruebas de proficiencia, por otra parte, se basan en la materia independientemente del contenido del curso. Las pruebas para licencias (para conductores, barberos, médicos, etc.) no son basadas en cursos específicos.

Pruebas de aptitud Las pruebas de aptitud se aplican para determinar la probabilidad de éxito de un estudiante en un curso o programa futuro. Las SAT y ACT se usan en los EE.UU. para predecir el éxito o fracaso en la universidad. El GRE, GMAT, LSAT y MCAT sirven el mismo propósito a nivel de posgrado.

Validez y confiabilidad El concepto de validez es el grado en que una prueba mide realmente lo que pretende medir. Hay diferentes tipos de validez. Para la SAT es la validez de predicción. La prueba es válida si indica correctamente el éxito del estudiante en la universidad. Se determina la validez por medio de la correlación entre los resultados de la prueba y los resultados en los cursos de primer año de universidad. Se debe notar que lo que predice mejor el éxito en la universidad es el promedio de notas en la escuela superior y no los exámenes de aptitud. No obstante, la combinación de ambos tipos de información es aún mejor que cualquiera de los dos.

La confiabilidad es la medida en que una prueba es consistente en sus mediciones. Si un estudiante toma una prueba de matemáticas hoy y saca una puntuación «X» y vuelve a tomar la misma prueba mañana, debe sacar la misma puntuación, a no ser que haya aprendido más matemáticas durante la noche.

Pruebas normalizadas (estandarizadas) Estas son las pruebas nacionales como la SAT. Consisten en una muestra de comportamiento o de resultados obtenida bajo condiciones estandarizadas, marcadas o calificadas según reglas definidas. Los resultados se informan con referencia a normas. Generalmente, estas pruebas van acompañadas de información detallada sobre su validez y confiabilidad y las normas usadas. Las normas son estadísticas que describen los resultados obtenidos en una prueba por un grupo específico (para una prueba de aprovechamiento en español, estudiantes de segundo año de español, por ejemplo). Las pruebas normalizadas se usan para comparar el resultado de un examinando con los resultados de otros. Estas pruebas se usan para seleccionar a individuos para diferentes propósitos: ingresar a la universidad, otorgar[2] becas, etc.

Pruebas con referencia a criterio Mientras que las pruebas normalizadas comparan el resultado de un examinando con otro, las pruebas con referencia a criterio comparan los resultados de un examinando con un nivel de logro que se ha determinado y aceptado, el criterio. Una diferencia básica entre los dos tipos de prueba es la forma en que se informan los resultados.

---

[2]*to grant*

Taxonomía de objetivos educativos

¿Qué se debe probar? En 1956 Benjamin S. Bloom publicó su taxonomía de objetivos educativos. En la taxonomía él describió seis niveles cognoscitivos. Comenzando con el más sencillo al más complejo, son los siguientes.

Conocimiento Es la memoria, la habilidad de recordar información (hechos, términos y principios) en la forma en que fue presentada.

Comprensión Es la destreza de entender y comprender material estudiado sin relacionarlo necesariamente con otro material.

Aplicación Es el uso adecuado de generalizaciones u otras abstracciones en situaciones concretas.

Análisis Es la habilidad de reconocer la organización y estructura de una masa de información, de dividir la información en sus partes constituyentes y especificar las relaciones entre las partes.

Síntesis Es la habilidad de discriminar entre lo significativo y lo no significativo, de usar información de varias fuentes para crear un producto original.

Evaluación Es la habilidad de determinar la utilidad de determinada información para un objetivo concreto, de aplicar un criterio sobre el valor de algo concreto o abstracto.

El valor de la taxonomía de Bloom en el campo de la medición es enorme. Las pruebas no deben ni tienen que limitarse a medir lo superficial y trivial. Si la educación trata de desarrollar las habilidades de pensar, razonar, analizar, usar la información para la toma de decisiones importantes, entonces las pruebas tienen que poder evaluar el logro de esas habilidades.

ESTUDIO DE PALABRAS

Ejercicio 1   Study the following cognates that appear in this chapter.

la terminología	la universidad	periódicamente
el proceso	la taxonomía	independientemente
la información	el objetivo	detallado
el instrumento	la generalización	específico
la calidad	la abstracción	educativo
la evaluación	la situación	concreto
el progreso	la estructura	
la deficiencia	la síntesis	obtener
el área	la utilidad	proveer
la competencia		aplicar
la proficiencia	necesario	derivar
la probabilidad	cuantitativo	informar
la predicción	diagnóstico	modificar
la correlación	preliminar	requerir
la norma	formativo	dividir
la estadística	integral	discriminar
el grupo		

Ejercicio 2   Complete each expression with the appropriate word(s).
1. measurement instrument   un _____ de medición
2. diagnostic test   la prueba _____
3. aptitude test   la prueba de _____
4. pre(liminary) test   la _____ preliminar
5. formative evaluation   la _____ formativa
6. summative evaluation   la _____ sumativa
7. probability of success   la _____ de éxito
8. educational objectives   los _____ educativos

Ejercicio 3   Select the appropriate word(s) to complete each statement.
1. Hay muchos tipos de _____ de evaluación.
   a. diagnósticos   b. instrumentos   c. calidades
2. El educando tiene que aprender cómo y dónde _____ información.
   a. modificar   b. predecir   c. obtener
3. Hay que comparar los resultados con una _____ establecida.
   a. división   b. evaluación   c. norma
4. Una prueba sumativa es una prueba _____.
   a. preliminar   b. final   c. diagnóstica
5. El niño tiene que aprender a trabajar _____.
   a. independientemente   b. periódicamente   c. provisionalmente

Ejercicio 4   Match the word in Column A with its definition in Column B.
A	B
1. obtener	a. concreto, definido, preciso
2. la información	b. dar
3. proveer	c. el pronóstico
4. modificar	d. conseguir, adquirir
5. requerir	e. hacer cambios
6. la predicción	f. los informes
7. específico	g. la meta
8. el objetivo	h. exigir

Ejercicio 5   Match the English word or expression in Column A with its
Spanish equivalent in Column B.
A	B
1. true-false test	a. la prueba de ensayo
2. fill in the blank	b. la prueba de aptitud
3. essay test	c. la prueba de verdad o falso
4. multiple-choice test	d. de pareo
5. matching	e. de llenar el blanco (el espacio en blanco)
6. standardized test	f. la prueba con referencia a criterio

7. aptitude test
8. criterion-referenced test
9. achievement test

g. la prueba de selección múltiple
h. la prueba normalizada, la prueba estandarizada
i. la prueba de logro, la prueba de aprovechamiento

Ejercicio 6   Tell the kind of test that would appear after each of the following direction lines.

1. Escoja la respuesta apropiada.
2. Escriba un párrafo.
3. Complete cada oración.
4. Empareje las palabras de la columna A con las de la columna B.

Ejercicio 7   Tell the kind of test being described.

1. una prueba que se basa en el contenido del curso para averiguar o determinar cuánto ha aprendido el educando.
2. una prueba para determinar la probabilidad de éxito de un estudiante en un curso futuro
3. una prueba nacional como la SAT
4. una prueba cuyos resultados se comparan con un nivel de logro determinado y aceptado

Ejercicio 8   Match the English word or expression in Column A with its Spanish equivalent in Column B.

A	B
1. tests and measurements	a. dominar
2. decision making	b. satisfacer
3. grade, mark	c. aprobar un curso
4. to pass a course	d. la confiabilidad
5. to satisfy	e. la validez
6. degree	f. el hecho
7. to master	g. la muestra
8. validity	h. el examinando
9. reliability	i. la toma de decisiones
10. sample	j. el resultado
11. average	k. el título
12. result	l. el promedio
13. score	m. la nota, la calificación
14. examinee, examination candidate	n. la medición y evaluación
15. fact	o. la puntuación

Ejercicio 9   Complete each statement with the appropriate word(s).
1. _____ es la ciencia de medir y evaluar el logro o rendimiento académico.
2. El alumno tiene que recibir una _____ satisfactoria para _____ el curso.
3. Es necesario cumplir con los requisitos de la universidad antes de que la universidad le otorgue un _____.
4. La _____ de los resultados de una prueba depende de la _____ de la prueba.
5. El _____ de notas que el estudiante recibe en la escuela secundaria indica la probabilidad de éxito del estudiante en la universidad.
6. La _____ que recibe un examinando en una prueba de logro (aprovechamiento) no debe variar mucho en un plazo corto de tiempo.
7. Hay que aprender muchos _____ en un curso de historia.
8. Es necesario _____ más de un idioma para ser intérprete.
9. El _____ toma la prueba.

Ejercicio 10   Match the verbs in Column A with related nouns in Column B.

A	B
1. medir	a. el dominio
2. decidir	b. la confiabilidad
3. dominar	c. la medida, la medición
4. confiar	d. el resultado
5. resultar	e. la decisión

COMPRENSION

Ejercicio 1   True or false?
1. La terminología que se emplea en el área de la medición y evaluación está siempre clara.
2. La prueba diagnóstica es un tipo de prueba preliminar.
3. Se usan las pruebas diagnósticas para dar notas a los alumnos.
4. La evaluación formativa le da al docente una idea del progreso del educando durante el curso.
5. La evaluación sumativa se hace al comienzo del curso.
6. La evaluación sumativa puede determinar si el alumno debe pasar al próximo grado.
7. Todas las pruebas son válidas y confiables.

Ejercicio 2   Answer.
1. ¿Qué es la «evaluación»?
2. ¿Qué es la «medición»?
3. ¿Qué son las «pruebas» y los «exámenes»?
4. ¿Cuál es el propósito de una prueba diagnóstica?
5. ¿En qué se basan las pruebas de aprovechamiento?

6. ¿Cómo se determina la validez de una prueba estandarizada como la SAT, por ejemplo?
7. ¿Qué son las «normas»?
8. ¿Qué habilidades trata de desarrollar la educación?

Ejercicio 3   Follow the directions.
1. Dé Ud. varios formatos usados en las pruebas que se usan también en el salón de clase.
2. Explique la diferencia entre el logro (aprovechamiento) y la proficiencia.
3. Explique la diferencia entre una prueba normalizada y una prueba con referencia a criterio.
4. Dé los seis niveles cognoscitivos de la taxonomía de objetivos de Benjamin S. Bloom.

Ejercicio 4   Tell what kind of test should be given.
1. El docente quiere determinar las necesidades de los estudiantes y preparar las lecciones para satisfacer estas necesidades.
2. El profesor quiere informarse de lo que están aprendiendo los estudiantes en el curso.
3. El profesor quiere determinar la nota final del estudiante.
4. El docente quiere determinar la probabilidad de éxito de un estudiante en un programa futuro que piensa tomar.

Capítulo 14
DESTREZAS DE RAZONAMIENTO Y PENSAMIENTO CRITICO

Las destrezas básicas

Durante las décadas de 1960 y 1970 los educadores en los EE.UU. lamentaban la falta de destrezas básicas en los alumnos de primaria y secundaria. Los programas educativos entonces enfocaron en el desarrollo de las destrezas básicas, especialmente en lectura y matemáticas. Al parecer, la preocupación por las destrezas básicas ha resultado en un mayor nivel de logro de los estudiantes en esas áreas. Muchos educadores están de acuerdo que la educación en los EE.UU. ha tenido éxito en proveer a los educandos los conocimientos académicos básicos. El problema ahora es una disminución en las habilidades de resolver problemas complejos, una falta en la habilidad de tratar lo abstracto, una inhabilidad de usar el juicio y una aceptación total de la autoridad sin cuestionar.

Los resultados de la National Assessment of Educational Progress *(NAEP)* indican que mientras ha habido una mejora en el área de las destrezas básicas, en matemáticas, lectura y ciencias, ha habido un descenso en las habilidades de interpretar material de lectura, de clasificar y resolver problemas en matemáticas, de preparar argumentos a favor de una tésis y de evaluar datos científicos. Este problema se vio en las universidades durante los años 70 y 80. Había que introducir una serie de cursos remediales para muchos estudiantes que no estaban preparados para la universidad. Los textos universitarios fueron simplificados para que los estudiantes pudieran leer y entenderlos.

Las destrezas de pensamiento crítico

La destreza de razonamiento a nivel superior, también llamado «pensamiento crítico», es la habilidad de evaluar información, analizar argumentos y formular respuestas lógicas. Para algunos es también una disposición a cuestionar todo, hasta sus propias creencias y convicciones. La Universidad del Estado de California, al introducir un programa para desarrollar destrezas de pensamiento crítico, indicó que los objetivos del programa incluían «la comprensión de la relación entre lenguaje y lógica; la habilidad de analizar, criticar y defender ideas; la habilidad de razonar de forma inductiva y deductiva y llegar a conclusiones de juicio o de hecho basadas en inferencias sólidas derivadas de afirmaciones inambiguas de conocimiento y creencia».

La idea de tratar estas destrezas de razonamiento como materia específica en el currículo es bastante reciente. Anteriormente se suponía que estas destrezas se desarrollaban dentro de los cursos académicos tradicionales. Hoy se enfoca en una serie de destrezas específicas cuando se trata del «pensamiento crítico». Estas son: la búsqueda de información, la organización, el análisis, la evaluación, la toma de decisiones y otras.

El razonamiento, análisis y evaluación En el salón de clase, el docente presenta y transmite nueva información a los educandos. Para desarrollar el razonamiento, el docente debe entonces fomentar la discusión por medio de las preguntas basadas en la presentación. Las preguntas tienen que ser diseñadas para evocar respuestas a un nivel más allá de la simple repetición de información. Las preguntas deben obligar al educando a razonar, a analizar y a evaluar. Igual que en las pruebas hay preguntas para los diferentes niveles cognoscitivos de Bloom. También en la clase las preguntas que hace el docente deben ser de diferentes niveles. Las preguntas de «¿dónde?», «¿cuándo?» y «¿quién?» van a evocar respuestas de bajo nivel cognoscitivo, memoria y comprensión. Las preguntas de «¿cómo?», «¿por qué?» y «¿si,... entonces qué?» van a solicitar una respuesta de análisis, síntesis y evaluación.

La lógica, organización y exposición de ideas Los estudios como la NAEP han indicado graves problemas en la redacción, el área de escribir. Los estudiantes muestran una falta, no tanto en la mecánica, como en la lógica, en la organización y la exposición de sus ideas y en sus conclusiones. Algunos investigadores atribuyen el problema a una falta de énfasis y práctica en el arte de escribir. Recientemente se ha visto más interés en el escribir y más énfasis en las pruebas de ensayo sobre las pruebas de selección múltiple.

La observación, investigación y experimentación En las ciencias ha habido un enfoque en el «método científico» hasta en las escuelas primarias. Se trata de desarrollar en los alumnos las destrezas de observación, investigación y experimentación más que la memorización de fórmulas y datos. Esto se puede hacer con materiales muy sencillos y económicos y hasta en forma de juego.

Todos los docentes tienen responsabilidad por el desarrollo de estas destrezas de razonamiento. Estas destrezas se aprenden en todas las clases, en lengua extranjera, en estudios sociales, en matemáticas, en comercio.

La habilidad y el deseo de cuestionar Uno de los aspectos importantes del «pensamiento crítico» es el desarrollo de la habilidad y el deseo de cuestionar, de no aceptar la autoridad sin cuestionar y evaluar. El psicólogo Stanley Milgram en la Universidad de Yale condujo unos experimentos que se hicieron muy famosos, donde se ordenó a unos estudiantes a aplicar corriente[1] eléctrica en forma dolorosa[2] a otros estudiantes para determinar el efecto del refuerzo negativo en el aprendizaje. A pesar de los gritos[3] doloridos de los «estudiantes» (que eran actores y que pretendían sufrir), más del 60% de los participantes continuaban

---

[1]*current*   [2]*painfully*   [3]*screams, shouts*

aplicando la «corriente» en lugar de desobedecer las órdenes. Aplicaron la corriente hasta más allá del nivel denominado «Peligro[4]: Choque Severo». Este experimento tuvo un impacto dramático. ¿Cómo era posible que los estudiantes actuaran así? ¿Por qué no podían desobedecer unas órdenes obviamente injustas y crueles? ¿Qué falta de lógica, de buen juicio, de ética se reflejaba en esos experimentos?

En una democracia donde la toma de decisiones está en manos del pueblo, es imprescindible que ese pueblo tenga las habilidades y destrezas de razonamiento, de lógica y de buen juicio para poder tomar las decisiones apropiadas. Aunque todo el mundo tiene la responsabilidad para el desarrollo de esas destrezas y habilidades en los jóvenes, como tantas otras responsabilidades sociales, la responsabilidad tiende a quedar mayormente en manos de los docentes.

---

[4]*Danger*

ESTUDIO DE PALABRAS

Ejercicio 1   Study the following cognates that appear in this chapter.

la disminución	la evaluación	científico
el problema	la discusión	inductivo
la inhabilidad	la exposición	deductivo
el material	la conclusión	remedial
el argumento	el énfasis	
la tesis	la aceptación	lamentar
los datos	la autoridad	resolver
el curso	el arte	interpretar
la disposición	la experimentación	clasificar
la convicción		simplificar
la inferencia	básico	cuestionar
la organización	complejo	solicitar
el análisis	abstracto	

Ejercicio 2   Match the verbs in Column A with related nouns in Column B.

A	B
1. experimentar	a. la exposición
2. concluir	b. la inferencia
3. exponer	c. la evaluación
4. discutir	d. la interpretación
5. evaluar	e. la experimentación
6. analizar	f. la organización
7. organizar	g. la conclusión
8. inferir	h. la discusión
9. clasificar	i. la clasificación
10. interpretar	j. el análisis

Ejercicio 3   Complete each expression with the appropriate word(s).
1. basic skills   las destrezas _____
2. basic knowledge   los conocimientos _____
3. complex problem   un _____ complejo
4. acceptance of authority   la aceptación de la _____
5. reading material   el _____ de lectura
6. scientific data   los datos _____
7. remedial course   un curso _____
8. inductively   de forma _____
9. deductively   de forma _____

Ejercicio 4   Match the English word or expression in Column A with its Spanish equivalent in Column B.

A	B
1. critical thinking	a. una conclusión de juicio
2. reasoning ability (skill)	b. el juicio
3. higher-level reasoning ability (skill)	c. los conocimientos
	d. el pensamiento crítico
4. common sense, sound judgment	e. la respuesta
5. higher level of success	f. el mayor nivel de logro
6. sensible (sound) conclusion	g. la destreza de razonamiento
7. knowledge	h. la destreza de razonamiento a nivel superior
8. answer	
9. higher-level skills development	i. el desarrollo de destrezas a nivel superior

Ejercicio 5   Match the English word or expression in Column A with its Spanish equivalent in Column B.

A	B
1. improvement	a. el descenso
2. decrease, lowering	b. la mejora
3. search	c. la búsqueda
4. to encourage	d. la redacción
5. absolutely necessary	e. imprescindible
6. writing	f. fomentar

Ejercicio 6   Match the word in Column A with its definition or synonym in Column B.

A	B
1. la respuesta	a. la busca
2. los conocimientos	b. la contestación
3. imprescindible	c. la escritura, el arte de escribir
4. el descenso	d. el saber
5. la redacción	e. el mejoramiento
6. la mejora	f. absolutamente necesario
7. la búsqueda	g. la disminución, la baja

Ejercicio 7 Give the word or expression being defined.
1. la facultad del entendimiento que compara y juzga
2. la facultad de comparar, combinar y estudiar las ideas
3. la facultad de explicar por medio de razones y pruebas

Ejercicio 8 Match the verbs in Column A with related nouns in Column B.

A	B
1. razonar	a. el logro
2. pensar	b. la mejora, el mejoramiento
3. lograr	c. la respuesta
4. conocer	d. la escritura
5. responder	e. el razonamiento
6. mejorar	f. el fomento
7. buscar	g. el pensamiento
8. fomentar	h. el conocimiento
9. escribir	i. la búsqueda

COMPRENSION

Ejercicio 1 Answer.
1. Durante las décadas de los 60 y 70, ¿qué lamentaban los educadores?
2. ¿Cuál es un problema que se está observando ahora?
3. ¿Qué indican los resultados de la National Assessment of Educational Progress?
4. ¿Cuál es otro término que significa la destreza de razonamiento a nivel superior?
5. ¿Cuáles son algunas destrezas específicas en que se enfocan los educadores cuando se trata del desarrollo del «pensamiento crítico»?
6. ¿Qué debe hacer el maestro para desarrollar el razonamiento en la clase?
7. ¿Qué tipo de preguntas les debe hacer el docente a los alumnos?
8. ¿Con qué «palabras» empiezan las preguntas de bajo nivel cognoscitivo?
9. ¿Con qué «palabras» empiezan las preguntas de mayor nivel cognoscitivo?
10. ¿Qué problemas existen en el área de escribir?

Ejercicio 2 Define the following term.
el pensamiento crítico

Ejercicio 3 Explain.
el experimento del psicólogo Stanley Milgram en la Universidad de Yale

Capítulo 15
CURRICULO

¿Qué es un «currículo»?

Por «currículo» se entiende el contenido educativo, las materias de estudio. Esas materias que figuran en el plan de estudios pueden ser de carácter intelectual, moral, estético, religioso u otro. El énfasis puede ser humanista o técnico-científico. Los educadores han definido el currículo de varias maneras. El profesor emérito Mauritz Johnson de la Universidad del estado de Nueva York lo define como «una serie estructurada de esperados logros de aprendizaje». Otros educadores hablan de diferentes modalidades de currículo, de currículo recomendado, currículo escrito, currículo enseñado, currículo probado, currículo aprendido etc.

El currículo «oculto» Se ha reconocido también la existencia de un currículo «oculto». El currículo «oculto» consiste en todas las reglas, las costumbres y los valores incluidos en el concepto de escuela. Es producto de todas las experiencias que traen los docentes y los educandos a la escuela: su nivel socioeconómico, sus prejuicios, sus aspiraciones. Es implícito y nunca explícito e influye en las actitudes que se desarrollan en la escuela.

De todos modos, el contenido de los planes de estudios resulta de un proceso social en el que intervienen no solamente los educadores sino también los políticos, las instituciones, una variedad de otros intereses y el público en general. En la economía se habla del «costo de oportunidad». Cuando los recursos[1] son limitados, no se puede proveer todos los bienes y servicios que se desean. Lo mismo ocurre en la educación. Hay limitaciones de equipo, de personal y, sobre todo, de tiempo. Sencillamente, no se puede enseñar todo lo que se quiere. Para decidir sobre lo que se debe incluir en los planes de estudio existen algunos criterios válidos.

Criterios usados para formular un currículo

Todas las materias que pueden aparecer en un plan de estudios pueden considerarse bienes de cultura. El problema es decidir entre todos los bienes culturales aquellos que también son bienes educativos, los que mejor servirán para fomentar el desarrollo de los educandos.

Bienes educativos: instrumentales y formativos Los bienes educativos, a su vez, pueden dividirse en dos categorías: los bienes instrumentales y los bienes formativos. Los instrumentales son aquellos que son necesarios para la cómoda[2]

---

[1]*resources* [2]*comfortable*

existencia del individuo en la sociedad. Entre éstos figuran la escritura, la lectura y las matemáticas básicas. Los bienes formativos son los que impulsan el desarrollo de diferentes aptitudes en el educando. Aquí se trata de la ética y la estética, de materias como la filosofía, la historia, la música, las lenguas, etc.

Doble enfoque de los currículos: estabilidad y cambio

Los currículos tanto en la educación primaria como la secundaria tienen un doble enfoque: en la estabilidad y en el cambio. Se espera que los docentes ayuden en la conservación de la cultura actual[3], tal como se ve en las obras literarias y artísticas, en los valores políticos, filosóficos y sociales. Al mismo tiempo tienen que preparar a los educandos para el futuro, proveyéndoles de los conocimientos, las habilidades y las destrezas que serán necesarios. Siempre existe una tensión entre estas dos tendencias: el apego al pasado (a la conservación de la cultura) y la necesidad de preparar para el futuro. En términos muy prácticos, con una limitación de tiempo disponible, ¿cuál debe tener prioridad en el programa de estudio de una escuela superior? ¿Un curso de latín avanzado o un curso de informática? Se puede decir que el currículo refleja las preocupaciones sociales.

El currículo como reflejo de los cambios sociales En 1957 la Unión Soviética lanzó el satélite artificial Sputnik. Los políticos se asustaron[4] y decidieron reformar el currículo académico. Se introdujeron cursos avanzados en ciencias y matemáticas. Se invirtieron millones de dólares de fondos federales en esas materias para la compra de laboratorios y materiales y para el perfeccionamiento de docentes.

En la década de los 70 hubo gran preocupación por unas deficiencias notadas en las destrezas básicas de lectura y aritmética. Los currículos de esa época reflejan esa preocupación. Las otras materias, música y arte, por ejemplo, se consideraban de adorno y no básico y se cuestionaba la importancia de incluirlas en el currículo. Durante la siguiente década el énfasis se daba a las habilidades necesarias para la competencia económica. El currículo «académico» era lo más importante. Ahora lo básico no era bastante, ahora era la «excelencia». Se vuelve a la idea de los costos de oportunidad. Cuando hay recursos limitados no se puede hacer todo. Cuando se enfatizan las destrezas básicas, parece que no se atienden las habilidades de nivel superior. Cuando se preocupa por la «excelencia», no se presta bastante atención a las necesidades de los niños con desventaja.

Currículo nacional o local

En los EE.UU., por tradición, el currículo se determina a nivel local. Es más, la Constitución de la República no le otorga al gobierno federal ningún control sobre la educación. Los estados ejercen un control muy limitado. En cuanto al currículo, lo típico es que un estado establezca algunos requisitos, historia del estado y educación física, por ejemplo. Lo demás es responsabilidad del distrito local. Con

---

[3]*present-day*   [4]*became frightened*

más frecuencia en los EE.UU. los docentes toman parte en la determinación del currículo. Se forman equipos de administradores, supervisores y docentes para desarrollar los planes de estudio. En general, entonces, la responsabilidad por los currículos en los EE.UU. es de los distritos locales.

En la mayoría de los países del mundo el gobierno nacional determina el currículo para todas las escuelas. Se cuenta que un ministro de educación en Francia una vez dijo, mirando el calendario, que sabía exactamente en qué lección estaban todos los niños de tercer grado en toda la nación en ese mismo instante. La idea de un currículo nacional es atractiva para algunas personas. Se piensa que hay un cuerpo de información que todos los ciudadanos deben conocer.

En 1987 el profesor E.D. Hirsch publicó el libro *Cultural Literacy* que causó sensación. En el libro presenta una lista de más de 5.000 datos, fechas y nombres que, según él, todo norteamericano debe reconocer. Según Hirsch y otros, un énfasis exagerado en el currículo a favor del desarrollo de destrezas y habilidades y contra el conocimiento de hechos importantes ha tenido un impacto negativo en la educación. Ellos creen que una comunidad se basa en información específica que todos los miembros tienen en común. Según ellos, las destrezas y las habilidades no se desarrollan sin basarse en los datos y los hechos.

Currículo en la escuela elemental

En las escuelas estadounidenses, a pesar de bastante variación de escuela en escuela, las materias que predominan son el lenguaje y las matemáticas. En un estudio importante de John Goodlad en 1984 el promedio para unas 13 escuelas elementales era de 7.5 horas por semana para lenguaje y 4.5 horas para matemáticas. Las ciencias y los estudios sociales tomaban entre dos y tres horas a la semana cada uno.

Currículo en la escuela secundaria

En las escuelas secundarias los estudiantes pueden elegir gran número de sus asignaturas. No todos están de acuerdo con un enorme «menú» de cursos opcionales, y se ve una tendencia hacia más cursos obligatorios. En las escuelas «medias» hay una tendencia hacia la integración de materias en el currículo. Se trata de estudios «interdisciplinarios». Un ejemplo sería una unidad sobre la contaminación ambiental[5] y sus consecuencias sociales. La unidad se trataría en una clase integrada de estudios sociales y ciencias en horas o períodos consecutivos. En las escuelas superiores el enfoque es en mayor profundidad y menos cobertura en los cursos. Se considera preferible ofrecer tres, cuatro o más años de ciencias y lenguas extranjeras, por ejemplo, en lugar de una variedad de cursos en diferentes materias. Los nuevos currículos reflejan unos requisitos más estrictos para un diploma de la escuela superior.

---

[5]*air pollution*

ESTUDIO DE PALABRAS

Ejercicio 1   Study the following cognates that appear in this chapter.

el currículo	la historia	religioso
el énfasis	la música	humanista
la serie	la información	técnico
la modalidad	la prioridad	científico
la aspiración	la estabilidad	estructurado
el proceso	la integración	implícito
el público	el estudio	explícito
el costo	el diploma	social
la oportunidad	el programa	interdisciplinario
la limitación	la deficiencia	limitado
el criterio		básico
la ética		
la estética	intelectual	
la filosofía	moral	intervenir
	estético	impulsar

Ejercicio 2   Complete each expression with the appropriate word(s).

1. recommended curriculum   el currículo _____
2. written curriculum   el _____ escrito
3. taught curriculum   el _____ enseñado
4. tested curriculum   el _____ probado
5. hidden curriculum   el _____ oculto
6. social process   el proceso _____
7. cost of opportunity   el costo de _____
8. time limitation   la _____ de tiempo
9. cultural benefits   los bienes _____
10. instrumental benefits   los bienes _____
11. formative benefits   los _____ formativos
12. social values   los valores _____
13. program of study   el _____ de estudios
14. basic skills   las destrezas _____
15. limited resources   los recursos _____
16. Department of Education   el Departamento (Ministerio) de

    _____
17. interdisciplinary studies   los estudios _____
18. high-school diploma   el _____ de la escuela
    superior

Ejercicio 3   Match the word in Column A with its definition in Column B.

A	B
1. el criterio	a. el estudio del pasado
2. la deficiencia	b. inclusión de algo en la totalidad

3. el costo
4. la prioridad
5. la historia
6. intervenir
7. básico
8. la integración

c. la norma para juzgar una cosa
d. tomar parte en un asunto
e. la falta, la debilidad
f. fundamental
g. lo que cuesta, el precio
h. la importancia relativa

Ejercicio 4   Match the English word or expression in Column A with its Spanish equivalent in Column B.

A
1. content
2. subject matter, content area
3. course of study
4. expected learning outcomes
5. rule
6. goods and services
7. elective course
8. higher-order skills

B
a. el plan de estudios
b. los bienes y servicios
c. el contenido
d. el curso opcional, el curso facultativo
e. la materia de estudio
f. la regla
g. los esperados logros de aprendizaje
h. las habilidades de nivel superior

Ejercicio 5   Complete each statement with the appropriate word(s).
1. El _____ del curso incluye muchos hechos, fechas y datos.
2. Por «currículo» se entiende el contenido educativo, la _____.
3. El _____ en una escuela superior comprende cursos obligatorios y cursos facultativos u _____.
4. Hoy en día el desarrollo de _____ se considera una meta importante del proceso educativo.
5. Los objetivos señalan (indican) los _____.
6. Cada escuela tiene _____ que los alumnos tienen que obedecer.
7. La economía es el estudio de decisiones que se toman en la producción, distribución y consumo de _____ y _____.

Ejercicio 6   Match the English word or expression in Column A with its Spanish equivalent in Column B.

A
1. prejudice
2. change
3. attachment
4. underprivileged child
5. covering
6. to exercise
7. to elect
8. language arts

B
a. la cobertura
b. el apego
c. ejercer
d. el lenguaje
e. el prejuicio
f. elegir
g. el cambio
h. el niño con desventaja

Ejercicio 7 Complete each statement with the appropriate word(s).

1. Los alumnos de la escuela primaria pasan mucho tiempo estudiando el _____: la lectura, la ortografía, etc.
2. Los alumnos de la escuela secundaria pueden _____ algunos cursos opcionales.
3. El dominio de varias materias es mejor que la _____ de muchas.
4. Casi siempre existe una tensión entre el _____ al pasado y la necesidad de preparar para el futuro.
5. Muchos niños con _____ necesitan cuidado especial.
6. De vez en cuando es necesario modificar o hacer _____ en el currículo.
7. Los _____ pueden dañar a muchos individuos. Los _____ se basan en ideas preconcebidas.
8. En los Estados Unidos los distritos locales _____ el control sobre el currículo.

COMPRENSIÓN

Ejercicio 1 Answer.

1. ¿Qué se entiende por «currículo»?
2. ¿De qué carácter pueden ser las materias que figuran en el plan de estudios?
3. ¿Cómo define el «currículo» el profesor Mauritz Johnson?
4. ¿Qué es el currículo «oculto»?
5. En la economía, ¿qué significa el «costo de oportunidad»?
6. ¿Por qué existe el mismo fenómeno en la educación?
7. ¿Cuál es el doble enfoque de los currículos en la educación primaria y también en la secundaria?
8. ¿Qué tensión existe siempre?
9. ¿Qué ocurrió en la educación después del lanzamiento del satélite Sputnik por la antigua Unión Soviética?
10. ¿Qué deficiencias se notaban en la década de los 70?
11. ¿Cómo influyeron estas deficiencias en el currículo de la época?
12. ¿Quiénes tienen la responsabilidad por, y el control sobre, el currículo en los Estados Unidos?
13. ¿Quiénes desarrollan los planes de estudios?
14. Según Hirsch y otros, ¿qué ha tenido un impacto negativo en la educación?

Ejercicio 2 Describe each of the following.

1. los bienes instrumentales
2. los bienes formativos
3. el currículo en la escuela elemental
4. el currículo en la escuela secundaria

Ejercicio 3 In your own words, explain the following.

El currículo refleja las preocupaciones sociales.

Capítulo 16
ESCUELAS «ESPECIALES»

Helen Keller nació ciega y sorda. Estos impedimentos convencieron a los médicos y expertos que Helen también sufría de retraso mental. Todo el mundo creía que su vida sería estéril e inútil[1]. Pero Helen Keller tenía una maestra, Annie Sullivan, que permitió salir y lucirse[2] la inteligencia de esa extraordinaria persona.

Programas de «educación especial»

Se calcula que hoy hay alrededor de cuatro millones de personas entre las edades de 3 y 21 años matriculadas en programas de «educación especial» en los EE.UU. Se les llama «educación especial» a los programas diseñados para personas con limitaciones mentales, físicas o emocionales, que no les permiten beneficiarse plenamente del programa regular. Desde hace muchos años ha habido institutos públicos y privados para la enseñanza de niños ciegos, sordos o con retraso mental.

La educación de los sordos El ejemplo de Helen Keller sirve para enfatizar el hecho de que la sordera no tiene nada que ver con la capacidad mental. Actualmente, todavía es común matricular a los niños con sordera profunda en escuelas o institutos para sordos. Estos institutos son, generalmente, internados[3], donde viven los niños durante casi todo el año. Los niños aprenden todas las materias que se enseñan en las escuelas regulares.

En la educación de los sordos hay una controversia importante. ¿Se debe enseñarles a los niños sordos a hablar o a comunicarse por señas? Los proponentes de la enseñanza de la lengua hablada enfatizan la necesidad de comunicarse con todo el mundo, no solamente con personas sordas. Los partidarios del lenguaje por señas indican que es sumamente difícil enseñar hablar a los sordos, y hasta cuando pueden hablar, le cuesta trabajo entenderlos al que no está acostumbrado a oírlos. Ellos creen que es más valioso dedicar ese tiempo a enseñarles las destrezas y los conocimientos que necesitarán en la vida. También indican que el lenguaje por señas es una «lengua natural» que todos los sordos dominan fácilmente. Este lenguaje por señas en los EE.UU. se conoce como *ASL* o *American Sign Language*. Para estudiantes sordos hay una universidad famosa en Washington, DC, Gallaudet College. Hoy los aparatos acústicos ayudan mucho a los niños cuya sordera no es demasiado profunda.

---

[1]*useless*   [2]*to excel, stand out, shine*   [3]*boarding schools*

La educación de los ciegos Igual que para sordos, hay institutos especiales para niños ciegos. En esos institutos no solamente enseñan las tradicionales materias académicas, sino también les ayudan a los niños a desarrollar sus habilidades para vivir y trabajar en la sociedad. Hoy hay libros y otros materiales didácticos en Braille en todas las materias. Los audiocasetes también son una gran ayuda en la educación de los niños ciegos. Hasta los exámenes de ingreso a la universidad, como el SAT, tienen versiones en Braille o grabadas en audiocasete para el uso de los ciegos.

La educación de los niños con retraso mental El retraso mental se manifiesta en diferentes niveles de capacidad mental. En el caso del retraso más profundo, los niños no son capaces ni de cuidarse de sí mismos. Hay que lavarlos, vestirlos, darles de comer. En muchos casos no pueden ni levantarse ni andar. El sistema educativo ha servido a niños de dos categorías de retraso: los que pueden beneficiarse de entrenamiento y los que son capaces de ser educados. Esta determinación se hacía en base de pruebas de inteligencia o de «cociente de inteligencia» (IQ).

Originalmente el cociente era el cociente de la edad mental de un invididuo y de su edad cronológica (EM/EC). La siguiente tabla muestra la clasificación de IQ de Terman y Merrill que corresponde a la prueba de Stanford-Binet.

Clasificación	IQ	Porcentaje de la población
Genio o casi genio	140 o más	1%
Muy superior	130-139	2,5%
Superior	120-129	8%
Sobre la media	110-119	16%
Normal promedio	90-109	45%
Bajo la media	80-89	16%
Muy poco inteligente	70-79	8%
Débil mental	69 o menos	1%

Se han descubierto muchos defectos en las escalas de IQ y en las pruebas de inteligencia, sobre todo cuando se aplican a niños que no pertenecen a la cultura mayoritaria o que no dominan el idioma de la prueba. No obstante, estas pruebas se han usado para clasificar a los niños y meterlos en clases especiales.

La educación de los niños con problemas físicos Hay niños de edad escolar con parálisis cerebral, distrofia muscular, espina bífida, enanismo, defectos congénitos y muchísimos otros impedimentos y problemas físicos. ¿Cómo y dónde se les educa? En el pasado lo típico era aislar a los niños en clases «especiales» posiblemente con un docente especializado en la enseñanza de los minusválidos, pero probablemente, no. A estos niños se les apartaba[4] de la comunidad de la escuela.

El gobierno federal norteamericano confrontó el problema. En 1975 la Ley Pública 94-142, La Ley para la Educación de todos los Niños Minusválidos de

---

[4]*separated*

1975 estableció que la educación pública apropiada y gratis era un derecho fundamental de toda persona minusválida. Se les obligaba a las escuelas a darles instrucción en «el ambiente menos restringido». Esto quería decir que se debía enseñarles, en la mayoría de los casos, en un salón de clase regular. Esta ley se aplicaba también a personas con retraso mental. Además, la ley requería que para cada alumno había que preparar un plan educativo individual *(IEP)*. Estos planes individuales especifican los objetivos a largo y a corto plazo y las estrategias pedagógicas que se emplearán para lograr esos objetivos.

El «aprendizaje cooperativo» La mayoría de los expertos están de acuerdo que, siempre que sea posible, es mejor incluir a los minusválidos en los programas regulares. Una de las ventajas es el efecto que tiene en las actitudes de los otros niños. La cuestión del efecto sobre las actitudes es problemática. Puede ocurrir que las actitudes negativas sean mayores después de la interacción. Todo depende de cómo se estructura la interacción entre los dos grupos de niños.

Una metodología muy prometedora[5] es el «aprendizaje cooperativo». Una de las bases de esta metodología es la cooperación en lugar de la competencia. Se trata de crear relaciones interdependientes, donde se fomenta la cooperación y hay incentivos para cooperar para lograr unas metas comunes. Esta cooperación ayuda en la comunicación y en el desarrollo de respeto por otros. Una de las técnicas de la educación cooperativa es el trabajo en equipos. Los equipos son heterogéneos, con miembros de diferentes habilidades, grupos étnicos, capacidad física o mental. El reconocimiento se da al grupo y no a ningún individuo. El papel del docente es de ayudar a los equipos a aprender mutuamente. El docente es un recurso, aunque sea el recurso más importante.

---

[5]*promising*

ESTUDIO DE PALABRAS

Ejercicio 1   Study the following cognates that appear in this chapter.

el impedimento	la actitud	regular
la inteligencia	la relación	cerebral
la educación	el incentivo	muscular
la limitación	el respeto	congénito
el programa	la habilidad	heterogéneo
el proponente	la controversia	diferente
los materiales	la comunidad	común
el (la) audiocasete		
el defecto	estéril	convencer
la escala	especial	calcular
la parálisis	mental	beneficiarse
la distrofia	físico	comunicarse
el experto	emocional	clasificar

Ejercicio 2   Complete each expression with the appropriate word(s).

1. special education   la _____ especial
2. regular program (mainstream)   el _____ regular
3. mental ability   la capacidad _____
4. mental retardation   el retraso _____
5. mental age   la edad _____
6. chronological age   la _____ cronológica
7. intelligence test   la prueba de _____
8. cerebral palsy   la parálisis _____
9. muscular dystrophy   la distrofia _____
10. congenital defect   el _____ congénito
11. physical impediment   el _____ físico
12. school community   la _____ de la escuela
13. regular classroom   el salón de clase _____
14. interdependent relations   las relaciones _____
15. common goal   una meta _____
16. different abilities   las habilidades _____
17. teaching materials   los _____ didácticos
18. to classify students   _____ a los alumnos
19. to place students in special meter a los alumnos en clases
    classes   _____

Ejercicio 3   Match the word in Column A with its definition in Column B.

A	B
1. el impedimento	a. el adherente, el partidario
2. congénito	b. persuadir
3. cerebral	c. el estímulo
4. el proponente	d. de diferentes capacidades
5. beneficiarse	e. la limitación
6. convencer	f. distinto
7. el incentivo	g. de nacimiento
8. heterogéneo	h. del cerebro
9. diferente	i. sacar beneficio de

Ejercicio 4   Complete each statement with the appropriate word(s).

1. Meten a muchos alumnos con problemas de aprendizaje en un programa de _____ en vez de dejarlos en el _____ regular.
2. El nivel de _____ del individuo determina la capacidad de aprender.
3. Hay que administrar muchas _____ y preparar muchas evaluaciones antes de _____ a los niños con retraso mental o problemas de aprendizaje especiales.
4. Muchos _____ mentales o físicos son congénitos.
5. Una _____ heterogénea tiene alumnos de habilidades _____.
6. Hay que darles a muchos alumnos un _____ para querer aprender.

7. El que sabe mucho sobre un campo específico es _____ en este campo.
8. El _____ de una teoría o metodología cree en la teoría o metodología.

Ejercicio 5 Match the English word or expression in Column A with its Spanish equivalent in Column B.

A	B
1. genius	a. genio
2. above-average intelligence	b. capaz de ser educado
3. average ability	c. sobre la media en inteligencia
4. below-average intelligence	d. normal promedio
5. mentally deficient/retarded	e. puede beneficiarse de entrenamiento
6. educable	f. bajo la media en inteligencia
7. trainable	g. débil mental

Ejercicio 6 Put the Spanish terms from Exercise 5 in descending order of intelligence.

Ejercicio 7 Match the English word or expression in Column A with its Spanish equivalent in Column B.

A	B
1. blind	a. sordo
2. blindness	b. el retraso mental
3. deaf	c. la sordera
4. deafness	d. ciego
5. hearing aid	e. el aparato acústico
6. sign language	f. la ceguera
7. mental retardation	g. el enanismo
8. disabled individual	h. el lenguaje por señas
9. IQ (intelligence quotient)	i. el minusválido
10. dwarfism	j. el cociente de inteligencia

Ejercicio 8 Complete each statement with the appropriate word(s).
1. El _____ puede tener un defecto físico, mental o emocional.
2. El que no puede oír es _____.
3. El que no tiene vista, que no puede ver, es _____.
4. El ruido constante a alto volumen puede resultar en la _____.
5. Para comunicar y hablar con otros, muchos sordos usan el _____.
6. El uso de un _____ puede ayudar a una persona que tiene una pérdida parcial del oído.
7. Se administran pruebas de inteligencia para determinar el _____ del individuo pero hoy en día hay mucha controversia sobre las escalas de _____.

8. Hay muchos niveles de _____ mental.
9. El _____ es el defecto fisiológico de los enanos, personas muy pequeñas.

Ejercicio 9   Match the English word or expression in Column A with its Spanish equivalent in Column B.

A	B
1. to emphasize	a. el trabajo en equipos
2. to enroll	b. el recurso
3. to master	c. enfatizar
4. to isolate	d. la espina bífida
5. long-term	e. el aprendizaje cooperativo
6. short-term	f. capaz
7. to meet the objectives	g. dominar
8. individualized program	h. el reconocimiento
9. cooperative learning	i. aislar
10. teamwork	j. el plan educativo individual
11. competition	k. a corto plazo
12. recognition	l. a largo plazo
13. resource	m. lograr las metas
14. capable	n. matricular
15. spina bifida	o. la competencia

Ejercicio 10   Match the verbs in Column A with related nouns in Column B.

A	B
1. enfatizar	a. el aislamiento
2. matricular	b. el reconocimiento
3. dominar	c. la cooperación
4. aislar	d. la matrícula
5. lograr	e. la competencia
6. cooperar	f. el énfasis
7. trabajar	g. el logro
8. competir	h. el trabajo
9. reconocer	i. el dominio

Ejercicio 11   Complete each statement with the appropriate word(s).
1. El _____ cooperativo se vale mucho de trabajo en _____. Se basa en la cooperación, no en la _____. El _____ se da al grupo, no al individuo.
2. El docente tiene que tener metas a _____ y otras a _____, es decir, para el momento y para el futuro.
3. A muchos educandos con problemas de aprendizaje les hace falta un plan _____.

4. En muchas circunstancias es aconsejable no _____ a los alumnos con defectos mentales o físicos. Es mejor que se queden en el salón de clase regular.

5. Muchos alumnos con retraso mental pueden _____ las destrezas que necesitan para vivir y satisfacer sus necesidades. Es decir, estos niños son _____ de aprender.

Ejercicio 12 Give the word or expression being defined.
1. ingresar, inscribir
2. de mucho tiempo
3. de poco tiempo
4. el trabajo en grupos
5. un plan de estudios individualizado
6. alcanzar los objetivos
7. apartar

COMPRENSION

Ejercicio 1 Answer.
1. ¿Cuál es la controversia que existe entre los educadores de los sordos?
2. ¿Por qué existe esta controversia?
3. ¿Se manifiesta el retraso mental en varios niveles de capacidad mental?
4. En el caso más profundo de retraso mental, ¿qué no pueden hacer los niños?
5. ¿Cuáles son las dos categorías de retraso mental en los niños?
6. ¿Por qué se han descubierto muchos defectos en las escalas de IQ?
7. ¿Por qué se han usado las pruebas de inteligencia?
8. ¿Qué especifican los planes educativos individuales para los niños con retraso mental o los niños con defectos físicos?
9. ¿Es mejor incluir a los minusválidos en los programas regulares o apartarlos de la comunidad de la escuela?
10. ¿Qué fomenta el aprendizaje cooperativo?
11. En las actividades de aprendizaje cooperativo, ¿cuál es el papel del docente?

Ejercicio 2 Identify and describe each of the following.
1. Helen Keller
2. un programa de educación especial
3. el programa regular
4. un instituto internado
5. el lenguaje por señas
6. Gallaudet College
7. Braille
8. el cociente de inteligencia
9. la Ley Pública 94-142
10. el aprendizaje cooperativo

Capítulo 17

PLANTA Y EQUIPO

Socrates se sentaba al aire libre[1] para enseñar a sus discípulos. En la memoria de algunos norteamericanos existe la escuelita de un solo salón[2]. En las grandes ciudades hay escuelas con 3.000 o más estudiantes. Ya en tiempos de los griegos[3] y, definitivamente con los romanos, la educación, en su función instructiva, se pone en manos de un grupo profesional reunido en un núcleo educador específico. Esa evolución lleva al establecimiento de las grandes universidades medievales: Salamanca, Alcalá de Henares, Oxford, Bolonia y París.

Tamaño de las escuelas

Escuelas elementales Las escuelas elementales tienden a ser más pequeñas que las secundarias por varias razones. En los EE.UU. hay aproximadamente 57.000 escuelas elementales y 22.000 escuelas secundarias. El promedio de alumnos en las escuelas elementales es menos de 500. El promedio en las escuelas secundarias es más de 700. El 35% de las escuelas elementales tienen menos de 400 alumnos. El 20% de las escuelas secundarias tienen más de 1.000 estudiantes. Es preferible no obligar a los niños pequeños a viajar muy lejos de casa. Es mejor tener una escuela pequeña en cada vecindad. Los niños quedan en una sola clase con el mismo docente todo el día. El docente enseña casi todas las asignaturas. Hay poca especialización. Por consiguiente, no hay que tener laboratorios ni maestros especialistas, algo que sería un problema económico cuando se trata de números pequeños.

Escuelas secundarias Las escuelas secundarias ofrecen diferentes programas: académicos, comerciales, técnico-vocacionales, etc. Ofrecen cursos opcionales. Un estudiante puede escoger una de varias lenguas extranjeras, diferentes niveles de ciencias o matemáticas, etc. Las ciencias avanzadas requieren laboratorios y mucho equipo especial. Para los deportes se necesitan gimnasios, pistas y, en algunos distritos, hasta estadios. Para poder ofrecer esta variedad de cursos y actividades, hay que tener docentes especialistas y muchos recursos materiales. Sólo la economía de escala lo hace posible.

Una escuela secundaria con 200 estudiantes no puede ofrecer cuatro años de tres o cuatro idiomas, por ejemplo, ni fútbol americano y soccer, además de tenis, golf, baloncesto, gimnasia, hockey, natación, etc. En el pasado, la mayoría de las escuelas secundarias y algunas escuelas elementales tenían un teatro o sala de

---

[1]*outdoors* [2]*one-room schoolhouse* [3]*Greeks*

auditorio donde se ponían obras de teatro y donde había representaciones de la banda, la orquesta y grupos de baile. Por razones económicas, un híbrido llamado «cafetorio», una cafetería con escenario, ha sustituido al teatro en muchas escuelas. No obstante, en algunas escuelas secundarias, especialmente en comunidades ricas, hay teatros y hasta estudios de cine o de televisión, con equipo de cámaras, proyectores, alumbrado y sonido.

Tamaño de las clases

El tamaño de las clases es un tema muy polémico. La mayoría de los docentes favorecen clases muy pequeñas. Les gustaría limitar las clases a 23 o 24 alumnos y los sindicatos de maestros luchan por clases pequeñas cuando negocian sus contratos. El tamaño de la clase tiene un impacto económico tanto como pedagógico. Tener 60 alumnos en 3 clases de 20 requiere 3 docentes; 2 clases de 30 requiere sólo 2 docentes. Se podría ahorrar un salario y un salón de clase con 30 alumnos en cada clase. Pero, ¿cuál sería el efecto sobre el aprendizaje?

Arreglo y ambiente de las salas de clase

También tiene un efecto en el aprendizaje el arreglo físico de la sala de clase. El docente tiene poco control sobre la construcción de la planta y su lugar, pero sí tiene control sobre el arreglo de su propia clase. En el pasado, los pupitres de los alumnos eran fijos. No se podían mover. Hoy, el docente puede colocar los asientos de los niños en la forma que desee. Esta libertad se debe ejercer de acuerdo con la actividad. Si los estudiantes van a escuchar una conferencia sería mejor colocar los pupitres mirando hacia el frente del salón. Si los alumnos van a trabajar juntos en un proyecto, o si van a discutir algo, deben poder mirarse los unos a los otros. Se puede colocar los pupitres en un círculo o en forma de «u». Si se va a cambiar el lugar de los pupitres o sillas con frecuencia, se debe establecer una rutina para hacerlo lo más rápido posible y de manera que interrumpa[4] el programa lo mínimo. El escritorio del docente debe siempre gozar de una vista completa del salón de clase. Los alumnos también siempre deben poder ver al docente.

Además de la colocación de los pupitres, el decorado de la clase influye en el proceso de aprendizaje. Todo el mundo se siente más a gusto en un ambiente atractivo y placentero[5]. En los tablones de anuncios deben aparecer materiales atractivos que se relacionan con los tópicos de las lecciones. Los trabajos de los niños deben estar en exposición. Si se van a proyectar materiales, sea por retroproyector, video o película, el docente debe asegurarse de que todos los alumnos puedan ver la pantalla fácilmente.

Equipo disponible

Hoy el equipo que tiene disponible el docente puede ser impresionante. No han desaparecido las cosas tradicionales: el libro de texto (el manual escolar), la pizarra y la tiza, el cuaderno y el bolígrafo. Hoy no es raro ver también un

---

[4]*interrupts*   [5]*pleasant, pleasing*

retroproyector y un monitor de video en el salón de clase. Para los idiomas hay laboratorios o por lo menos una grabadora de casetes o de video. Casi todas las escuelas tienen su propia biblioteca con casetes para audio y video, microfilmes o microfichas, además de libros y revistas. Quizás el equipo que más se usa hoy en muchas escuelas es equipo de informática, las computadoras. Casi todos los jóvenes saben usar el teclado y muchos saben programar. En las clases de matemáticas hay calculadoras electrónicas además del tradicional compás y la regla de cálculo. En los laboratorios de química y física todavía se encuentran los aparatos tradicionales: el mechero bunsen, los tubos de ensayo, los aparatos de destilación, los microscopios y los péndulos, pero también se ven hoy los láser y otro equipo electrónico.

En las escuelas secundarias hay clases de economía doméstica con todos los electrodomésticos más modernos. Hay refrigeradoras y lavaplatos, lavadoras y secadoras, mezcladoras, cocinas, hornos y hornos de microonda. También en las escuelas secundarias hay cursos de artes manuales. Estos se dividen en carpintería y mecánica. En los talleres de carpintería los alumnos aprenden a usar martillos, sierras eléctricas y de mano y para formar muebles aprenden a usar tornos. En los talleres de mecánica aprenden a mantener y reparar automóviles. Aprenden a leer los manuales y a usar una serie de herramientas como las llaves[6], los gatos y los aparatos de diagnóstico.

Todo el equipo puede ser valiosísimo como recurso. Pero el equipo tiene poco valor si el docente no sabe usarlo eficientemente para ayudar a los alumnos a aprender. Todo el mundo se acuerda de algún maestro que ponía una película sin informar a la clase previamente[7] del contenido de la película y la razón por la que la presentaba. Especialmente en el caso de materiales audiovisuales, es crítico que el docente prepare a la clase antes de proyectar los materiales y que haya actividades de seguimiento basadas en los materiales audiovisuales. Si no, los alumnos van a tratar los materiales audiovisuales no como material didáctico importante, sino como un programa más de televisión al que no hay que prestar atención ni recordar. Será una diversión[8] y nada más.

---

[6]*wrenches*   [7]*beforehand*   [8]*amusement*

ESTUDIO DE PALABRAS

Ejercicio 1   Study the following cognates that appear in this chapter.

el laboratorio	la orquesta	el control
el especialista	la cafetería	la construcción
el gimnasio	la cámara	la planta
el estadio	el proyector	el frente
la variedad	el tema	el círculo
la actividad	el contrato	el proceso
el teatro	el impacto	el tópico
la banda	el salario	el video

el monitor   la economía   doméstico
el microfilm(e)   la mecánica   audiovisual
la computadora   el manual
el calculador   negociar
el compás   preferible   programar
el microscopio   económico   reparar
el péndulo   material   proyectar
el láser   pedagógico

Ejercicio 2 Complete each expression with the appropriate word(s).
1. elective courses   los _____ opcionales
2. advanced science   las ciencias _____
3. resource materials   los recursos _____
4. to negotiate a contract   _____ un contrato
5. plant construction   la _____ de la planta
6. front of the room   el _____ del salón
7. learning process   el _____ de aprendizaje
8. textbook   el libro de _____
                             el manual escolar
9. cassette recorder   una grabadora de _____
10. electronic calculator   la _____ electrónica
11. home economics   la _____ doméstica
                             las ciencias _____
12. electronic equipment   el equipo _____
13. industrial (manual) arts las artes _____
14. audiovisual material(s) los materiales _____
15. follow-up activities   las _____ de seguimiento

Ejercicio 3 Select the word being defined.
la cámara   el control   la cafetería
el proyector   el laboratorio   el manual
el tema   el gimnasio   reparar
el salario   la banda
1. adonde van los alumnos para la clase de educación física
2. adonde van los alumnos a almorzar
3. el libro, el panfleto
4. adonde van los alumnos que estudian ciencias
5. lo que uno gana; el dinero que recibe por el trabajo, el sueldo
6. lo que se usa para proyectar una película, un filme
7. lo que se usa para sacar (tomar) fotografías
8. la disciplina
9. arreglar, remendar
10. un grupo musical
11. el tópico

Ejercicio 4 Complete each expression with the appropriate word(s).

1. el _____ de discusión
2. el _____ mínimo
3. sentarse en _____, en filas o en forma de «u»
4. _____ un contrato
5. tocar en la _____
6. _____ la computadora

Ejercicio 5 Match the English word or expression in Column A with its Spanish equivalent in Column B.

A	B
1. school size	a. el sindicato de maestros
2. class size	b. el pupitre
3. neighborhood	c. el escritorio
4. teachers' union	d. el tamaño de la escuela
5. to save	e. el tamaño de la clase
6. physical arrangement	f. la pizarra
7. student's desk	g. la tiza
8. teacher's desk	h. la vecindad
9. within full view	i. el tablón de anuncios
10. to put, place, locate	j. el asiento
11. seat	k. ahorrar
12. decor	l. el bolígrafo
13. bulletin board	m. el arreglo físico
14. chalkboard	n. el cuaderno
15. chalk	o. a vista completa
16. notebook	p. la regla
17. ballpoint pen	q. el decorado
18. ruler	r. colocar

Ejercicio 6 Identify each illustration.

1.   2.

3.

4.

5.

6.

7.

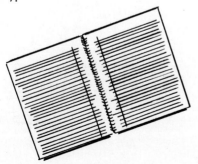

8.

Ejercicio 7   Complete each statement with the appropriate word(s).
1. El _____ de una escuela secundaria suele ser mayor que el _____ de una escuela elemental.
2. El _____ negocia los contratos para los maestros.
3. Si el _____ es más grande, es decir, si hay más alumnos en cada clase, el sistema no necesita tantos docentes y puede _____ salarios.
4. El maestro no tiene nada que ver con la construcción de la planta, pero con _____ de su propio salón de clase, sí.
5. El _____ siempre debe estar colocado _____ de toda la clase.
6. Hoy en día los _____ y los _____ de los alumnos no están fijos.
7. Así es que pueden colocar los _____ en filas, en círculos o en forma de «u».
8. Los alumnos escriben con _____ en sus _____ y el maestro escribe con _____ en la _____.

Ejercicio 8   Match the English word or expression in Column A with its Spanish equivalent in Column B.

A	B
1. projector	a. el equipo de informática
2. to project	b. la biblioteca
3. overhead projector	c. la microficha
4. film	d. el retroproyector
5. screen	e. el equipo
6. equipment	f. disponible
7. available	g. la película, el filme
8. cassette recorder	h. el teclado
9. library	i. la pantalla
10. microfiche	j. el proyector
11. computer equipment	k. proyectar
12. keyboard	l. la grabadora de casetes

Ejercicio 9   Identify each illustration.

1. a.   b.

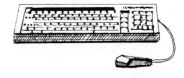

2. a.    b.

3. a.    b.

4. a.    b.

Ejercicio 10 Complete each statement with the appropriate word(s).
1. El equipo _____ es el equipo que tiene la escuela y que puede usar el maestro. Es el equipo que está a la disposición del maestro.
2. Hay muchos libros, revistas, microfichas, microfilmes, etc., en la _____ de la escuela.
3. Una computadora igual que una máquina de escribir tiene un _____.
4. Se proyecta una _____ en la _____.

Ejercicio 11 Match the English word or expression in Column A with its Spanish equivalent in Column B.

A	B
1. sports	a. la natación
2. track	b. el estudio de cine
3. swimming	c. la sala de auditorio
4. auditorium	d. el sonido
5. stage	e. la pista
6. sound	f. el alumbrado
7. lighting	g. los deportes
8. movie studio	h. el escenario
9. stage set	i. el decorado

Ejercicio 12 Complete each statement with the appropriate word(s).
1. Los alumnos practican los _____ en el gimnasio.
2. Los alumnos corren en la _____.
3. Hay asambleas cada viernes en la _____.
4. Están construyendo el _____ que necesita el club dramático para una representación que van a presentar al final del semestre.
5. La van a presentar en el _____ de la _____ de la escuela.
6. Hay un club de estudiantes que se responsabiliza por _____ (las luces) y hay otro que se responsabiliza por _____, es decir, los micrófonos, etc.
7. Los alumnos aprenden a filmar (rodar películas) en el _____.
8. Hay que tener una piscina (alberca) para practicar la _____.

Ejercicio 13 Match the English word or expression in Column A with its Spanish equivalent in Column B.

A	B
1. bunsen burner	a. el lavaplatos
2. test tube	b. la cocina
3. electrical household appliance	c. el mechero de bunsen
4. dishwasher	d. la mezcladora
5. washing machine	e. el tubo de ensayo
6. dryer	f. el horno de microondas
7. stove, range	g. la lavadora

8. mixer
9. microwave oven

h. el electrodoméstico
i. la secadora

Ejercicio 14 Complete each statement with the appropriate word(s).
1. Hay microscopios en el laboratorio de biología y hay _____ y _____ en el laboratorio de química.
2. La mezcladora es un _____.
3. Se lavan los platos en _____.
4. Se lava la ropa sucia en _____.
5. Se cocina en _____ o _____.

Ejercicio 15 Match the English word or expression in Column A with its Spanish equivalent in Column B.

A	B
1. shop	a. el gato
2. carpentry (shop)	b. los muebles
3. auto mechanics shop	c. el torno
4. industrial arts	d. la sierra eléctrica
5. tools	e. la sierra de mano
6. hammer	f. el martillo
7. handsaw	g. las herramientas
8. electric saw	h. las artes manuales
9. lathe	i. el taller de mecánica
10. furniture	j. la carpintería
11. jack	k. el taller

Ejercicio 16 Identify each illustration.

1.   2.

3.

4.

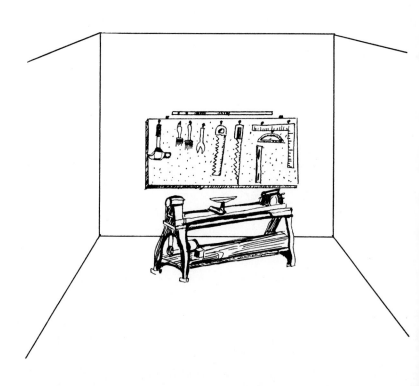

5.

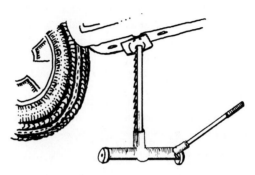

Ejercicio 17   Complete each statement with the appropriate word(s).
1. Los pupitres y las sillas son _____ importantes en una escuela.
2. El martillo y la sierra son _____.
3. Se usa un _____ para formar muebles.
4. Los alumnos aprenden a reparar carros en el curso de _____.
5. La carpintería es un curso de _____.

COMPRENSION

Ejercicio 1   True or false?
1. Las escuelas elementales tienden a ser más grandes que las escuelas secundarias.
2. Es difícil que una escuela secundaria ofrezca una gran variedad de cursos y actividades cuando es muy pequeña.
3. La mayoría de los docentes prefieren clases pequeñas.
4. El docente tiene mucho control sobre la construcción de la planta.
5. El docente tiene control sobre el arreglo de su propio salón de clase.
6. El decorado de la clase influye en el proceso de aprendizaje.

Ejercicio 2   Answer.
1. ¿Cuál es el número promedio de alumnos en las escuelas elementales?
2. ¿Cuál es el número promedio de alumnos en las escuelas secundarias?

3. ¿Qué tienen que ofrecer las escuelas secundarias?
4. ¿Qué es un «cafetorio»?
5. ¿Por qué existen «cafetorios»?
6. ¿Por qué tiene el tamaño de las clases de una escuela un impacto económico importante para la comunidad?
7. ¿Por qué puede colocar el docente los asientos de los alumnos en la forma que desee?
8. ¿Dónde debe estar colocado el escritorio del docente?
9. ¿Qué deben aparecer en los tablones de anuncios?
10. ¿Cuándo pierde su valor el equipo disponible al docente?
11. Al usar materiales audiovisuales, por ejemplo, ¿debe el maestro proveer actividades previas y de seguimiento?

Ejercicio 3   Follow the directions.

Prepare Ud. una lista de los materiales esenciales y tradicionales de una escuela.

Capítulo 18
ESCUELA Y
COMUNIDAD

La comunidad

¿Qué es una comunidad? Según los sociólogos, es una unidad territorial o espacial de organización social en la que la gente tiene un sentido de identidad y de afiliación. J.W. Getzels en *The Communities of Education* presenta seis tipos de comunidades.

Comunidad local Es una comunidad donde la identidad colectiva se basa en una región o vecindad.

Comunidad administrativa Es una comunidad donde la identidad colectiva se basa en una entidad políticamente determinada.

Comunidad social Es una comunidad donde la identidad colectiva se basa en unas relaciones interpersonales, una tertulia[1], por ejemplo.

Comunidad instrumental Es una comunidad donde la identidad colectiva se basa en el involucramiento directo o indirecto con otros en el cumplimiento de una función específica.

Comunidad étnica, de casta o clase Es una comunidad donde la identidad colectiva se basa en la afinidad con un grupo específico, nacional, racial o cultural.

Comunidad ideológica Es una comunidad donde la identidad colectiva se basa en una conciencia particular, histórica, conceptual o sociopolítica.

Salta a la vista[2] al mirar las comunidades de Getzels que cualquier individuo puede pertenecer a varias «comunidades». Para el docente, esto implica que para conocer a sus alumnos, tiene que tener alguna idea de todas las «comunidades» de las que puede ser miembro.

Los objetivos educacionales de la comunidad

En una sociedad heterogénea como la norteamericana es difícil que haya uniformidad en las opiniones de los ciudadanos sobre las cuestiones importantes del día, y la educación no es una excepción. Estas divisiones de opiniones aparecen en las escuelas cuando se toman decisiones sobre el currículo, sobre los deportes, sobre la religión y mucho más.

---

[1] *gathering* [2] *It becomes evident*

Comunidad de bajo nivel socioeconómico En una comunidad con una mayoría de personas de bajo nivel socioeconómico es probable que se note un énfasis en la preparación de sus hijos para la independencia económica. La obligación de la escuela es de proveer a esos niños las habilidades y las destrezas necesarias para ganarse la vida decente y honradamente. De allí un enfoque en las destrezas básicas, en las artes manuales y la tecnología. Las artes y las humanidades no tendrán tanta importancia allí como en otras comunidades.

Comunidad de alto nivel socioeconómico En las comunidades de más alto nivel socioeconómico el énfasis será en la educación superior. Las artes manuales y la tecnología pueden ser desprestigiadas[3]. Los cursos preuniversitarios tendrán gran importancia. Allí habrá que ofrecer lenguas extranjeras, cálculo y trigonometría, química y física. Estas preferencias comunitarias se notan en todo.

Comunidad rica En las escuelas de comunidades ricas el programa de deportes incluye el golf y el tenis. Hay piscinas para la natación. Hay viajes a Madrid, París, Roma o Munich para los estudiantes de lenguas. Todo está enfocado en la preparación de los jóvenes para la universidad. Las escuelas secundarias en estas comunidades se convierten en escuelas preparatorias. De allí puede surgir[4] un conflicto con los padres de familias menos privilegiadas, donde la universidad no figura en los planes para sus hijos, sino la preparación para el mundo del trabajo.

Los grupos de intereses especiales

La religión y la educación Según la Constitución de los EE.UU. hay que haber una separación entre el Estado y la religión. Pero, ¿cómo se debe interpretar esa separación? La pregunta no es fácil de contestar. ¿Se debe permitir que los niños se ausenten de una escuela pública para asistir a una clase de religión en su iglesia? Y las oraciones, por generales que sean, ¿se deben permitir en una escuela pública o no? Y las subvenciones gubernamentales a las escuelas parroquiales, ¿son legales o no? Si los millones de niños en las escuelas privadas tuvieran que ir a las escuelas públicas mañana, sería un desastre. ¿Eso quiere decir que alguna ayuda, en forma de maestros especialistas, de alimentos, etc., se debe permitir?

Cuestiones de religión tienen un impacto con frecuencia en la educación pública. No es nada nuevo. En 1925 en el estado de Tennessee tuvo lugar el famoso caso de Scopes, el «caso de los monos». John T. Scopes, un joven maestro de ciencias presentó la teoría de evolución de Charles Darwin a una clase en una escuela pública. Las leyes del estado de Tennessee prohibían enseñar las teorías de Darwin por ser contradictorias a una interpretación literal de la Biblia. El gran jurista Clarence Darrow defendió al maestro. El famoso político y candidato presidencial, William Jennings Bryan, fue testigo para el estado. Todo el mundo se declaró a favor de un bando[5] u otro. Scopes fue declarado culpable[6], pero no se le impuso ningún castigo[7].

---

[3]*disparaged*   [4]*arise*   [5]*side*   [6]*guilty*   [7]*punishment*

La educación sexual Hoy la cuestión de la educación sexual es muy polémica. Las madres niñas y solteras, el SIDA (Síndrome de Inmunodeficiencia Adquirida), las enfermedades venéreas son una razón importante, según muchos, para informar a los jóvenes sobre la sexualidad humana. Para otros, la educación sexual es cuestión de moral y religión y, por consiguiente, responsabilidad de la familia y la iglesia y no del sistema escolar. Estos conflictos pueden aparecer en muchas partes. ¿Qué libros son apropiados para una biblioteca escolar, y quién debe decidir lo que es o no es apropiado? En un distrito, había grupos que no querían permitir el *Diario de Ana Frank* ni el *Wizard of Oz*. En otro distrito querían prohibir *Huckleberry Finn* y *Las aventuras de Tom Sawyer*. Cada grupo tenía el apoyo de grupos y organizaciones nacionales de mucho poder político y económico.

Los periódicos locales, las iglesias, los grupos cívicos y sobre todo las organizaciones de padres como los *PTA* presionan para imponer sus ideas o sus objetivos en el sistema educativo. Esas organizaciones pueden ayudar al sistema significativamente cuando respaldan sus programas y fomentan el apoyo moral y material del público. Un ejemplo es cuando ayudan a convencer al público a aprobar el presupuesto para las escuelas.

La comunidad y las escuelas públicas

En 1986 «La 18ª Encuesta Gallup sobre las Actitudes del Público hacia las Escuelas Públicas» dio los siguientes resultados.

Pregunta: «¿Cuáles considera Ud. que son los mayores problemas con los que las escuelas públicas en esta comunidad tienen que luchar?»

Respuestas:

28%	El uso de drogas
24%	Falta de disciplina
11%	Falta de suficiente apoyo económico
11%	No sé
6%	Currículo inadecuado/Criterios bajos

Hubo otras 23 respuestas que variaban del 8% hasta el 1%.

Pregunta: «Las personas tienen diferentes razones por querer que sus hijos tengan una educación. ¿Cuáles son las razones más importantes que le vienen a la mente a Ud.?»

Respuestas:

34%	Oportunidades de empleo/Mejor empleo
23%	Preparación para la vida/Una vida mejor
12%	La educación es una necesidad de la vida
10%	Saber más
9%	Seguridad financiera/Estabilidad económica
6%	Ser mejores ciudadanos
5%	Aprender a llevarse bien con la gente

Aquí también hubo muchas respuestas más.

El docente y la comunidad El docente nuevo puede hacer varias cosas para conocer la comunidad. Puede hablar con los agentes de bienes raíces[8] para enterarse[9] de lo que ellos les dicen a sus clientes sobre las escuelas locales. Puede leer los periódicos locales. Los comerciantes[10] locales, especialmente los que llevan muchos años en la comunidad, pueden proveer mucha información. También es buena idea pasear por las diferentes vecindades para conocer a la gente y sus condiciones socioeconómicas.

---

[8]*real estate agents*   [9]*find out*   [10]*business people*

ESTUDIO DE PALABRAS

Ejercicio 1   Study the following cognates that appear in this chapter.

la comunidad	la teoría	histórico
el sociólogo	la evolución	conceptual
la organización	la polémica	sociopolítico
la identidad	la sexualidad	heterogéneo
la relación	las drogas	económico
la función	el uso	básico
la casta	la disciplina	preparatorio
la clase	la oportunidad	privilegiado
la conciencia	la estabilidad	especial
el miembro		gubernamental
la uniformidad	social	parroquial
la opinión	local	legal
la cuestión	administrativo	contradictorio
la excepción	colectivo	sexual
el énfasis	interpersonal	polémico
la independencia	instrumental	venéreo
la obligación	directo	humano
la tecnología	indirecto	cívico
la preferencia	específico	financiero
el conflicto	étnico	
la religión	nacional	imponer
el interés	racial	presionar
la separación	cultural	convencer
el desastre	ideológico	convertir

Ejercicio 2   Give the word or expression being defined.

1. de la sociedad
2. de la nación
3. de la raza
4. de la cultura
5. de la ideología

6. de la historia
7. del concepto
8. de la política
9. de la economía
10. del gobierno
11. de la ley
12. del sexo
13. de las finanzas
14. de la administración

Ejercicio 3   Match the verbs in Column A with related nouns in Column B.

A	B
1. enfatizar	a. la preferencia
2. obligar	b. el uso
3. preferir	c. la conversión
4. convertir	d. la presión
5. interesar	e. el énfasis
6. presionar	f. la organización
7. usar	g. la obligación
8. organizar	h. el interés
9. imponer	i. la imposición

Ejercicio 4   Complete each expression with the appropriate word(s).

1. social organization — la _____ social
2. sense of identity — el sentido de _____
3. interpersonal relations — las relaciones _____
4. specific group — el grupo _____
5. heterogeneous class — una clase _____
6. uniformity of opinion — la _____ en las opiniones
7. economic (financial) independence — la _____ económica
8. basic skills — las destrezas _____
9. higher education — la _____ superior
10. college prep courses — los _____ preuniversitarios
11. community preference — la _____ comunitaria (de la comunidad)
12. wealthy community — la _____ rica
13. preparatory school — la escuela _____
14. underprivileged family — la familia menos _____
15. parochial school — la escuela _____
16. theory of evolution — la teoría de _____
17. sex education — la _____ sexual
18. venereal disease — la enfermedad _____
19. human sexuality — la _____ humana

20. political power   el poder _____
21. parents' organization   la _____ de los padres
22. community opinion   la _____ de la comunidad
23. drug use   el _____ de (las) drogas
                                   el consumo de (las) _____
24. lack of discipline   la falta de _____
25. employment opportunities   las _____ de empleo
26. financial security   la seguridad _____
27. special-interest group   el _____ de intereses

_____

Ejercicio 5   Select the appropriate word(s) to complete each statement.
1. Una escuela católica o hebrea es una escuela _____.
   a. pública   b. parroquial   c. laica
2. La teoría de evolución es _____.
   a. controversial   b. contradictoria   c. conceptual
3. Muchas escuelas secundarias son escuelas _____.
   a. preparatorias   b. especiales   c. cívicas
4. Hay que haber una _____ entre el Estado y la religión según la
   Constitución de los Estados Unidos.
   a. dependencia   b. separación   c. evolución
5. Es imposible que todos los miembros de la comunidad tengan la misma
   _____ sobre la cuestión.
   a. opinión   b. función   c. identidad
6. Hay que resolver _____ de una manera pacífica y democrática.
   a. la teoría   b. la estabilidad   c. el conflicto

Ejercicio 6   Give the word or expression being defined.
1. la controversia, la disputa, la discusión
2. el conocimiento especulativo
3. la idea, el sentimiento que forma uno de una cosa
4. un conjunto de personas
5. el control
6. fundamental
7. que dice lo contrario

Ejercicio 7   Match the word in Column A with its opposite in Column B.
A	B
1. heterogéneo	a. local
2. directo	b. ilegal
3. nacional	c. homogéneo
4. colectivo	d. menos privilegiado, desventajado
5. privilegiado	e. indirecto
6. legal	f. individual

Ejercicio 8   Match the English word or expression in Column A with its Spanish equivalent in Column B.

A	B
1. to belong	a. respaldar
2. to earn a living	b. ausentarse
3. to be absent	c. fomentar
4. to back, support	d. ganarse la vida
5. to encourage	e. llevarse bien con
6. to approve	f. pertenecer
7. to get along with	g. aprobar

Ejercicio 9   Complete each statement with the appropriate word(s).
1. Todos tienen que trabajar para _____.
2. Todos deben tratar de _____ con los otros miembros del grupo o de la comunidad.
3. No se puede _____ de la escuela sin ninguna razón legítima.
4. Todos queremos ser miembros de un grupo. Es decir, queremos _____ a un grupo.
5. Es necesario tratar de _____ la cooperación entre los diferentes grupos de la comunidad.
6. Los miembros de un grupo de intereses especiales harán todo para _____ su causa.

Ejercicio 10   Match the English word or expression in Column A with its Spanish equivalent in Column B.

A	B
1. sense	a. el ciudadano
2. neighborhood	b. la biblioteca escolar
3. carrying out	c. la subvención
4. citizen	d. el apoyo
5. low socioeconomic level	e. la madre soltera
6. subsidy	f. la vecindad
7. budget	g. el cumplimiento
8. poll, survey	h. la oración
9. support	i. el sentido
10. school library	j. la encuesta
11. unwed mother	k. el presupuesto
12. prayer	l. el bajo nivel socioeconómico

Ejercicio 11   Match the verbs in Column A with related nouns in Column B.

A	B
1. orar	a. la subvención
2. cumplir	b. la oración
3. subvencionar	c. el apoyo
4. apoyar	d. el cumplimiento

Ejercicio 12   Complete each statement with the appropriate word(s).
1. Muchos programas educativos no podrían existir sin la _____ del gobierno.
2. Casi todas las comunidades tienen una _____ pública y además cada escuela tiene una _____.
3. La junta de educación prepara un _____ y la comunidad lo tiene que aprobar. El _____ indica los fondos que necesitará la junta para hacer funcionar las escuelas.
4. Cada _____ mayor de 18 años tiene el derecho al voto.
5. Algunas _____ son de alto nivel socioeconómico y otras son de _____ nivel _____.
6. El «padrenuestro» es una _____ cristiana.
7. Hay muchos que consideran la educación sexual una parte íntegra e importante del currículo porque hay tantas madres niñas _____.
8. Si las escuelas no tienen el _____ de la comunidad, es difícil que funcionen bien.
9. Van a iniciar una _____ para determinar la opinión de la comunidad sobre la cuestión.
10. La gente debe tener un _____ de identidad con la comunidad en que viven.

COMPRENSION

Ejercicio 1   True or false?
1. Cualquier individuo puede pertenecer a varias comunidades.
2. El docente debe tener una idea de las comunidades de las que son miembros sus alumnos.
3. En la mayoría de las comunidades de los Estados Unidos hay uniformidad entre los ciudadanos sobre las cuestiones importantes.
4. Las escuelas secundarias de las comunidades ricas se convierten en escuelas preparatorias.

Ejercicio 2   Answer.
1. En términos sociológicos, ¿qué es una comunidad?
2. ¿En qué áreas de las escuelas tienen un impacto las opiniones de la comunidad que sirven?
3. ¿Cómo pueden variar las obligaciones de una escuela en una comunidad de bajo nivel socioeconómico con las obligaciones de una escuela en una comunidad de más alto nivel socioeconómico?
4. ¿Cuáles son algunos grupos que presionan para imponer sus ideas en el sistema educativo?
5. ¿Cómo pueden ayudar estas organizaciones a las escuelas?

6. ¿Cuáles son las razones que tienen las personas por querer que sus hijos tengan una educación?
7. ¿Cómo puede el docente nuevo informarse sobre la comunidad en que está enseñando?

Ejercicio 3   Give and support your opinions on the following.
1. ¿Se deben permitir las oraciones en la escuela o no?
2. ¿Se deben permitir subvenciones gubernamentales a las escuelas parroquiales o no?
3. ¿Se debe enseñar la teoría de evolución de Darwin en las clases de ciencia o no?
4. ¿Se debe enseñar la educación sexual en la escuela o no?
5. ¿La comunidad debe determinar los libros que son apropiados para la biblioteca escolar o no?

Capítulo 19
MOTIVACION

Todo el mundo reconoce la importancia de la motivación en el aprendizaje. Lo difícil es reconocer los factores que motivan al individuo. Es difícil porque es personal e individual.

Pavlov, Thorndike y Skinner

Ivan Petrovich Pavlov (1849-1936), gran fisiólogo ruso, descubrió el condicionamiento respondiente o condicionamiento pavloviano. Pavlov descubrió que los animales salivaban ante estímulos diferentes a la comida. Cuando se sonaba una campana y en seguida se les daba a los perros comida, salivaban. Los perros se acostumbraban a oír la campana y después a recibir comida. Luego, cada vez que sonaba la campana, salivaban, aunque no hubiera comida.

Edward Lee Thorndike, norteamericano y contemporáneo de Pavlov, observaba gatos[1] para determinar como resolvían problemas. Los ponía en «cajas de problemas»[2] de las que podían salir solamente si ejecutaban alguna acción específica. Según Thorndike, los animales y los humanos resolvían problemas por medio del proceso de «ensayo y error». El animal o la persona ensaya varias respuestas. Las respuestas que resultan en el éxito se hacen con más frecuencia. Las respuestas sin éxito van desapareciendo. El placer que trae el éxito es una influencia importantísima en el aprendizaje.

El psicólogo norteamericano, B.F. Skinner (1904-   ), experimentó con ratas y pichones[3] para probar la teoría del condicionamiento operante. En los experimentos, los animales aprendían a ejecutar una acción para recibir alimento[4], picar una tecla[5] o presionar una palanca[6], por ejemplo. Las investigaciones de Skinner sirvieron de base para la «modificación de conducta». Las investigaciones de estos científicos demostraron que el potencial que tienen las personas para satisfacer sus necesidades es estimulado por las cosas y las condiciones que se encuentran en su alrededor[7]. Estos principios de la conducta humana tienen mucho que contribuir a la pedagogía por lo que nos dicen sobre la motivación.

La teoría de Maslow

Abraham H. Maslow desarrolló una teoría de la motivación basada en una jerarquía de necesidades humanas. En la pirámide de necesidades, las más básicas aparecen abajo.

---

[1]*cats* [2]*mazes* [3]*pigeons* [4]*food* [5]*key, note* [6]*lever* [7]*surroundings*

Según Maslow, hay que satisfacer las necesidades básicas antes de tratar de satisfacer las otras. (Sería interesante para el futuro docente pensar en cuáles de las «necesidades de Maslow» le motivan a ser docente y cómo serán satisfechas por su profesión.)

Factores que contribuyen a la motivación

El logro, la afiliación y la influencia D.C. McClelland y otros han propuesto[8] que la gente se motiva por tres fines: el logro, la afiliación y la influencia. En el salón de clase el deseo del logro se ve en el estudiante que se esfuerza por dominar alguna materia. El motivo de afiliación se ve en el deseo de aceptación tanto por los otros estudiantes como por los docentes. El motivo de influencia se ve en el deseo del estudiante de tener algún control sobre el proceso de su propio aprendizaje. Aunque todas estas motivaciones son importantes e influyen en el aprendizaje, la más importante es el motivo de logro.

Las actitudes y acciones de los padres Hay otros factores que contribuyen a la motivación. Varios estudios indican que los padres y su forma de criar a sus hijos influyen mucho en la motivación. Los padres que animan a sus hijos a experimentar y a exponerse a nuevas experiencias, que les elogian cuando hacen algo muy bien, crean en sus hijos un deseo de superarse y valerse de oportunidades. Los padres que protegen demasiado a sus hijos, que no les permiten independizarse, que los castigan por cualquier defecto, les quitan a sus hijos la motivación para el logro. Aunque las actitudes y acciones de los padres influyen mucho en la motivación de los niños, no son definitivas.

Las causas del éxito y fracaso También tiene mucha importancia la forma en que los individuos perciben e interpretan las causas de sus éxitos y fracasos. Según Bernard Weiner, hay cuatro causas del éxito y del fracaso. Estas son: la habilidad, el esfuerzo, la suerte y la dificultad de la tarea. Hay una relación entre la percepción e interpretación de las causas del éxito y del fracaso y el nivel de

---

[8]*proposed*

motivación. Las personas con un alto nivel de motivación tienden a atribuir su éxito a su propia habilidad y el fracaso a una falta de esfuerzo. Pero aquellas personas con poca motivación tienden a culpar su falta de habilidad por el fracaso y atribuir el éxito a la suerte.

Factores motivadores en el salón de clase

El respeto, interés y criterios altos de logro Un ambiente caracterizado por el respeto mutuo, un interés por el individuo y unos criterios altos de logro afecta la motivación de forma positiva. Si volvemos a la teoría de Maslow, recordamos que las necesidades básicas tienen que satisfacerse primero. El niño que sufre de hambre[9], de falta de cariño en el hogar, y de otras desventajas será difícil de motivar. Hay que reconocer aquellos factores sobre los que no tiene control el docente. Más importante es enfocar en aquellas áreas donde el docente puede efectuar el cambio. El nivel de preocupación que tiene el educando por el logro es importante. Si el alumno considera la tarea demasiado fácil, o su propio esfuerzo satisfactorio, entonces tendrá poco interés en hacer más. Si la tarea es demasiado difícil y frustrante, entonces el alumno perderá interés. El docente debe tratar de presentar tareas y actividades que requieran atención y concentración sin ser extremadamente difíciles.

El ambiente afectivo El ambiente afectivo influye en la motivación. Si el ambiente es ameno[10] y placentero, los alumnos responderán positivamente. El docente es el que establece el ambiente afectivo. El éxito produce el placer[11]. Pero el éxito tiene que ser significativo. El placer del éxito está relacionado con la dificultad de la tarea. Hacer bien algo demasiado fácil da poca satisfacción. Los buenos docentes saben equilibrar la dificultad de la tarea con la habilidad del educando.

El nivel de interés El nivel de interés de una tarea contribuye a la motivación. Cuando es posible se debe tratar de relacionar la materia con la realidad de los alumnos, de usar ejemplos de su propia experiencia. Los educandos quieren y necesitan saber si su progreso es satisfactorio o no. No es justo que tengan que esperar hasta recibir sus notas finales. La evaluación y la información deben ser frecuentes y detalladas.

La afiliación y la influencia La afiliación y la influencia son factores motivadores. El docente puede fomentar un sentido de grupo, de unidad. Por ejemplo, el docente puede hacer que los alumnos conozcan los nombres de todos los miembros de la clase. Debe asegurar que todos los alumnos se sienten parte del grupo y que el grupo entero comparte los mismos objetivos. Los educandos deben sentir que colaboran en la toma de decisiones que afectan el aprendizaje. El docente puede consultar e incluir a los educandos en la planificación.

La motivación no es innata ni hereditaria. Influyen en su desarrollo el ambiente natural y social y las experiencias que se reciben en el hogar y en la comunidad, de la que la escuela forma parte, una parte de crítica importancia.

---

[9]*hunger*   [10]*pleasant, agreeable*   [11]*pleasure*

ESTUDIO DE PALABRAS

Ejercicio 1   Study the following cognates that appear in this chapter.

la motivación	el defecto	motivar
el factor	la actitud	salivar
el condicionamiento	la percepción	resolver
el estímulo	la interpretación	ejecutar
la acción	el respeto	desaparecer
la influencia	la atención	demostrar
el experimento	la concentración	satisfacer
la investigación	el progreso	contribuir
el científico	el grupo	animar
el potencial	la modificación	exponer
la necesidad		proteger
la conducta	fisiológico	independizarse
la jerarquía	mutuo	percibir
la autorrealización	satisfactorio	interpretar
la estima	innato	atribuir
la aceptación	hereditario	colaborar

Ejercicio 2   Complete each expression with the appropriate word(s).

1. motivational factors — los _____ motivadores
2. conditioned response — el _____ respondiente
3. operant conditioning — el _____ operante
4. behavior modification — la _____ de conducta
5. human behavior — la conducta _____
6. human needs — las necesidades _____
7. basic needs — las necesidades _____
8. learning process — el _____ de aprendizaje
9. success motive — el _____ de logro
10. satisfactory effort — el esfuerzo _____
11. satisfactory progress — el _____ satisfactorio
12. feeling of group — un sentido de _____
13. mutual respect — el _____ mutuo

Ejercicio 3   Match the verbs in Column A with related nouns in Column B.

A	B
1. motivar	a. la ejecución
2. condicionar	b. la exposición
3. estimular	c. la contribución
4. resolver	d. la motivación
5. ejecutar	e. la desaparición
6. desaparecer	f. la satisfacción
7. experimentar	g. el condicionamiento

8. demostrar	h. la percepción
9. satisfacer	i. el estímulo
10. contribuir	j. el ánimo, la animación
11. aceptar	k. el experimento
12. animar	l. la demostración
13. exponer	m. la protección
14. proteger	n. la aceptación
15. percibir	o. la resolución

Ejercicio 4   Select the appropriate word(s) to complete each statement.
1. El científico _____ mucho.
   a. experimenta   b. interpreta   c. percibe
2. Es necesario _____ las necesidades básicas primero.
   a. desaparecer   b. satisfacer   c. analizar
3. El tiene que aprender a _____ su logro a sus habilidades.
   a. atribuir   b. resolver   c. condicionar
4. El niño necesita un _____ que le motive.
   a. experimento   b. factor   c. estímulo
5. El progreso que está haciendo es _____.
   a. hereditario   b. mutuo   c. satisfactorio
6. El deseo del logro es un factor _____.
   a. innato   b. motivador   c. fisiológico

Ejercicio 5   Match the word in Column A with its definition in Column B.

A	B
1. la conducta	a. dar vida, fuerza y vigor
2. la estima	b. el respeto, el aprecio, la consideración
3. el control	c. recíproco
4. innato	d. el comportamiento
5. animar	e. la sensación o impresión interior
6. el potencial	f. la disciplina
7. mutuo	g. la capacidad
8. la percepción	h. congénito, natural

Ejercicio 6   Match the English word or expression in Column A with its Spanish equivalent in Column B.

A	B
1. learning	a. el esfuerzo
2. trial and error	b. la respuesta
3. answer	c. la seguridad
4. success	d. el amor
5. love	e. el cariño
6. security	f. el fracaso
7. belonging	g. el aprendizaje

8. failure
9. effort
10. affection
11. luck

h. el éxito, el logro
i. ensayo y error
j. la suerte
k. la afiliación

Ejercicio 7   Complete each statement with the appropriate word(s).
1. Es mejor tener buena _____ que mala _____.
2. Los padres siempre deben mostrarles _____ a sus niños.
3. El deseo de _____ es el deseo de pertenecer a un grupo, es decir, ser miembro de un grupo.
4. El deseo del _____ es un factor motivador importantísimo.
5. Hay que dar una _____ a la pregunta (cuestión).
6. Es difícil que el _____ tenga lugar sin motivación.
7. Lo contrario de «éxito» es «_____».
8. Hay que hacer un _____ si uno quiere tener éxito.
9. Ellos se quieren mucho. Su _____ es muy profundo.

Ejercicio 8   Match the English word or expression in Column A with its Spanish equivalent in Column B.

A	B
1. bell	a. la tarea
2. task	b. la nota
3. lack of effort	c. la campana
4. affective domain	d. el ambiente afectivo
5. grade, mark	e. la falta de esfuerzo

Ejercicio 9   Complete each statement with the appropriate word(s).
1. En las escuelas de los Estados Unidos, una «A» es una _____ muy alta, muy buena.
2. Su bajo nivel de rendimiento se debe a una _____.
3. Una _____ demasiado fácil no le motiva al educando.
4. Suena la _____ para indicar que ha terminado la clase.

Ejercicio 10   Match the English word or expression in Column A with its Spanish equivalent in Column B.

A	B
1. to ring	a. superarse
2. to rear, raise	b. compartir
3. to praise	c. castigar
4. to excel	d. sonar
5. to make use of	e. culpar
6. to punish	f. criar
7. to blame	g. valerse de
8. to bring about changes	h. elogiar
9. to share	i. efectuar cambios

Ejercicio 11 Match the verbs in Column A with related nouns in Column B.

A   B

1. culpar   a. el castigo
2. castigar   b. la cría
3. elogiar   c. la culpa
4. criar   d. el sonido
5. sonar   e. el elogio

Ejercicio 12 Complete each statement with the appropriate word(s).
1. La campana va a _____ cuando termina la clase.
2. Le va a _____ si su conducta sigue siendo mala.
3. Hay que _____ lo que tenemos con los otros.
4. Hay que hacer un esfuerzo para _____ cambios.
5. El científico tiene que _____ de muchos instrumentos.
6. Es aconsejable _____ a los niños cuando hacen algo bueno.
7. No es fácil _____ a los niños en la sociedad moderna.
8. El tiene unos criterios altos de logro. Siempre quiere _____.

COMPRENSION

Ejercicio 1 True or false?
1. El placer que trae el éxito es una influencia importantísima en el aprendizaje.
2. El psicólogo B.F. Skinner experimentó con perros para probar la teoría del condicionamiento operante.
3. Las investigaciones de Skinner sirvieron de base para la «modificación de conducta».
4. La manera en que los padres crían a sus hijos influye mucho en la motivación que tienen los hijos.
5. También influyen en la motivación la percepción y la interpretación que tienen los individuos de las causas de sus éxitos y fracasos.
6. Si el niño considera la tarea muy fácil, siempre tendrá más interés en la tarea.
7. El éxito produce el placer.
8. El nivel de interés en una tarea contribuye mucho a la motivación.
9. No es necesario hacer una evaluación frecuente del logro del niño.
10. La motivación es innata.

Ejercicio 2 Answer.
1. ¿Por qué es difícil reconocer los factores que motivan al individuo?
2. ¿Cuál es otro término que se usa para describir el condicionamiento pavloviano?
3. ¿Cuándo salivaban los perros en los experimentos de Pavlov?
4. Cuando no había comida, ¿qué hacían los perros?

5. Según Thorndike, ¿cómo resuelven problemas los humanos y los animales?
6. Según Maslow, ¿cuántos niveles hay en la jerarquía de las necesidades humanas?
7. ¿Cuáles son las necesidades más básicas?
8. ¿Y cuáles son las más altas?
9. ¿Por qué es importante la teoría de Maslow para los docentes?
10. ¿Qué tipo de padres les quitan a sus hijos la motivación para el logro?
11. ¿A qué atribuyen su éxito las personas con un alto nivel de motivación?
12. ¿A qué atribuyen sus fracasos?
13. Las personas con poca motivación, ¿a qué atribuyen su éxito? ¿Y su fracaso?
14. ¿Qué tipo de ambiente afecta la motivación de forma positiva?

Ejercicio 3   Follow the directions.
1. Prepare Ud. una lista de los factores que contribuyen a la motivación.
2. Prepare Ud. una lista de las cuatro causas del éxito y del fracaso según Weiner.
3. Explique la importancia que tiene la teoría de Maslow para el docente en el salón de clase.
4. Explique el significado de la frase «el éxito tiene que ser significativo».

Capítulo 20
METODOLOGIA

¿Cómo enseñar? ¿Quién no se acuerda del docente, expertísimo en su materia, que era, no obstante, pésimo[1] maestro? Dominar la materia es necesario pero no suficiente para ser docente competente. Hay que saber transmitir esa información, esos conocimientos, hábil y eficazmente. La idea de «método» implica el orden, un sistema. Cuando se habla de «técnicas» se refiere a una serie de actividades que se llevan a cabo dentro de un sistema que es el método, o la «metodología».

Teoría del conocimiento

John Dewey (1859-1952) consideró que las pautas eran las mismas para los métodos de enseñar, los métodos de aprender y los métodos de pensar. Primero es la percepción de las cosas reales y separadas. Luego, por medio de la abstracción, el conocimiento cambia las percepciones en ideas y proposiciones. Una teoría instrumentalista del conocimiento enfatiza los esfuerzos del educando por predecir lo que le sacará de alguna dificultad. Una teoría realista del conocimiento enfatiza la obtención de conceptos exactos y la determinación de las relaciones exactas entre los conceptos. Es obvio que los «instrumentalistas» y los «realistas» emplearían metodologías que más se adecuan a la teoría que defienden.

Algunos métodos tradicionales

Método socrático Se sigue usando hoy en las facultades de derecho[2]. Es el método que empleaba Sócrates en la antigua Grecia. Se hacen preguntas sobre diversas cuestiones para poder llegar a una formulación general, por medio de la inducción.

Discusión Este método viene de la Edad Media. Los educandos aprendían de memoria los escritos[3] de las autoridades y discutían las relaciones lógicas o deductivas entre ciertas proposiciones en ética, epistemología y teología.

Memorización Durante siglos y todavía en algunas partes del mundo la enseñanza es exclusivamente por medio de la memorización. Los niños repiten versos, fórmulas, reglas hasta memorizarlos. Hacen lo mismo con material impreso. Hay algunas cosas, pocas, que sí hay que aprender de memoria, como las tablas de multiplicar y el alfabeto.

---

[1]*worst* [2]*law schools* [3]*writings*

Método de conferencias El profesor habla. Presenta la información en forma verbal. Los estudiantes, en grupo, escuchan y toman apuntes. El buen conferencista puede proveer información que le tomaría al educando mucho tiempo aprender de otra forma. La conferencia es de poco valor si no es más que la repetición de un material impreso. De todos modos, no es un método recomendable para alumnos jóvenes.

Método de presentación

Este método consiste en cuatro fases para la presentación de información: (1) presentación de los objetivos, (2) presentación de un «organizador previo», (3) presentación de los materiales para aprender, (4) extensión y refuerzo de la comprensión del educando por medio de las interacciones alumno/alumno y docente/alumno.

Conocimientos declarativos El método de presentación se dirige a la adquisición de lo que se llama «conocimientos declarativos». Ellen Gagné diferenció entre dos tipos de conocimiento: conocimiento declarativo y conocimiento de procedimiento. El primero se refiere al conocimiento de hechos, de lo que es algo. El segundo se refiere al conocimiento de cómo hacer algo. Si en una clase se le enseña al alumno el funcionamiento del motor de reacción[4], se trata de conocimiento declarativo. Si al estudiante se le pone al mando de[5] un avión y se le enseña a volar[6], es conocimiento de procedimiento. Cada tipo de conocimiento requiere su propia metodología.

Para que el método de presentación sea efectivo, el docente debe seleccionar el contenido y preparar los «organizadores previos» de acuerdo con lo que ya saben los educandos. Debe presentar los «organizadores previos» y los materiales claramente y con entusiasmo. Después de presentar y reforzar las presentaciones debe evaluar el logro de los educandos.

Método de dominio

El método de dominio es útil para enseñar conocimientos de procedimiento. Esta metodología tuvo su origen en los análisis de sistemas. En el campo de la educación se aplica el análisis de sistemas para dividir una destreza o habilidad compleja en las partes componentes, más fáciles de enseñar. Este método se aplica especialmente a la enseñanza de las destrezas básicas: a la lectura, la escritura y la aritmética. Las fases típicas de este método son: (1) presentación de los objetivos, (2) demostración paso por paso, (3) práctica bajo supervisión, (4) prueba de la comprensión y «retroalimentación», (5) práctica abundante y oportunidad de aplicar la habilidad en circunstancias más complejas.

Conocimientos de procedimiento El método de dominio se emplea para fomentar el dominio de destrezas, habilidades y conocimientos que se pueden definir y enseñar paso por paso. Es importante que el docente prepare los

---

[4]*jet engine* [5]*in control of* [6]*to fly*

objetivos y los análisis de tareas con sumo cuidado. El docente tiene que mostrar y modelar conductas precisas y proveer mucha oportunidad para la práctica. La monitoria y la «retroalimentación» son también muy importantes. Esta metodología se ha aplicado mucho en las fuerzas armadas para la preparación de personal técnico.

Método de aprendizaje cooperativo

Esta metodología se ha popularizado mucho en años recientes. John Dewey, con su filosofía de proceso democrático, sirvió de inspiración para el método. Según Dewey, lo que la persona aprende no puede desprenderse de la forma en que lo aprende. Dewey insistía en la experiencia como esencial en el aprendizaje y animó a los docentes a involucrar[7] a los educandos en las lecciones. Típicamente, el docente presenta un problema motivador a sus alumnos. Los alumnos reaccionan ante el problema y comparan sus reacciones. El docente y los educandos juntos determinan cómo se debe investigar y estudiar el problema. Se dividen en grupos pequeños para buscar una solución. Cuando todos los grupos han terminado su estudio, se reúnen para compartir los resultados. Las características del método son: (1) el trabajo de equipo para dominar el material, (2) la formación de grupos heterogéneos tanto en habilidad como de sexo y raza y (3) el reconocimiento del logro de grupo y no de individuo.

Las materias y las metodologías

Cada materia también tiene sus propias metodologías. En las lenguas extranjeras hay un método de «gramática y traducción», donde el énfasis es en el dominio de las formas gramaticales; un método «directo», donde se usa exclusivamente la lengua extranjera y se aprende por el contexto y el dramatismo; un método «audiolingual» basado en la formación de hábitos por medio de la modelación y repetición de patrones gramaticales; un método «natural» que hace hincapié[8] en la forma en que los niños «adquieren» el lenguaje; y una metodología «ecléctica» que no es más que la libertad de escoger cualquier cosa de cualquier método.

En todas las disciplinas hay métodos que surgen y desaparecen[9]. Lo importante es reconocer que no existe una metodología perfecta para cada docente. Todavía hay algo de «arte» en la enseñanza, algo personal. El docente experimenta, toma de cada método lo que sabe que es válido, eficaz y apropiado para sus objetivos, su personalidad y su manera de ser. Aunque sea perogrullada[10], hay que reconocer que el mejor método es el que le sirve y da buen resultado al docente que lo emplea.

---

[7]*to involve*   [8]*stresses*   [9]*come and go*   [10]*obvious truth, a commonplace*

ESTUDIO DE PALABRAS

Ejercicio 1 Study the following cognates that appear in this chapter.

la metodología	el objetivo	instrumentalista
el método	la presentación	exacto
el orden	la interacción	lógico
el sistema	la adquisición	deductivo
la técnica	el procedimiento	declarativo
la actividad	el funcionamiento	efectivo
la percepción	el análisis	básico
la abstracción	el sistema	cooperativo
la teoría	la fase	esencial
la idea	la práctica	ecléctico
la proposición	la supervisión	válido
el concepto	la monitoria	
la cuestión	la solución	transmitir
la formulación	el contexto	defender
la inducción	el hábito	discutir
la discusión	el resultado	repetir
la fórmula		memorizar
el material	competente	multiplicar
la tabla	real	modelar
el alfabeto	realista	reaccionar

Ejercicio 2 Complete each expression with the appropriate word(s).

1. theory of knowledge   la _____ del conocimiento
2. teaching method   un _____ de enseñar
3. printed material   el _____ impreso
4. multiplication table   la _____ de multiplicar
5. teaching technique   una _____ de enseñar
6. declarative knowledge   los conocimientos _____
7. procedural knowledge   los conocimientos de _____
8. method of presentation   el método de _____
9. mastery method   el _____ de dominio
10. systems analysis   el _____ de sistemas
11. component parts   las partes _____
12. teaching of basic skills   la enseñanza de destrezas

    _____

13. supervised practice   la _____ bajo supervisión
14. cooperative learning   el aprendizaje _____

Ejercicio 3   Select the appropriate word(s) to complete each statement.
1. El mejor método es el que da buen _____.
   a. sistema   b. concepto   c. resultado
2. El buen docente tiene que saber cómo _____ y transferir información.
   a. repetir   b. formular   c. presentar
3. Un método es _____.
   a. un sistema   b. una técnica   c. una discusión
4. Las técnicas son una _____ de actividades conforme a una metodología.
   a. solución   b. fase   c. serie
5. No es raro que el investigador tenga que _____ su opinión o teoría.
   a. defender   b. supervisar   c. memorizar
6. Una metodología _____ toma técnicas de diversos métodos.
   a. ecléctica   b. deductiva   c. cooperativa
7. El docente debe presentar los _____ de la lección.
   a. resultados   b. objetivos   c. análisis
8. El docente _____ es el que domina su materia y la enseña bien.
   a. educativo   b. competente   c. válido

Ejercicio 4   Match the word in Column A with its definition in Column B.

A	B
1. el funcionamiento	a. preciso
2. esencial	b. la exposición del asunto
3. la proposición	c. aprender de memoria
4. efectivo	d. el uso, la ejecución
5. exacto	e. el gol, la meta
6. el objetivo	f. necesario
7. la fase	g. que hace lo que debe hacer
8. memorizar	h. la etapa

Ejercicio 5   Match the English word or expression in Column A with its Spanish equivalent in Column B.

A	B
1. knowledge	a. el esfuerzo
2. rule, guideline	b. el hecho
3. effort	c. el refuerzo
4. attainment, obtaining	d. los conocimientos
5. memorization	e. el contenido
6. lecture	f. el trabajo de equipo
7. lecturer	g. la pauta
8. reinforcement	h. el patrón
9. understanding	i. la conferencia
10. content	j. el conferencista
11. fact	k. el dominio

12. mastery
13. pattern
14. teamwork, group work
15. feedback
16. rote learning

l. la comprensión
m. la obtención
n. la memorización
o. el aprendizaje de memoria
p. la retroalimentación

Ejercicio 6   Complete each statement with the appropriate word(s).
1. Si el alumno quiere recibir una nota más alta en matemáticas, tendrá que hacer más _____.
2. Es importante que el docente tenga un _____ de la materia que enseña.
3. Para algunos educandos la _____ de _____ en el curso de historia no es una tarea fácil.
4. La presentación y luego el _____ son etapas importantes en el proceso de aprendizaje.
5. El _____ del curso dicta lo que aprenden los alumnos.
6. El profesor va a dar (pronunciar) una _____ sobre el arte moderno.
7. La doctora Valdés es una _____ interesante. No se aburre nadie cuando ella habla.
8. El _____ reconoce el logro del grupo, no el del individuo.
9. Al aprender una lengua extranjera, es necesario aprender algunos _____ gramaticales.
10. Una _____ es lo que sirve de regla, norma o modelo para hacer algo.

Ejercicio 7   Match the verbs in Column A with related nouns in Column B.

A	B
1. conocer	a. el dominio
2. obtener	b. el refuerzo
3. contener	c. la obtención
4. dominar	d. la comprensión
5. comprender	e. el conocimiento
6. reforzar	f. el contenido

Ejercicio 8   Match the English word or expression in Column A with its Spanish equivalent in Column B.

A	B
1. to think	a. tomar apuntes
2. to predict	b. adecuarse
3. to be suitable, fitting	c. complejo
4. to take notes	d. pensar
5. to apply	e. paso a paso
6. step by step	f. predecir
7. complex	g. aplicar

Ejercicio 9   Complete each statement with the appropriate word(s).
1. Los estudiantes _____ durante la conferencia del profesor.
2. Hay que _____ la teoría a la realidad.
3. Para saber cómo hacerlo hay que aprender el procedimiento _____ a
_____.
4. Para desarrollar las destrezas de nivel superior los alumnos tienen que
_____ críticamente.
5. Tiene que tratar de _____ lo que pasará en el futuro.
6. No es nada fácil. Es una situación bastante _____.

COMPRENSION

Ejercicio 1   Answer.
1. Para ser un buen maestro, ¿por qué no es suficiente dominar la materia
solamente?
2. ¿Cuál es la diferencia entre un «método» y una «técnica»?
3. ¿Qué enfatiza una teoría instrumentalista del conocimiento? ¿Y una teoría
realista?
4. ¿Cuál es la diferencia entre el conocimiento declarativo y el conocimiento
de procedimiento?
5. ¿Hay diferentes metodologías para diferentes materias en el currículo?
6. ¿Cuál es el mejor método?

Ejercicio 2   Identify the method being described.
1. Se aprende mucho de memoria.
2. Se hacen preguntas sobre diversas cuestiones para poder llegar a una
formulación general.
3. Se toma un poco de cada metodología.
4. El profesor habla y los estudiantes toman apuntes.
5. Se divide una destreza compleja en sus partes componentes.

Ejercicio 3   Follow the directions.
1. Prepare Ud. una lista de cuatro fases posibles para la presentación de
información.
2. Dé un ejemplo de conocimiento declarativo.
3. Dé un ejemplo de conocimiento de procedimiento.
4. Dé las cuatro fases típicas del método de dominio.
5. Describa el método de aprendizaje cooperativo.

Capítulo 21
CUESTIONES «PALPITANTES»

En el capítulo 18 se vió los «problemas» que salieron a la luz en las encuestas de Gallup. Durante los últimos años ha habido una serie de temas educacionales que han sido estudiados y comentados por el público, por los medios de comunicación masiva y por los profesionales de la educación. Ya se han tratado tres de estos temas, que son la educación bilingüe, la educación multicultural y el desarrollo de las destrezas de pensamiento crítico.

Las drogas

En la mente del público las drogas ocupan el primer lugar entre los problemas. Según la mayoría de los estudios que se han hecho recientemente, el uso de las drogas prohibidas ha disminuido entre los jóvenes de la clase media. La cocaína y la marihuana o «yerba» no parecen ser tan atractivas como eran hace unos quince años. En 1980 el 51% de los estudiantes indicaron que fumaban marihuana; en 1990 sólo el 33%. La droga de preferencia, para ellos, es el alcohol. Los casos de embriaguez entre muchachos hasta de 11 o 12 años son cada vez más frecuentes, incluso dentro de las mismas escuelas. En las ciudades, en los barrios pobres, el «crac», un derivado de la cocaína, es un grave problema. No sólo lo usan los muchachos de edad escolar, muchos también se dedican a la venta[1] de la droga. Como son menores de edad, si la policía los aprehende, el castigo es mínimo. Ha habido casos de muchachitos «caballos» o transportadores de droga[2] que viajan desde Nueva York a Búfalo, por ejemplo, para entregar su mercancía[3]. En las escuelas metropolitanas los maestros se quejan de los jóvenes que se duermen en clase por efecto de la droga.

El crimen

Muy estrechamente ligada con el problema de las drogas está el problema del crimen, del crimen violento. En muchas ciudades en las puertas de las escuelas hay policías juntos con máquinas detectores de metal, como las que hay en los aeropuertos para detectar la presencia de armas de fuego[4]. El número de jóvenes muertos a balazos[5] en los pasillos de las escuelas superiores es un escándalo nacional. Los muchachos se han matado[6] por un simple par de anteojos de sol[7].

---

[1]sale [2]drug traffickers [3]merchandise [4]firearms [5]shot to death by bullet wounds
[6]were killed [7]sunglasses

Los docentes no se han escapado de la violencia tampoco. Los asaltos contra docentes son frecuentes. Muchos docentes cierran las puertas de sus salones con llave para que no entren delincuentes de afuera. Los sindicatos de maestros abogan por mayor seguridad física para sus afiliados.

La diversidad étnica y racial

El 17 de mayo de 1954 la Corte Suprema de los EE.UU. falló[8] en el caso de Brown v. Board of Education de Topeka (estado de Kansas). La Corte, en una decisión unánime, declaró ilegal la segregación racial en las escuelas públicas de la nación. Durante los próximos diez años las barreras de la segregación iban tumbando de estado en estado, en la educación primaria, secundaria y universitaria. Lo que desapareció fue la segregación «de jure», la segregación por ley. Lo que no se pudo eliminar fue la segregación «de facto». Porque los sistemas escolares se basan en la comunidad y las comunidades tienden a ser, frecuentemente, homogéneas, las escuelas también son homogéneas. En Wáshington, D.C. hay escuelas con una población casi exclusivamente negra. Hay escuelas en Texas y California con un estudiantado exclusivamente hispano. Hay escuelas en los suburbios ricos donde todos los alumnos son blancos.

Se ha tratado de obtener un equilibrio racial por medio del transporte de alumnos de una escuela a otra dentro de una ciudad o condado. «Busing», o el transporte por bus para obtener la diversidad racial, es uno de los temas más polémicos en la educación. Los oponentes creen injusto que sus hijos tengan que viajar lejos de su comunidad cuando hay una escuela muy cerca. También se quejan, y muchas veces con razón, que la calidad de la educación en las áreas pobres es inferior a la calidad de las escuelas locales. Los que están a favor dicen que es importante que los niños aprendan a convivir con otros para que haya armonía en el futuro.

La equidad educativa

Las comunidades locales pagan aproximadamente la mitad del costo de la educación pública. En algunos estados es mucho más. Por consiguiente, las comunidades ricas dedican mucho más dinero a la educación que las pobres. Lo mismo ocurre a nivel de estado. En 1988 el salario promedio para los docentes en Dakota del Sur era $19.750. En Alaska era $40.424, en Misisipí era $20.669, en Connecticut era $33.515. El indicador más usado es el costo por alumno. En un mismo estado puede haber una disparidad dramática en el costo por alumno de un distrito a otro. En Nueva Jersey, el estado ha tratado de nivelar los costos de un distrito a otro con una redistribución de los fondos estatales. Esto creó una rebelión en las comunidades más ricas, que se opusieron a perder fondos estatales a favor de los distritos pobres. En los países hispanos esta situación no puede ocurrir porque los sistemas educativos son nacionales y los salarios, materiales y otros recursos, por buenos o malos que sean, son los mismos para todas las escuelas del país.

---

[8]*ruled*

La acreditación y certificación de docentes

Casi siempre son los estados individuales quienes determinan los criterios para la certificación de docentes. En muchos casos sólo se requiere que el candidato reciba un título de docente de una universidad acreditada. Hoy, respondiendo a la preocupación por la calidad de la educación, los estados están considerando otros criterios. Se ha pensado en unos exámenes nacionales para docentes y una «certificación nacional». En 1986 el Carnegie Forum on Education and the Economy recomendó el establecimiento de un National Board for Professional Teaching Standards. Esta entidad «establecería criterios exigentes en cuanto a lo que deben saber y deben poder hacer los docentes, y certificará a los docentes que cumplan con los criterios». La junta emitiría dos certificados, uno para los docentes al comenzar su carrera y el otro para los que cumplen con unos criterios más exigentes. La junta funcionaría de manera similar a las juntas profesionales en otros campos, como la medicina, el derecho[9] y la arquitectura. La junta se compondría de personas elegidas por poseedores de los certificados.

Algunos educadores, aunque apoyan[10] la idea de criterios estrictos, creen que un sistema como éste podría limitar la libertad y la creatividad de los docentes, que habría una tendencia hacia la uniformidad. También hay quienes creen que la certificación inicial, de cualquier tipo, es irrelevante, especialmente cuando se trata de maestros de secundaria. Según ellos, lo más importante es que el docente domine la materia que va a enseñar. El «arte» de enseñar se aprenderá en el campo de la práctica. En algunos estados se está permitiendo que las personas con un título universitario, sobre todo en áreas donde escasean[11] docentes, las matemáticas y las ciencias, por ejemplo, enseñen sin haber tomado cursos de pedagogía. Se les obliga a tomar algunos cursos pedagógicos mientras estén ejerciendo la profesión. Muchos educadores se oponen porque creen que la preparación «profesional» es muy importante para poder ser buen maestro.

Los exámenes normalizados

Los exámenes normalizados tienen una larga historia en los EE.UU. Las universidades y los programas de posgrado los usan para la selección de estudiantes. Se usan también para otorgar becas. Varios grupos se oponen al uso de estos exámenes y quieren eliminarlos. Según ellos, el contenido de los exámenes se basa en una cultura de clase media y es, por consiguiente, injusto para estudiantes de grupos minoritarios. También dicen que discriminan contra mujeres. Otros críticos dicen que los exámenes no miden cualidades importantes como la creatividad, la bondad y el deseo de servir. Los que apoyan el uso de los exámenes indican que en el pasado la selección de estudiantes se basaba en el status social y la categoría de la escuela preparatoria a la que asistían. Los exámenes, en lugar de ser elitistas, sirven un propósito democrático, presentando las mismas tareas y los mismos criterios a todos los examinandos. Además, dicen ellos, no se puede confiar[12] demasiado en las notas que reciben los estudiantes de

---

[9]*law* [10]*support* [11]*are scarce* [12]*rely on, trust*

las escuelas secundarias ya que las escuelas varían tanto en calidad que una «A» o sobresaliente de una escuela podría ser una «C» o aprobado en otra.

La deserción escolar

Un problema sumamente preocupante es la tasa de deserción escolar. En los EE.UU. 3 de cada 10 alumnos abandonan la escuela antes de terminar la secundaria. Para grupos minoritarios en centros urbanos se calcula que la tasa de deserción puede llegar hasta el 60%. Todos los indicadores muestran que los muchachos que abandonan la escuela ganan menos dinero y son más propensos[13] a tener problemas sociales en su vida futura.

Las mayores causas de la deserción son: (1) el atraso en los estudios, el bajo logro académico, (2) el disgusto con la escuela, (3) la expulsión de la escuela, (4) el deseo de trabajar y ganar dinero, (5) la pobreza, (6) las responsabilidades en el hogar y (7) el embarazo y el matrimonio.

---

[13]*more apt to, more inclined*

ESTUDIO DE PALABRAS

Ejercicio 1   Study the following cognates that appear in this chapter.

el tema	el costo	crítico
la comunicación	el salario	prohibido
la educación	la disparidad	mínimo
la droga	la redistribución	violento
la preferencia	los fondos	detector
el alcohol	la acreditación	racial
el crimen	el examen	unánime
el policía	la certificación	ilegal
el metal	la calidad	injusto
las armas	el establecimiento	acreditado
el escándalo	la tendencia	nacional
la violencia	la uniformidad	profesional
el asalto	el curso	elitista
el delincuente	el centro	urbano
la diversidad	el indicador	
la segregación	la explusión	disminuir
el caso	la responsabilidad	aprehender
la corte	el suburbio	detectar
la decisión	el matrimonio	eliminar
el balance		oponer
el oponente	bilingüe	discriminar
la armonía	multicultural	

Ejercicio 2   Complete each expression with the appropriate word(s).

1. mass communication	la _____ masiva
2. mass communication media	los medios de _____ masiva
3. bilingual education	la educación _____
4. multicultural education	la _____ multicultural
5. critical thinking	el pensamiento _____
6. drug use	el _____ de las drogas
	el consumo de las _____
7. drug of preference	la droga de _____
8. violent crime	el crimen _____
9. metal detector	el _____ de metal
10. unanimous decision	la decisión _____
11. racial segregation	la segregación _____
12. segregation barriers	las barreras de la _____
13. wealthy suburb	un _____ rico
14. urban center	un centro _____
15. racial balance	el equilibrio _____
16. average salary	el _____ promedio
17. cost per student	el _____ por alumno
18. state funds	los _____ estatales
19. teacher certification	la _____ de docentes
20. accredited university	la universidad _____
21. national teacher exam	el _____ nacional para docentes
22. education courses	los _____ de pedagogía
23. minority group	el grupo _____
24. home responsibilities	las _____ en el hogar

Ejercicio 3   Complete each statement with the appropriate word(s).

1. La marihuana y la cocaína son _____.
2. La _____ de preferencia para muchos es el alcohol.
3. Los policías están encargados de _____ a los delincuentes.
4. El crimen _____ no lleva un castigo mínimo. El asalto, por ejemplo, es un crimen _____.
5. Hay máquinas detectores de _____ para detectar las _____ de fuego.
6. La _____ racial es ilegal. Se trata de establecer un _____ racial en las escuelas.
7. Hay más _____ étnica en los _____ urbanos.
8. El _____ por alumno en las escuelas de los Estados Unidos varía de un distrito a otro.
9. Se ofrecen programas de educación _____ y _____ para los niños en cuyo hogar no se habla inglés.
10. Todos votaron en contra de la ley. Fue una _____ unánime.

Ejercicio 4   Match the verbs in Column A with related nouns in Column B.

A	B
1. oponer	a. el establecimiento
2. aprehender	b. la segregación
3. establecer	c. la preferencia
4. discriminar	d. la detección
5. segregar	e. la discriminación
6. expulsar	f. la aprehensión
7. detectar	g. la expulsión
8. preferir	h. la oposición

Ejercicio 5   Give the opposite of each of the following words.
1. monolingüe
2. máximo
3. la integración
4. permitido
5. aumentar
6. pacífico
7. legal
8. rural

Ejercicio 6   Match the English word or expression in Column A with its Spanish equivalent in Column B.

A	B
1. poll, survey	a. la edad escolar
2. mind	b. menor de edad
3. school age	c. la deserción escolar
4. minor	d. el embarazo
5. drunkenness	e. la encuesta
6. (act of) dropping out of school	f. la pobreza
7. poverty	g. la mente
8. pregnancy	h. la embriaguez

Ejercicio 7   Complete each statement with the appropriate word(s).
1. El _____ entre niñas solteras es un problema en muchas escuelas. Algunas escuelas tienen que proveer cuidado para los niños mientras sus madres asisten a clase.
2. En muchas áreas urbanas hay alumnos cuyas familias están bajo el umbral de _____. Tienen muy poco dinero.
3. Una persona _____ no puede votar en las elecciones nacionales.
4. Los niños _____ tienen que asistir a la escuela.
5. Una _____ sirve para determinar las opiniones de una comunidad o grupo sobre un asunto o problema.

6. La _____ es un problema más serio en las escuelas de nuestras ciudades que en las de los suburbios. En los suburbios hay menos estudiantes que abandonan la escuela.

7. El tomar (ingerir) demasiado alcohol resulta en la _____.

8. Nunca se sabe lo que está pensando él. No se sabe lo que tiene en la _____.

Ejercicio 8 Match the English word or expression in Column A with its Spanish equivalent in Column B.

A	B
1. poor neighborhood	a. la tasa
2. to lock	b. la equidad educativa
3. key	c. medir
4. student body	d. el barrio pobre
5. county	e. emitir
6. educational equity	f. la llave
7. to issue	g. cerrar con llave
8. to measure	h. abandonar la escuela
9. rate	i. el estudiantado
10. to leave (drop out of) school	j. el condado

Ejercicio 9 Give the word or expression being defined.

1. lo contrario de «dejar la puerta abierta»
2. una vecindad cuya población es pobre
3. el conjunto de estudiantes
4. la capacidad de ofrecer fondos iguales para la educación a todos
5. tomar una medida
6. dejar la escuela
7. en lo que se divide un estado
8. dar, manifestar, poner en circulación

COMPRENSION

Ejercicio 1 Select the appropriate word(s) to complete each statement.

1. Segun la mayoría de los estudios recientes, el uso de las drogas prohibidas ha (aumentado/disminuido) entre los jóvenes de la clase media.
2. La marihuana y la cocaína son (más/menos) atractivas.
3. Hoy en día (más/menos) estudiantes están fumando marihuana.
4. Hoy la droga de preferencia entre los jóvenes es (la cocaína/el alcohol).
5. Después del fallo en Brown v. Board of Education, Topeka, desapareció la segregación («de jure»/«de facto»).
6. La deserción escolar es el abandono de la escuela antes de terminar la (secundaria/universidad).

Ejercicio 2   Answer.
1. ¿Qué es el «crac»?
2. ¿Dónde es el uso del «crac» un problema serio?
3. ¿Qué son muchachitos «caballos»?
4. ¿Por qué hay máquinas detectores de metal en las puertas de muchas escuelas?
5. ¿Qué declaró ilegal la Corte Suprema en 1954?
6. ¿Por qué sigue existiendo la segregación «de facto»?
7. ¿De qué se quejan los oponentes del «busing»?
8. ¿Qué es el costo por alumno?
9. ¿Por qué varía el costo por alumno entre distritos escolares?
10. ¿Qué ha tratado de hacer el estado de Nueva Jersey?
11. ¿Quiénes determinan los criterios para la acreditación de docentes?
12. ¿Qué se está permitiendo en algunos estados?
13. ¿Cuáles son algunos usos de los exámenes normalizados?
14. ¿Para quiénes son injustos muchos exámenes normalizados?
15. ¿Por qué es difícil confiar mucho en las notas que reciben los estudiantes de las escuelas secundarias?
16. ¿Cuál es la tasa de deserción escolar en algunos centros urbanos?

Ejercicio 3   Follow the directions.
Prepare Ud. una lista de las causas de la deserción escolar.

USEFUL EXPRESSIONS

The following is a list of expressions frequently used in parent/teacher conferences.

cooperative	**cooperativo(a), servicial, obediente**
uncooperative	**no cooperativo(a), desobediente, reacio(a)**
contributes actively to discussion	**contribuye a la discusión de forma activa**
rarely contributes to the discussion	**rara vez contribuye a la discusión**
responsible	**responsable**
irresponsible	**irresponsable**
energetic	**enérgico(a), activo(a)**
lethargic	**letárgico(a), torpe, sin ánimo**
follows directions well	**sigue bien las instrucciones**
has difficulty following directions	**le es difícil seguir las instrucciones**
well prepared	**bien preparado, listo, diligente**
ill prepared for class	**viene a clase sin prepararse**
submits homework on time	**entrega la tarea a tiempo**
careless about homework	**se despreocupa de la tarea**
has good study skills	**tiene buenas destrezas de estudio**
has poor study skills	**le faltan destrezas de estudio**
has good work habits	**muestra buenos hábitos de trabajo**
has poor work habits	**muestra malos hábitos de trabajo**
is well organized	**está bien organizado**
is poorly organized	**está mal organizado**
shows leadership qualities	**muestra cualidades de liderazgo**
is a follower	**es más bien seguidor que líder**
recognizes own strengths and weaknesses	**reconoce sus propios fuertes y debilidades**
doesn't recognize. . .	**no reconoce …**
asks for help when needed	**pide ayuda cuando es necesario**
doesn't ask for help when needed	**no pide ayuda cuando debe**
reads below (at, above) grade level	**lee a la par del (por debajo del, por encima del) nivel de grado**
is creative	**es creativo(a)**
lacks creativity	**le falta creatividad**
thinks things through	**piensa y razona detenidamente**
is impulsive	**es impulsivo(a), es irreflexivo(a)**
works carefully	**trabaja cuidadosamente**
checks and edits his or her work	**revisa y corrige su trabajo**
works carelessly	**trabaja a la ligera, es descuidado**
rarely or never checks work	**rara vez o nunca corrige su trabajo**

uses time well	**emplea el tiempo eficientemente**
wastes time	**malgasta el tiempo**
is highly motivated	**muestra mucha motivación**
is poorly motivated	**no se ve motivado**
is an independent thinker	**es un pensador independiente**
is easily influenced by others	**se deja influenciar por otros**
completes work on time	**termina su trabajo a tiempo**
tries hard but has hard time meeting class requirements	**se esfuerza, pero le cuesta trabajo alcanzar las metas de la clase**
does not work up to potential	**no trabaja al máximo de su habilidad**
faithful about making up work	**siempre hace todos los deberes o tareas que debe**
fails to make up because of absence	**no cumple con los deberes o tareas que debe por ausencia**
gets along well with others	**se lleva bien con los compañeros**
experiences peer problems	**tiene problemas con los compañeros**
is always on time for class	**siempre llega a clase a tiempo**
is often late for class	**con frecuencia llega tarde a clase**
is alert	**es activo(a), diligente, despierto(a)**
appears to be tired	**se ve cansado(a), con fatiga**
functions well in group activities	**funciona bien en actividades de grupo o equipo**
does not function well . . .	**no funciona bien en actividades…**
has a lively imagination	**tiene un imaginación muy viva**
has trouble thinking of things to write about or do	**le cuesta trabajo pensar en algo que escribir o hacer**
has good fine motor skills	**tiene bien desarrolladas las destrezas motoras finas**
has poor fine motor skills	**no tiene bien desarrolladas las destrezas motoras finas**
respects authority figures	**respeta a las autoridades**
challenges authority	**les desafía a las autoridades**
accepts criticism well	**acepta de buena gana la crítica**
has trouble accepting criticism	**acepta de mala gana la crítica**
keeps a neat notebook	**mantiene su cuaderno muy ordenado**
keeps an untidy notebook	**mantiene su cuaderno muy desordenado**
works efficiently	**trabaja con eficiencia**
has trouble getting started or sticking to a task	**le falta ímpetu para iniciar o cumplir con un trabajo**
works independently	**trabaja independientemente**
lacks independence	**le falta el sentido de independencia**
is confident	**tiene confianza en si mismo(a)**
lacks confidence	**le falta confianza en si mismo(a)**
relates well to others	**se lleva muy bien con otros**
does not relate well to others	**no se lleva bien con otros**
willing to do more than is required	**dispuesto a hacer más de lo que se requiere**
is satisfied with first results	**se complace con los primeros resultados**
takes pride in his or her work	**se enorgullece de su trabajo**
takes little pride in his or her work	**tiene poco orgullo en su trabajo**

enjoys a challenge	**le gusta responder a los desafíos**
avoids a challenge	**no acepta los desafíos**
concentrates well	**se concentra muy bien**
has trouble concentrating	**le cuesta trabajo concentrarse**
has good attention span	**presta atención por períodos de tiempo**
has poor attention span	**no puede prestar atención por mucho tiempo**
shares well with others	**comparte con otros de buena gana**
has trouble sharing	**no le gusta compartir con otros**
is attentive	**es muy aplicado(a)**
is easily distracted	**se distrae fácilmente**
makes a good effort	**se esfuerza bastante**
makes a poor effort	**no se esfuerza abastante**
works too fast	**trabaja demasiado rápidamente**
works too slowly	**trabaja demasiado despacio**
is helpful	**es muy servicial**
is disruptive	**es muy desordenado(a) y perturbador(a)**
is well respected by others	**los otros le tienen mucho respeto**
often loses things	**a menudo pierde las cosas**
often asks to leave the classroom	**a menudo pide permiso para abandonar el salón de clase**
shows a real talent for . . .	**muestra verdadero talento en cuanto a...**
is eager to please	**tiene deseo de complacer**
is earnest	**es muy sincero(a)**
often misses class (is absent)	**falta a clase a menudo**
arrives late to class	**llega tarde a clase**
doesn't wait his or her turn	**no espera que le toque su turno**
doesn't respect other's property	**no respeta la propiedad ajena**
is a joy to have in class	**da gusto tenerlo(la) en clase**
is very well behaved	**se comporta muy bien**
is very polite	**es muy bien educado(a)**
shows academic promise	**promete mucho en lo académico**
has above-(below-)average achievement	**tiene un rendimiento académico sobre (bajo) el promedio**

ANSWERS TO VOCABULARY EXERCISES

Capítulo 1: Historia

Ejercicio 2
1. primitiva 2. sociedad 3. generaciones 4. sociedad 5. educación
6. educación 7. secundaria 8. educación 9. pública 10. educación
11. educación pública 12. pública 13. privada 14. industrial 15. básica
16. obligatoria 17. reciente 18. población

Ejercicio 3
1. d 2. f 3. h 4. a 5. i 6. e 7. b 8. j 9. c 10. g 11. l 12. k

Ejercicio 4
1. a 2. c 3. b 4. b 5. c 6. b 7. a

Ejercicio 5
1. h 2. f 3. b 4. a 5. d 6. g 7. c 8. e

Ejercicio 6
1. d 2. f 3. a 4. e 5. b 6. c

Ejercicio 7
1. f 2. j 3. b 4. h 5. c 6. a 7. i 8. d 9. g 10. e

Ejercicio 8
1. condados 2. meta 3. destrezas, habilidades; destrezas, habilidades
4. religión, creencias 5. nivel; nivel 6. inversión 7. valores 8. iglesia

Ejercicio 9
1. e 2. g 3. a 4. f 5. c 6. h 7. b 8. i 9. d

Ejercicio 10
1. enseñan, aprenden 2. analfabeto 3. clero 4. primordial
5. mano de obra diestra 6. diestra 7. informática

Ejercicio 11
1. d 2. a 3. e 4. b 5. c

Ejercicio 12
1. c 2. a 3. e 4. b 5. d

CAPITULO 2: Carreras en la educación

Ejercicio 2
1. proceso   2. elemental   3. escuela   4. secundaria   5. educación   6. área
7. personales   8. aptitud   9. materiales   10. central   11. oficina   12. psicológicas
13. académicos   14. académico   15. departamento   16. supervisor
17. superintendente

Ejercicio 3
1. grado   2. especialización   3. resolver, conflictos   4. bilingüe   5. intermediario
6. administradores

Ejercicio 4
el superintendente
el superintendente auxiliar
el principal
el viceprincipal
el jefe de departamento
el maestro de materia

Ejercicio 5
1. d   2. h   3. a   4. i   5. g   6. b   7. j   8. e   9. c   10. f

Ejercicio 6
1. g   2. i   3. e   4. a   5. j   6. b   7. k   8. l   9. c   10. f   11. d   12. h

Ejercicio 7
1. maestro de salón   2. maestro de materia   3. consejero   4. entrenamiento
(formación)   5. aconseja, guía   6. maestría   7. carrera, docencia, puestos

Ejercicio 8
1. d   2. e   3. g   4. i   5. a   6. b   7. j   8. c   9. h   10. f

Ejercicio 9
1. solicitud   2. inglés como segundo idioma   3. beca, préstamo   4. prueba
5. equipo   6. lectura

Ejercicio 10
1. e   2. g   3. i   4. a   5. c   6. h   7. b   8. f   9. d

Ejercicio 11
1. biblioteca   2. bibliotecario   3. novato   4. recursos   5. nivel de distrito
6. archivos   7. presupuestos

Ejercicio 12
1. e   2. g   3. i   4. a   5. j   6. c   7. h   8. d   9. f   10. b

CAPITULO 3: Características del docente

Ejercicio 2
1. f   2. i   3. c   4. h   5. a   6. j   7. d   8. e   9. b   10. g   11. l   12. k

Ejercicio 3
1. profesional   2. mantener   3. iniciativa   4. mentales   5. estrategia
6. experiencia   7. educación   8. educación

Ejercicio 4
1. d   2. i   3. f   4. h   5. k   6. l   7. a   8. j   9. c   10. b   11. e   12. g

Ejercicio 5
1. iniciativa   2. honesta   3. estrategia   4. interés, curiosidad   5. motivación
6. actitud   7. mantener; equilibrio

Ejercicio 6
1. d   2. f   3. h   4. a   5. j   6. b   7. c   8. i   9. e   10. g

Ejercicio 7
1. el procedimiento   2. la habilidad   3. el nivel   4. idóneo   5. el educando
6. la destreza

Ejercicio 8
1. idóneo   2. juicio   3. nivel, nivel   4. patrón   5. conocimiento

Ejercicio 9
1. d   2. f   3. h   4. b   5. g   6. a   7. e   8. c

Ejercicio 10
1. dominar   2. desarrollar   3. título   4. retiro   5. gente joven   6. jubilan, edad

Capítulo 4: Escuela primaria

Ejercicio 2
1. académica   2. normal   3. universitario   4. sociales   5. educación   6. física
7. necesidad   8. psicología   9. psicología   10. educación   11. práctica
12. físico   13. objetivos   14. práctica   15. estudiantes   16. técnicas   17. modelo

Ejercicio 3
1. d   2. f   3. a   4. g   5. b   6. e   7. c   8. h

Ejercicio 4
1. emocional   2. psicológico   3. social   4. pedagógico   5. universitario

Ejercicio 5
1. f   2. c   3. h   4. e   5. a   6. g   7. b   8. d

Ejercicio 6
1. c   2. e   3. g   4. a   5. b   6. i   7. j   8. d   9. h   10. f   11. k

Ejercicio 7
1. la lectura, la aritmética   2. ingresan, otorga   3. maestro itinerante
4. desarrollo, crecimiento   5. carecen, hogar   6. educando

Ejercicio 8
1. j   2. i   3. h   4. g   5. f   6. e   7. d   8. c   9. b   10. a

Ejercicio 9
1. el comportamiento   2. cuidadoso   3. el contenido   4. la meta
5. el tamaño de la clase   6. el maestro potencial   7. la meta   8. el propósito

CAPITULO 5: Escuela secundaria

Ejercicio 2
1. matemáticas   2. ciencias   3. estudios sociales   4. académicos, vocacionales
5. especialista, generalista   6. generalistas, especialistas   7. gradúan, especialización

Ejercicio 3
1. f   2. d   3. g   4. a   5. i   6. c   7. e   8. h   9. b

Ejercicio 4
1. secundaria   2. asociación   3. humanas   4. relaciones   5. proficiencia
6. éticos   7. académico   8. académica   9. preparación   10. estatal   11. escuela
12. universitario   13. especialización   14. comprensiva   15. currículo
16. generales   17. educación   18. artes   19. académico   20. educación
21. programa   22. laica   23. religiosa   24. especial

Ejercicio 5
1. d   2. f   3. h   4. b   5. g   6. e   7. c   8. a

Ejercicio 6
1. aprobar   2. licenciatura   3. rendimiento académico   4. dominio   5. laica
6. nivel, nivel   7. competividad

Ejercicio 7
1. b   2. d   3. a   4. c

Ejercicio 8
1. a   2. d   3. f   4. g   5. h   6. i   7. l   8. b   9. j   10. c   11. q   12. k
13. p   14. n   15. m   16. e   17. o

Ejercicio 9
1. las lenguas extranjeras   2. el comercio; el curso comercial   3. la informática
4. la hostelería   5. la cocina   6. el baile   7. la peluquería   8. la orquesta
9. las artes plásticas   10. la fontanería   11. la ebanistería

Ejercicio 10
1. opcionales (a elegir, facultativos), obligatorios   2. carpintería   3. ebanistería
4. fontanería   5. trabajadores diestros

CAPITULO 6: El educando—Crecimiento y desarrollo

Ejercicio 2
1. cronológica   2. física   3. potencial   4. secreción   5. socioeconómico
6. físico   7. desarrollo   8. visual   9. movimiento   10. control   11. mental
12. desarrollo   13. sensorimotora   14. abstracto

Ejercicio 3
1. la conducta   2. el proceso   3. individual   4. incrementar   5. disminuir
6. cometer (un error)   7. adquirir   8. interno   9. externo   10. el sexo
11. el color   12. la noción

Ejercicio 4
1. e   2. g   3. a   4. f   5. b   6. h   7. j   8. i   9. d   10. k   11. c   12. p
13. n   14. l   15. o   16. m

Ejercicio 5
1. biológico   2. sociológico   3. psicológico   4. racial   5. étnico
6. económico (socioeconómico)   7. cronológico   8. intelectual
9. corporal (corpóreo)   10. sexual   11. fisiológico

Ejercicio 6
1. continuo   2. infancia, adolescencia   3. genes   4. cromosoma
5. incrementar, disminuir   6. gradual   7. actividad   8. imaginación (creatividad)

Ejercicio 7
1. cometer   2. resolver   3. analizar   4. intervenir   5. estimular

Ejercicio 8
1. e   2. g   3. h   4. j   5. a   6. c   7. l   8. i   9. k   10. f   11. d   12. b

Ejercicio 9
el nacimiento
la infancia
la niñez, la puericia
la juventud
la madurez, la virilidad
la vejez, la senectud

Ejercicio 10
1. educando   2. edad de desarrollo   3. nubilidad   4. El crecimiento del niño, el
desarrollo del niño   5. pruebas de inteligencia

Ejercicio 11
1. d   2. g   3. e   4. a   5. h   6. c   7. b   8. f

Ejercicio 12
1. razonar   2. la alimentación   3. el medio físico (ambiente, medio ambiente)
4. intervenir   5. deprimir   6. criar

Ejercicio 13
1. d   2. a   3. e   4. b   5. c

Ejercicio 14
1. c   2. d   3. f   4. h   5. a   6. b   7. e   8. g

Ejercicio 15
1. presión   2. castigo   3. varón   4. hembra   5. lenguaje, lenguaje, lenguaje,
lenguaje

Ejercicio 16
1. c   2. a   3. b   4. j   5. d   6. e   7. f   8. g   9. h   10. i

Ejercicio 17
1. a   2. e   3. b   4. d   5. c

Ejercicio 18
1. sentidos   2. contorno   3. pupitre   4. luz   5. expuestos

CAPITULO 7: Orden y disciplina

Ejercicio 2
1. g 2. j 3. c 4. e 5. l 6. i 7. n 8. a 9. b 10. m 11. o 12. h
13. d 14. f 15. k

Ejercicio 3
1. orden 2. mantenimiento 3. apropiada 4. conducta 5. modificación
6. social 7. criminal 8. drogas 9. intervención

Ejercicio 4
1. c 2. b 3. a 4. b 5. c 6. a 7. c 8. b

Ejercicio 5
1. d 2. e 3. h 4. j 5. a 6. k 7. f 8. b 9. l 10. g 11. c 12. i

Ejercicio 6
1. c 2. e 3. a 4. b 5. d

Ejercicio 7
1. fomentar 2. deseable 3. seguridad 4. preocupación 5. enseñanza
6. aprendizaje 7. restar 8. molestar (fastidiar, incomodar)

Ejercicio 8
1. d 2. f 3. h 4. a 5. i 6. e 7. j 8. g 9. c 10. b

Ejercicio 9
1. taller 2. pizarra 3. otorgan 4. nombramiento 5. búsqueda 6. tareas
7. grabadora

Ejercicio 10
1. c 2. a 3. e 4. b 5. d

Ejercicio 11
1. d 2. f 3. b 4. g 5. c 6. e 7. a

Ejercicio 12
1. equipo, consejero 2. poder 3. aburre 4. aviso 5. el reflejo de insuficiencia
6. rebeldía

CAPITULO 8: Problemas de aprendizaje

Ejercicio 2
1. formal 2. tradicional 3. disfunción 4. cerebrales 5. psicolingüística
6. mental, mental 7. problema 8. emocional 9. cultural 10. atención
11. defecto 12. intelectual 13. identificación 14. percepción 15. hiperactivo
16. académico 17. académico 18. inteligencia 19. estímulo 20. estímulo
21. laboratorio

Ejercicio 3
1. el psicólogo 2. el pedagogo 3. normal 4. la instrucción 5. estúpido
6. cerebral 7. la causa 8. el remedio 9. constante 10. el disturbio
11. anormal 12. reducir 13. el examen 14. la premisa

Ejercicio 4
1. b   2. a   3. c   4. c   5. a

Ejercicio 5
1. c   2. e   3. g   4. a   5. f   6. d   7. b   8. h

Ejercicio 6
1. d   2. f   3. a   4. h   5. b   6. i   7. e   8. c   9. g

Ejercicio 7
1. medir   2. sacar beneficio   3. prestar atención   4. valerse   5. castigar
6. tachan (rotulan)   7. sostener (mantener)

Ejercicio 8
1. f   2. d   3. a   4. c   5. b   6. e

Ejercicio 9
1. c   2. f   3. k   4. j   5. n   6. h   7. l   8. m   9. d   10. g   11. b   12. a
13. i   14. o   15. e

Ejercicio 10
1. falto, perezoso   2. examinandos   3. atraso   4. promedio   5. una lesión cerebral
6. rendimiento, prueba; confiables   7. desventaja   8. deseo   9. a largo plazo

CAPITULO 9: Educación preescolar

Ejercicio 2
1. educación   2. básicos   3. instrucción   4. intervención   5. nuclear
6. instrucción   7. independencia   8. suficiencia   9. oportunidades
10. desventajado   11. antisocial   12. delincuente   13. individual   14. grupo
15. sociedad   16. expresión   17. lingüístico   18. expresión   19. académico
20. profesional, profesional

Ejercicio 3
1. c   2. g   3. a   4. h   5. i   6. e   7. d   8. f   9. b

Ejercicio 4
1. el educador   2. el participante   3. el investigador   4. el desventajado
5. el supervisor

Ejercicio 5
1. d   2. e   3. h   4. i   5. o   6. m   7. l   8. n   9. k   10. j   11. a   12. c
13. b   14. p   15. f   16. g

Ejercicio 6 *(Answers will vary.)*
1. el cajón de arena
   el tobogán
   los columpios
2. el tablero de felpa
   las tijeras
   las crayolas
   el papel
   los libros

Ejercicio 7
1. adentro, afuera   2. aseos   3. mascota   4. cuidado   5. criar   6. tomar una siesta

Ejercicio 8
1. c   2. e   3. g   4. d   5. h   6. i   7. j   8. a   9. b   10. f

Ejercicio 9
1. d   2. f   3. a   4. i   5. j   6. b   7. h   8. e   9. c   10. g

Ejercicio 10
1. e   2. g   3. a   4. i   5. c   6. k   7. l   8. b   9. j   10. h   11. f   12. d

Ejercicio 11
1. la retención   2. el abandono de la escuela superior   3. la recitación en coro
4. diseñar   5. cuentos (para niños)

Ejercicio 12
1. limpiar   2. diseñar   3. recoger   4. escuchador   5. carecen   6. enfatizar

CAPITULO 10: Educación bilingüe

Ejercicio 2
1. g   2. h   3. b   4. f   5. j   6. d   7. i   8. a   9. e   10. c

Ejercicio 3
1. educación   2. bilingüe   3. minoritario   4. instrucción   5. programa
6. programa   7. limitada   8. multinacional

Ejercicio 4
1. minoritarios   2. inmigrantes   3. xenofobia   4. segregación   5. símbolo

Ejercicio 5
1. d   2. f   3. a   4. c   5. b   6. e

Ejercicio 6
1. d   2. f   3. l   4. b   5. h   6. j   7. c   8. e   9. k   10. g   11. i   12. a

Ejercicio 7
1. de habla española (hispanohablante), de habla inglesa (anglohablante)   2. meta
3. alfabetización   4. lengua materna   5. dominio, materna   6. política
7. segundo idioma   8. sonido, sonido; sonido

Ejercicio 8
1. e   2. g   3. b   4. i   5. a   6. k   7. c   8. n   9. m   10. l   11. d   12. f
13. h   14. j

Ejercicio 9
1. c   2. d   3. a   4. e   5. b

Ejercicio 10
1. fracasar   2. apoyo   3. entender, leer, escribir   4. tasa, escolar, habla
5. entran en juego   6. ventaja

CAPITULO 11: Educación multicultural

Ejercicio 2
1. n   2. p   3. o   4. m   5. d   6. h   7. i   8. l   9. k   10. e   11. c   12. j
13. b   14. g   15. f   16. a

Ejercicio 3
1. d   2. g   3. i   4. a   5. k   6. b   7. m   8. c   9. f   10. l   11. h   12. e
13. n   14. j

Ejercicio 4
1. religioso   2. demográfico   3. filosófico   4. étnico   5. humano   6. natural
7. cultural

Ejercicio 5
1. e   2. g   3. a   4. h   5. c   6. f   7. b   8. i   9. d

Ejercicio 6
1. semejanzas   2. patrones   3. aporte   4. fomentar   5. cambios   6. adepto

Ejercicio 7
1. e   2. d   3. c   4. b   5. a

Ejercicio 8
1. d   2. f   3. a   4. h   5. i   6. c   7. j   8. e   9. g   10. b

Ejercicio 9
1. recursos   2. ciudadanía   3. diseños, gráficas   4. indígenas   5. trocito
6. contenido

CAPITULO 12: Planificación

Ejercicio 2
1. proceso   2. anual   3. plan   4. audiovisual   5. selección, texto   6. materiales
7. información   8. unidad   9. integrado   10. apropiado   11. específico
12. resultado   13. presentación

Ejercicio 3
1. planificación   2. presentación   3. específico (definido)   4. texto, material
5. semestres   6. motivar; control   7. métodos, técnicas
8. objetivos, específicos (definidos), resultados

Ejercicio 4
1. e   2. g   3. a   4. h   5. c   6. d   7. k   8. i   9. j   10. f   11. b

Ejercicio 5
1. predecir   2. mejorar   3. logro (éxito)   4. alcanzar, logro (éxito)
5. libro de planes   6. guía   7. anuales   8. alcanzar

Ejercicio 6
1. c   2. g   3. e   4. a   5. b   6. h   7. f   8. d

Ejercicio 7
1. b   2. d   3. e   4. c   5. a

Ejercicio 8
1. destrezas (habilidades)   2. año escolar   3. nivel   4. bosquejo   5. listado

CAPITULO 13: Medición y evaluación

Ejercicio 2
1. instrumento   2. diagnóstico   3. aptitud   4. prueba   5. evaluación
6. evaluación   7. probabilidad   8. objetivos

Ejercicio 3
1. b   2. c   3. c   4. b   5. a

Ejercicio 4
1. d   2. f   3. b   4. e   5. h   6. c   7. a   8. g

Ejercicio 5
1. c   2. e   3. a   4. g   5. d   6. h   7. b   8. f   9. i

Ejercicio 6
1. la prueba de selección múltiple   2. la prueba de ensayo
3. (la prueba) de llenar el blanco   4. (la prueba) de pareo

Ejercicio 7
1. la prueba de logro (la prueba de aprovechamiento)   2. la prueba de aptitud
3. la prueba normalizada (estandarizada)   4. la prueba con referencia a criterio

Ejercicio 8
1. n   2. i   3. m   4. c   5. b   6. k   7. a   8. e   9. d   10. g   11. l   12. j
13. o   14. h   15. f

Ejercicio 9
1. La medición y evaluación   2. nota (calificación), aprobar   3. título
4. confiabilidad, validez   5. promedio   6. puntuación   7. hechos   8. dominar
9. examinando

Ejercicio 10
1. c   2. e   3. a   4. b   5. d

CAPITULO 14: Destrezas de razonamiento y pensamiento crítico

Ejercicio 2
1. e   2. g   3. a   4. h   5. c   6. j   7. f   8. b   9. i   10. d

Ejercicio 3
1. básicas   2. básicos   3. problema   4. autoridad   5. material   6. científicos
7. remedial   8. inductiva   9. deductiva

Ejercicio 4
1. d   2. g   3. h   4. b   5. f   6. a   7. c   8. e   9. i

Ejercicio 5
1. b   2. a   3. c   4. f   5. e   6. d

Ejercicio 6
1. b   2. d   3. f   4. g   5. c   6. e   7. a

Ejercicio 7
1. el juicio   2. el pensamiento   3. el razonamiento

Ejercicio 8
1. e   2. g   3. a   4. h   5. c   6. b   7. i   8. f   9. d

CAPITULO 15: Currículo

Ejercicio 2
1. recomendado   2. currículo   3. currículo   4. currículo   5. currículo   6. social
7. oportunidad   8. limitación   9. culturales   10. instrumentales   11. bienes
12. sociales   13. programa   14. básicas   15. limitados   16. Educación
17. interdisciplinarios   18. diploma

Ejercicio 3
1. c   2. e   3. g   4. h   5. a   6. d   7. f   8. b

Ejercicio 4
1. c   2. e   3. a   4. g   5. f   6. b   7. d   8. h

Ejercicio 5
1. contenido   2. materia de estudio   3. plan de estudios, opcionales
4. las habilidades de nivel superior   5. esperados logros de aprendizaje   6. reglas
7. bienes, servicios

Ejercicio 6
1. e   2. g   3. b   4. h   5. a   6. c   7. f   8. d

Ejercicio 7
1. lenguaje   2. elegir   3. cobertura   4. apego   5. desventaja(s)   6. cambios
7. prejuicios; prejuicios   8. ejercen

CAPITULO 16: Escuelas «especiales»

Ejercicio 2
1. educación   2. programa   3. mental   4. mental   5. mental   6. edad
7. inteligencia   8. cerebral   9. muscular   10. congénito   11. impedimento
12. comunidad   13. regular   14. interdependientes   15. común   16. diferentes
17. materiales   18. clasificar   19. especiales

Ejercicio 3
1. e   2. g   3. h   4. a   5. i   6. b   7. c   8. d   9. f

Ejercicio 4
1. educación especial, programa   2. inteligencia   3. pruebas, clasificar   4. defectos
5. clase, diferentes   6. incentivo   7. (un) experto   8. proponente

Ejercicio 5
1. a   2. c   3. d   4. f   5. g   6. b   7. e

Ejercicio 6
genio
sobre la media en inteligencia
normal promedio
bajo la media en inteligencia
capaz de ser educado
puede beneficiarse de entrenamiento
débil mental

Ejercicio 7
1. d 2. f 3. a 4. c 5. e 6. h 7. b 8. i 9. j 10. g

Ejercicio 8
1. minusválido 2. sordo 3. ciego 4. sordera 5. lenguaje por señas
6. aparato acústico 7. cociente de inteligencia, IQ 8. retraso 9. enanismo

Ejercicio 9
1. c 2. n 3. g 4. i 5. l 6. k 7. m 8. j 9. e 10. a 11. o 12. h
13. b 14. f 15. d

Ejercicio 10
1. f 2. d 3. i 4. a 5. g 6. c 7. h 8. e 9. b

Ejercicio 11
1. aprendizaje, equipos; competencia; reconocimiento
2. corto plazo, largo plazo 3. educativo individual 4. aislar 5. dominar; capaces

Ejercicio 12
1. matricular 2. a largo plazo 3. a corto plazo 4. el trabajo en equipos
5. el plan educativo individual 6. lograr las metas 7. aislar

CAPITULO 17: Planta y equipo

Ejercicio 2
1. cursos 2. avanzadas 3. materiales 4. negociar 5. construcción 6. frente
7. proceso 8. texto 9. casetes 10. calculadora 11. economía, domésticas
12. electrónico 13. manuales 14. audiovisuales 15. actividades

Ejercicio 3
1. el gimnasio 2. la cafetería 3. el manual 4. el laboratorio 5. el salario
6. el proyector 7. la cámara 8. el control 9. reparar 10. la banda 11. el tema

Ejercicio 4
1. tema 2. salario 3. círculos 4. negociar 5. banda 6. programar

Ejercicio 5
1. d 2. e 3. h 4. a 5. k 6. m 7. b 8. c 9. o 10. r 11. j 12. q
13. i 14. f 15. g 16. n 17. l 18. p

Ejercicio 6
1. el bolígrafo 2. la tiza 3. la pizarra 4. el pupitre 5. el escritorio
6. el tablón de anuncios 7. el cuaderno 8. la regla

Ejercicio 7

1. tamaño, tamaño   2. sindicato de maestros   3. tamaño de la clase, ahorrar
4. el arreglo físico   5. escritorio, a vista completa   6. pupitres, asientos   7. pupitres
8. bolígrafo(s), cuadernos, tiza, pizarra

Ejercicio 8

1. j   2. k   3. d   4. g   5. i   6. e   7. f   8. l   9. b   10. c   11. a   12. h

Ejercicio 9

1. a. el computador (la computadora)   b. el teclado
2. a. la grabadora de casetes   b. la (el) casete
3. a. el filme (la película)   b. la pantalla
4. a. el proyector   b. el retroproyector

Ejercicio 10

1. disponible   2. biblioteca   3. teclado   4. película, pantalla

Ejercicio 11

1. g   2. e   3. a   4. c   5. h   6. d   7. f   8. b   9. i

Ejercicio 12

1. deportes   2. pista   3. sala de auditorio   4. decorado
5. escenario, sala de auditorio   6. el alumbrado, el sonido   7. estudio de cine
8. natación

Ejercicio 13

1. c   2. e   3. h   4. a   5. g   6. i   7. b   8. d   9. f

Ejercicio 14

1. mecheros de bunsen, tubos de ensayo   2. electrodoméstico   3. el lavaplatos
4. la lavadora   5. la cocina, el horno (de microondas)

Ejercicio 15

1. k   2. j   3. i   4. h   5. g   6. f   7. e   8. d   9. c   10. b   11. a

Ejercicio 16

1. el martillo   2. la sierra de mano   3. la sierra eléctrica   4. el taller   5. el torno
6. el gato

Ejercicio 17

1. muebles   2. herramientas   3. torno   4. taller de mecánica   5. artes manuales

CAPÍTULO 18: Escuela y comunidad

Ejercicio 2

1. social   2. nacional   3. racial   4. cultural   5. ideológico   6. histórico
7. conceptual   8. político   9. económico   10. gubernamental   11. legal
12. sexual   13. financiero   14. administrativo

Ejercicio 3

1. e   2. g   3. a   4. c   5. h   6. d   7. b   8. f   9. i

Ejercicio 4
1. organización   2. identidad   3. interpersonales   4. específico   5. heterogénea
6. uniformidad   7. independencia   8. básicas   9. educación   10. cursos
11. preferencia   12. comunidad   13. preparatoria   14. privilegiada   15. parroquial
16. evolución   17. educación   18. venérea   19. sexualidad   20. político
21. organización   22. opinión   23. uso, drogas   24. disciplina   25. oportunidades
26. financiera   27. grupo, especiales

Ejercicio 5
1. b   2. a   3. a   4. b   5. a   6. c

Ejercicio 6
1. el conflicto   2. la teoría   3. la opinión   4. el grupo   5. la disciplina   6. básico
7. contradictorio

Ejercicio 7
1. c   2. e   3. a   4. f   5. d   6. b

Ejercicio 8
1. f   2. d   3. b   4. a   5. c   6. g   7. e

Ejercicio 9
1. ganarse la vida   2. llevarse bien   3. ausentarse   4. pertenecer   5. fomentar
6. respaldar

Ejercicio 10
1. i   2. f   3. g   4. a   5. l   6. c   7. k   8. j   9. d   10. b   11. e   12. h

Ejercicio 11
1. b   2. d   3. a   4. c

Ejercicio 12
1. subvención   2. biblioteca, biblioteca escolar   3. presupuesto; presupuesto
4. ciudadano   5. vecindades, bajo, socioeconómico   6. oración   7. solteras
8. apoyo   9. encuesta   10. sentido

CAPITULO 19: Motivación

Ejercicio 2
1. factores   2. condicionamiento   3. condicionamiento   4. modificación
5. humana   6. humanas   7. básicas   8. proceso   9. motivo   10. satisfactorio
11. progreso   12. grupo   13. respeto

Ejercicio 3
1. d   2. g   3. i   4. o   5. a   6. e   7. k   8. l   9. f   10. c   11. n   12. j
13. b   14. m   15. h

Ejercicio 4
1. a   2. b   3. a   4. c   5. c   6. b

Ejercicio 5
1. d   2. b   3. f   4. h   5. a   6. g   7. c   8. e

Ejercicio 6
1. g   2. i   3. b   4. h   5. d   6. c   7. k   8. f   9. a   10. e   11. j

Ejercicio 7
1. suerte, suerte   2. cariño   3. afiliación   4. logro (éxito)   5. respuesta
6. aprendizaje   7. fracaso   8. esfuerzo   9. amor

Ejercicio 8
1. c   2. a   3. e   4. d   5. b

Ejercicio 9
1. nota   2. falta de esfuerzo   3. tarea   4. campana

Ejercicio 10
1. d   2. f   3. h   4. a   5. g   6. c   7. e   8. i   9. b

Ejercicio 11
1. c   2. a   3. e   4. b   5. d

Ejercicio 12
1. sonar   2. castigar   3. compartir   4. efectuar   5. valerse   6. elogiar   7. criar
8. superarse

CAPITULO 20: Metodología

Ejercicio 2
1. teoría   2. método   3. material   4. tabla   5. técnica   6. declarativos
7. procedimiento   8. presentación   9. método   10. análisis   11. componentes
12. básicas   13. práctica   14. cooperativo

Ejercicio 3
1. c   2. c   3. a   4. c   5. a   6. a   7. b   8. b

Ejercicio 4
1. d   2. f   3. b   4. g   5. a   6. e   7. h   8. c

Ejercicio 5
1. d   2. g   3. a   4. m   5. n   6. i   7. j   8. c   9. l   10. e   11. b   12. k
13. h   14. f   15. p   16. o

Ejercicio 6
1. esfuerzo   2. dominio   3. memorización, hechos   4. refuerzo   5. contenido
6. conferencia   7. conferencista   8. trabajo de equipo (aprendizaje cooperativo)
9. patrones   10. pauta

Ejercicio 7
1. e   2. c   3. f   4. a   5. d   6. b

Ejercicio 8
1. d   2. f   3. b   4. a   5. g   6. e   7. c

Ejercicio 9
1. toman apuntes   2. aplicar   3. paso, paso   4. pensar   5. predecir   6. compleja

CAPITULO 21: Cuestiones «palpitantes»

Ejercicio 2
1. comunicación   2. comunicación   3. bilingüe   4. educación   5. crítico
6. uso, drogas   7. preferencia   8. violento   9. detector   10. unánime   11. racial

12. segregación   13. suburbio   14. urbano   15. racial   16. salario   17. costo
18. fondos   19. certificación   20. acreditada   21. examen   22. cursos
23. minoritario   24. responsabilidades

Ejercicio 3
1. drogas   2. droga   3. aprehender   4. violento, violento   5. metal, armas
6. segregación; equilibrio   7. diversidad, centros   8. costo
9. bilingüe, multicultural   10. decisión

Ejercicio 4
1. h   2. f   3. a   4. e   5. b   6. g   7. d   8. c

Ejercicio 5
1. bilingüe   2. mínimo   3. la segregación   4. prohibido   5. disminuir
6. violento   7. ilegal   8. urbano

Ejercicio 6
1. e   2. g   3. a   4. b   5. h   6. c   7. f   8. d

Ejercicio 7
1. embarazo   2. pobreza   3. menor de edad   4. de edad escolar   5. encuesta
6. deserción escolar   7. embriaguez   8. mente

Ejercicio 8
1. d   2. g   3. f   4. i   5. j   6. b   7. e   8. c   9. a   10. h

Ejercicio 9
1. cerrar (la puerta) con llave   2. un barrio pobre   3. el estudiantado
4. la equidad educativa   5. medir   6. abandonar la escuela   7. en condados
8. emitir

SPANISH-ENGLISH VOCABULARY

A

a corto plazo short-term
a la vez at the same time
a largo plazo long-term
a nivel de distrito at the district level
a tiempo completo full-time
a vista completa within full view
abandonar to abandon, drop out (of school)
abandonar la escuela to drop out of school
abandono de la escuela superior *m* (act of) dropping out of high school
abarcar to encompass, include
abogar por to advocate, plead for
abstracción *f* abstraction
abstracto abstract
aburrir to bore
académico academic
acción *f* action
aceptación *f* acceptance
aceptación de la autoridad *f* acceptance of authority
aceptar to accept
aconsejable advisable
aconsejar to advise
acostumbrarse to become accustomed
acreditación *f* accreditation
acreditado accredited
actitud *f* attitude
actividad *f* activity
actividad criminal *f* criminal activity
actividad sexual *f* sexual activity
actividades de seguimiento *f pl* follow-up activities
acto de violencia *m* violent act
acuerdo *m* agreement
adaptar to adapt
adecuadamente adequately
adecuarse to be suitable, fitting

adentro inside
adepto *m* follower, supporter
adherente *m* or *f* adherent, follower
administración *f* administration, management
administrador *m* administrator
administrar to administer, manage
administrativo administrative
admisión *f* admission
adolescencia *f* adolescence
adolescente *m* or *f* adolescent
adopción *f* adoption
adoptar to adopt
adquirir to acquire
adquisición *f* acquisition
adulto *m* adult
afectar to affect
afecto *m* affection, fondness
afiliación *f* belonging, affiliation
afiliado *m* member, affiliate
afuera outside
agronomía *f* agronomy, agricultural science
ahorrar to save
aislamiento *m* isolation
aislar to isolate
alberca *f* swimming pool
alcanzar to reach, attain
alcohol *m* alcohol
alemán German
alfabetización *f* literacy
alfabeto *m* alphabet
álgebra *f* algebra
alimentación *f* food
alimentar to feed
almorzar to have lunch
alternar to alternate
alto nivel socioeconómico *m* high socioeconomic level
aludir a to allude to

alumbrado *m* lighting
alumno *m* student
ambición *f* ambition
ambiente *m* environment
ambiente afectivo *m* affective domain
amor *m* love
analfabeto illiterate
análisis *m* analysis
análisis de sistemas *m* systems analysis
analizar to analyze
ancianidad *f* old age
ancianos *m pl* elderly
anglohablante English-speaking
anglosajón Anglo-Saxon
animación *f* animation
animar to animate, encourage
ánimo *m* soul, spirit
anormal abnormal
antecedentes académicos *m pl* academic
  background
anticipación *f* anticipation
anticipar to anticipate
antisocial antisocial
anual annual
año entero *m* entire (whole) year
año escolar *m* school year
años de experiencia *m pl* years of
  experience
años de experiencia profesional *m pl*
  years of professional experience
aparato acústico *m* hearing aid
aparatos de diagnóstico *m pl* diagnostic
  tools
apartar to isolate, set apart
apego *m* attachment, adherence
aplicación *f* application
aplicar to apply
aporte *m* contribution
apoyar to support
apoyo *m* support
apreciar to appreciate
aprecio *m* appreciation
aprehender to apprehend
aprehensión *f* apprehension
aprender to learn
aprender de memoria to memorize
aprendizaje *m* learning; apprenticeship
aprendizaje cooperativo *m* cooperative
  learning

aprobado approved
aprobar to pass; to approve
aprobar un curso to pass a course
apropiado appropriate
aptitud *f* aptitude
aptitud especial *f* special aptitude
arbitrario arbitrary
archivos *m pl* files
área *f* area
área de especialización *f* specialized
  field, area of specialization
argumento *m* argument
aristocracia *f* aristocracy
aritmética *f* arithmetic
armas *f pl* arms
armas de fuego *f pl* firearms
armonía *f* harmony
arreglo *m* arrangement
arreglo físico *m* physical arrangement
  (setting)
arte *m* art
artes manuales *f pl* industrial arts
artes plásticas *f pl* plastic arts
asalto *m* assault
asamblea *f* assembly
ascendencia *f* background, ancestry
asegurar to assure, insure
aseos *m pl* restrooms
asiento *m* seat
asignatura *f* subject (school)
asimilación *f* assimilation
asimilar to assimilate
asistir a to attend
asociación *f* association
asociación de maestros *f* teachers'
  association
aspecto *m* aspect
aspiración *f* aspiration
atención *f* attention
atención selectiva *f* selective attention
atraso *m* slowness, delay
atribuir to attribute
audición *f* hearing
audiocasete *m or f* audiocassette
audiovisual audiovisual
auditivo auditory
aula *f* classroom
aumentar to increase
ausentarse to be absent

autoexpresión *f*   self-expression
autoridad *f*   authority
autoridades escolares *f pl*   school
   authorities
autorrealización *f*   self-realization, self-
   actualization
autosuficiencia *f*   self-sufficiency
auxiliar   auxiliary, deputy
avance *m*   advancement
avanzado   advanced
averiguar   to verify, find out
aviso *m*   warning

B

bachillerato en educación *m*   Bachelor's
   (Bachelor of Arts) degree in Education
bailarín *m*   dancer
baile *m*   dance
baja *f*   decline
bajar   to decrease, lower
bajo la media en inteligencia   below-
   average intelligence
bajo nivel socioeconómico *m*   low
   socioeconomic level
baloncesto *m*   basketball
banda *f*   band
barbero *m*   barber
barreras de la segregación *f pl*
   segregation barriers
barrio pobre *m*   poor neighborhood
base *f*   base
básico   basic
bebé *m*   baby
beca *f*   scholarship
beneficiarse de   to benefit from
beneficioso   beneficial
biblioteca *f*   library
biblioteca escolar *f*   school library
bibliotecario *m*   librarian
bienes culturales *m pl*   cultural benefits
bienes formativos *m pl*   formative benefits
bienes instrumentales *m pl*   instrumental
   benefits
bienes y servicios *m pl*   goods and services
bilingüe   bilingual
bilingüismo *m*   bilingualism
binacional   binational
biología *f*   biology
biológico   biological

bolígrafo *m*   ballpoint pen
bosquejo *m*   sketch, outline
busca *f*   search
buscar   to search, look for
búsqueda *f*   search, quest, looking for
búsqueda de atención *f*   looking for
   attention

C

caducidad *f*   decrepitude, senility
cafetería *f*   cafeteria
cajón de arena *m*   sandbox
calculador *m*   calculator
calculadora *f*   calculator
calculadora electrónica *f*   electronic
   calculator
calcular   to calculate
cálculo *m*   calculus
calidad *f*   quality
calificación *f*   grade, mark
cámara *f*   camera; room
cambiar   to change
cambio *m*   change
campana *f*   bell
campo *f*   field
campo de especialización *m*   field of
   specialization
campo especializado *m*   specialized field
cantidad *f*   quantity
caño *m*   pipe
capacidad *f*   ability
capacidad de aprender *f*   ability to learn
capacidad intelectual *f*   intellectual
   capacity
capacidad mental *f*   mental ability
capaz   capable
capaz de ser educado   educable
característica *f*   characteristic
carecer (de)   to lack
cariño *m*   affection
carpintería *f*   carpentry (shop)
carpintero *m*   carpenter
carrera *f*   career
carrera docente *f*   teaching career
casarse   to get married
caso *m*   case
casete *m or f*   cassette
casta *f*   caste, lineage
castigar   to punish

castigo *m*   punishment
catalán *m*   Catalan, Catalonian (language)
catalogación *f*   cataloguing
categorizar   to categorize
causa *f*   cause
causar   to cause
ceguera *f*   blindness
celebración *f*   celebration
celebrar   to celebrate
censo *m*   census
censo reciente *m*   recent census
central   central
centro *m*   center
centro urbano *m*   urban center
cerebral   cerebral
cerrar con llave   to lock
certificación *f*   certification
certificación de docentes *f*   teacher
   certification
ciego   blind
ciencias *f pl*   sciences
ciencias avanzadas *f pl*   advanced science
ciencias domésticas *f pl*   home
   economics
ciencias generales *f pl*   general science
científico   scientific
círculo *m*   circle
ciudadanía *f*   citizenship
ciudadano *m*   citizen
cívica *f*   civics
cívico   civic
clan *m*   clan
clase *f*   class
clase alta *f*   upper class
clase baja *f*   lower class
clase bilingüe *f*   bilingual class
clase heterogénea *f*   heterogeneous class
clase homogénea *f*   homogeneous class
clase media *f*   middle class
clásico   classic
clasificación *f*   classification
clasificar   to classify
clasificar a los alumnos   to classify
   students
clero *m*   clergy
cobertura *f*   covering, coverage
cocaína *f*   cocaine
cociente de inteligencia *m*   intelligence
   quotient (IQ)

cocina *f*   kitchen; stove, range, cooker;
   cooking
cocinar   to cook
cognoscitivo   cognitive
colaboración *f*   collaboration
colaborar   to collaborate
colectivo   collective
colega *m or f*   colleague
colocación *f*   positioning, position
colocar   to put, place, locate
color *m*   color
columpio *m*   swing
comercial   business, commercial
comercio *m*   business
cometer   to commit
comisión *f*   commission
compañía *f*   company
comparación *f*   comparison
comparar   to compare
compartir   to share
compás *m*   compass
compensa *f*   compensation, reward
compensación *f*   compensation
compensar   to compensate
competencia *f*   competence; competition
competente   competent
competir   to compete
competividad *f*   competitiveness
complejo   complex
comportamiento *m*   behavior, conduct
comportamiento antisocial *m*   antisocial
   behavior
comportarse   to behave
comprender   to comprehend, understand
comprensión *f*   comprehension,
   understanding
comprensión auditiva *f*   listening
   comprehension
comprensivo   comprehensive
computador *m*   computer
computadora *f*   computer
común   common
comunicación *f*   communication
comunicación masiva *f*   mass
   communication
comunicar   to communicate
comunidad *f*   community
comunidad de la escuela *f*   school
   community

comunidad rica *f* wealthy community
con frecuencia frequently
concentración *f* concentration
concentrarse to concentrate
concepción *f* conception
concepto *m* concept
conceptos básicos *m pl* basic concepts
conceptual conceptual
conciencia *f* conscience
concienzudo conscientious
concluir to conclude
conclusión *f* conclusion
conclusión de juicio *f* sensible (sound) conclusion
concreto concrete
condado *m* county
condicionamiento *m* conditioning
condicionamiento operante *m* operant conditioning
condicionamiento respondiente *m* conditioned response
condicionar to condition
conducta *f* conduct, behavior
conducta antisocial *f* antisocial behavior
conducta apropiada *f* appropriate conduct, proper behavior
conducta delincuente *f* delinquent behavior
conducta humana *f* human behavior
conducta inapropiada *f* inappropriate conduct, improper behavior
conducto *m* pipe
conductor *m* driver
conexión *f* connection
conferencia *f* lecture
conferencista *m or f* lecturer
confiabilidad *f* reliability
confiable reliable, trustworthy
confianza *f* confidence
confiar to trust
configuración *f* configuration, shape, form
configurar to shape, form
conflicto *m* conflict
confrontar to confront, face
congénito congenital
conjunto previsor *m* advance organizer
conocer to know, be acquainted with
conocimientos *m pl* knowledge

conocimientos básicos *m pl* basic knowledge
conocimientos de procedimiento *m pl* procedural knowledge
conocimientos declarativos *m pl* declarative knowledge
consecuencia *f* consequence
conseguir to obtain
consejero *m* counselor, guidance counselor
consejero de orientación *m* guidance counselor
conservación *f* conservation
consistencia *f* consistency
constante constant
construcción *f* construction
construcción de la planta *f* plant construction
consumerismo *m* consumerism
consumidor *m* consumer
consumir to consume
consumo *m* consumption
consumo de (las) drogas *m* drug use
contener to contain
contenido *m* content
contenido educativo *m* educational content
contenido integrado *m* integrated content
contestación *f* answer
contexto *m* context
continuar to continue
continuo continuous
contorno *m* surroundings
contorno físico *m* physical environment
contradictorio contradictory
contraparte *m or f* counterpart
contraproducente counterproductive
contrato *m* contract
contribución *f* contribution
contribuir to contribute
control *m* control
control físico *m* physical control
controlar to control
controversia *f* controversy
convencer to convince
conversión *f* conversion
convertirse to convert, become
convicción *f* conviction
cooperación *f* cooperation

cooperar   to cooperate
cooperativo   cooperative
coordinador *m*   coordinator
corporal   corporal
corpóreo   corporeal
correctamente   correctly
corregir   to correct
correlación *f*   correlation
correspondencia comercial *f*   commercial
  (business) correspondence
corresponder   to correspond
corriente eléctrica *f*   electric current
corte *f*   court
cosmetología *f*   cosmetology
costar   to cost
costo *m*   cost
costo de oportunidad *m*   opportunity cost
costo por alumno *m*   cost per student
crayolas *m pl*   crayons
creatividad *f*   creativity
creciente   growing, increasing
crecimiento *m*   growth
crecimiento cognoscitivo *m*   cognitive
  growth
crecimiento del niño *m*   child growth
creencia *f*   belief
cría *f*   raising, breeding; brood
criar   to rear, raise, bring up
crimen *m*   crime
crimen violento *m*   violent crime
criminal   criminal
crisis *f*   crisis
cristianismo *m*   Christianity
criterio *m*   criterion
criterios exigentes *m pl*   demanding
  (stringent) criteria
crítico *m*   critic
crítico   critical
cromosoma *m*   chromosome
cronológico   chronological
cuaderno *m*   notebook
cuantitativo   quantitative
cuchillo de plástico *m*   plastic knife
cuento *m*   story
cuestión *f*   question
cuestionar   to question
cuidado *m*   care
cuidadoso   careful
cuidar a (de)   to care for

culpa *f*   blame
culpar   to blame
cultura *f*   culture
cumplimiento *m*   carrying out,
  fulfillment
cumplir   to fulfill
cura *m*   priest
curiosidad *f*   curiosity
currículo *m*   curriculum
currículo académico *m*   academic
  curriculum
currículo aprendido *m*   learned
  curriculum
currículo central *m*   core curriculum
currículo enseñado *m*   taught curriculum
currículo escrito *m*   written curriculum
currículo oculto *m*   hidden curriculum
currículo probado *m*   tried curriculum
currículo recomendado *m*   recommended
  curriculum
cursar   to study, take a course on
curso *m*   course
curso a elegir *m*   elective course
curso de artes manuales *m*   industrial arts
  course
curso de pedagogía *m*   education course
curso facultativo *m*   elective course
curso obligatorio *m*   required course
curso opcional *m*   elective course
curso preuniversitario *m*   college prep
  course
curso remedial *m*   remedial course

CH
chequear   to check, verify
choque *m*   shock; clash

D
dañar   to harm, hurt, damage
dar de comer   to feed
datos *m pl*   data
datos científicos *m pl*   scientific data
de forma deductiva   deductively
de forma inductiva   inductively
de forma oral   orally
de habla española   Spanish-speaking
de habla inglesa   English-speaking
de pareo   matching
debidamente   properly

débil mental *m* or *f*   mentally
 retarded/deficient person
debilidad *f*   debility, weakness
década *f*   decade
decadencia *f*   decadence
decisión *f*   decision
declarativo   declarative
declinación *f*   decline, declination
decorado *m*   decor, decoration; stage set
 (theatrical)
decreciente   decreasing
decrepitud *f*   decrepitude
dedicación *f*   dedication
dedicar   to dedicate
deductivo   deductive
defecto *m*   defect
defecto congénito *m*   congenital defect
defecto físico *m*   physical defect
defender   to defend
deficiencia *f*   deficiency
definido   defined; definite
delincuente *m* or *f*   delinquent
democracia *f*   democracy
demografía *f*   demography
demográfico   demographic
demostración *f*   demonstration
demostrar   to demonstrate, show
denegar   to deny, dismiss
Departamento (Ministerio) de Educación
 m   Department (Ministry) of Education
deportes *m pl*   sports
deprimir   to depress
derecho *m*   right
derecho al voto *m*   right to vote
derivar   to derive
desaparecer   to disappear
desaparición *f*   disappearance
desarrollar   to develop
desarrollo *m*   development
desarrollo cognoscitivo *m*   cognitive
 development
desarrollo de destrezas a nivel superior *m*
 development of higher-level skills
desarrollo de las destrezas básicas *m*
 development of basic skills
desarrollo del niño *m*   child development
desarrollo físico *m*   physical development
desarrollo intelectual *m*   intellectual
 development

desarrollo lingüístico *m*   linguistic
 development
desarrollo mental *m*   mental development
desastre *m*   disaster
descender   to descend
descenso *m*   decrease, lowering, descent
deseable   desirable
deseo *m*   desire
deserción escolar *f*   (act of) dropping out
 of school
desgraciadamente   unfortunately
decisión unánime *f*   unanimous decision
desobedecer   to disobey
desobediencia *f*   disobedience
desórdenes de tipo psicomotor *m pl*
 psychomotor disorders
desprenderse   to remove oneself, detach
 oneself
destreza *f*   skill, expertise, dexterity
destreza de alto nivel cognoscitivo *f*
 higher-level cognitive skill
destreza de bajo nivel cognoscitivo *f*
 lower-level cognitive skill
destreza de razonamiento *f*   reasoning
 ability (skill)
destreza de razonamiento a nivel
 superior *f*   higher-level reasoning
 ability (skill)
destrezas básicas *f pl*   basic skills
destrezas de pensamiento crítico *f pl*
 critical-thinking skills
destrezas motriles *f pl*   motor skills
desventaja *f*   disadvantage
desventaja cultural *f*   cultural
 disadvantage
desventajado   disadvantaged,
 underprivileged
detallado   detailed
detalle *m*   detail
detección *f*   detection
detectar   to detect
detector *m*   detector
detector de metal *m*   metal detector
determinación *f*   determination
determinar   to determine
día entero *m*   full day
diagnóstico   diagnostic
dibujar   to draw
didáctico   didactic

diestro skillful
diferencia f difference
diferenciar to differentiate
diferente different
dinámica f dynamics
diploma m diploma
diploma de la escuela superior m high-school diploma
diplomático m diplomat
directo direct
director m director
dirigir to direct
discalculia f inability to understand numbers and math
disciplina f discipline
discípulo m disciple; student
disco m record
discriminación f discrimination
discriminar to discriminate
discusión f discussion
discutir to discuss
diseñar to design
diseño m design, outline
disfunción f dysfunction
disfunción cerebral mínima f slight brain dysfunction
dislexia f dyslexia
disminución f diminution, decrease, reduction
disminuir to decrease, diminish
disparidad f disparity
disponible available
disposición f disposition, inclination
distribución f distribution
distribuir to distribute
distrito m district
distrito escolar m school district
distrofia f dystrophy
distrofia muscular f muscular dystrophy
disturbio m disturbance
disuadir to dissuade, deter
disuasión f dissuasion
diversidad f diversity
diversidad étnica f ethnic diversity
dividir to divide
docencia f teaching
docente m or f teacher
docente especialista m or f specialized teacher

docente preescolar m or f preschool teacher
doctorado m doctorate
doméstico domestic
dominante dominant
dominar to have (acquire) a thorough knowledge of; to master
dominio m in-depth knowledge, mastery
droga f drug
droga de preferencia f drug of preference
drogas recetadas f pl prescription drugs

E

ebanista m or f cabinetmaker, woodworker
ebanistería f cabinetmaking, woodworking
ecléctico eclectic
ecología f ecology
economía f economy
economía doméstica f home economics
económico economical
edad f age
edad biológica f biological age
edad cronológica f chronological age
edad de desarrollo f developmental age
edad escolar f school age
Edad Media f Middle Ages
edad mental f mental age
edad promedio f average age
educación f education
educación básica f basic education
educación bilingüe f bilingual education
educación elemental f elementary education
educación especial f special education
educación física f physical education
educación formal f formal education
educación multicultural f multicultural education
educación obligatoria f obligatory education
educación postsecundaria f postsecondary education
educación preescolar f early childhood education
educación primaria f primary education, elementary education

educación privada *f*   private education
educación pública *f*   public education
educación pública gratuita *f*   free public education
educación secundaria *f*   secondary education
educación sexual *f*   sex education
educación superior *f*   higher education
educación vocacional *f*   vocational education
educador *m*   educator
educando *m*   learner
educar   to educate
educativo   educational
efectividad *f*   effectiveness
efectivo   effective
efecto *m*   effect
efectuar cambios   to bring about changes
eficacia *f*   effectiveness
eficaz   effective
egocéntrico   egocentric
ejecución *f*   execution, operation
ejecutar   to execute, carry out
ejemplo *m*   example
ejercer   to exercise, to practice
electricista *m* or *f*   electrician
electrodoméstico *m*   electrical household appliance
elegir   to elect
elemental   elementary
eliminación *f*   elimination
eliminar   to eliminate
elitista   elitist
elogiar   to praise
elogio *m*   praise
embarazo *m*   pregnancy
embriaguez *f*   drunkenness
emitir   to issue
emocional   emotional
emparejar   to match
empezar   to begin
empleado *m*   employee
emplear   to use
empleo de (las) drogas *m*   use of drugs, drug use
empresa *f*   enterprise
empresa multinacional *f*   multinational enterprise
en filas   in rows

en lugar de   instead of
en voz alta   out loud, aloud
en voz baja   in a low voice
enanismo *m*   dwarfism
encargarse de   to be in charge of
encuesta *f*   poll, survey
énfasis *m*   emphasis
enfatizar   to emphasize
enfermedad venérea *f*   venereal disease
enfocarse   to focus
enfoque *m*   focus
enfrentarse   to face up to, confront
ensayar   to try, attempt
ensayo y error *m*   trial and error
enseñanza *f*   teaching
enseñanza de destrezas básicas *f*   teaching of basic skills
enseñar   to teach
ensuciar   to dirty
entender   to understand
entrada *f*   entry; input
entrar   to enter
entrar en juego   to come into play
entregar   to deliver
entrenamiento *m*   training
entrenamiento profesional *m*   professional training
entrevista *f*   interview
época *f*   epoch
equidad educativa *f*   educational equity
equilibrio *m*   equilibrium, balance
equilibrio racial *m*   racial balance
equipo *m*   team; equipment
equipo audiovisual *m*   audiovisual equipment
equipo de alumbrado y sonido *m*   lighting and sound equipment
equipo de cámaras *m*   camera equipment
equipo de especialistas *m*   team of specialists
equipo de informática *m*   computer equipment
equipo de parque *m*   playground equipment
equipo de proyectores *m*   projection equipment
equipo electrónico *m*   electronic equipment
erróneamente   erroneously

error *m* error
escala *f* scale
escándalo *m* scandal
escenario *m* scenery; stage (theatrical)
escribir to write
escritorio *m* teacher's desk
escritura *f* writing
escuchador *m* listener
escuchar to listen
escuela elemental *f* elementary school
escuela estatal *f* state school
escuela intermedia *f* intermediate school,
  junior high school
escuela internacional *f* international
  school
escuela laica *f* secular school
escuela media *f* middle school
escuela normal *f* normal school
escuela parroquial *f* parochial school
escuela preparatoria *f* preparatory
  school
escuela primaria *f* elementary school
escuela privada *f* private school
escuela pública *f* public school
escuela religiosa *f* religious school
escuela secundaria *f* secondary school,
  high school
escuela secundaria comprensiva *f*
  comprehensive high school
escuela superior *f* high school
escultura *f* sculpture
esencial essential
esfuerzo *m* effort
esfuerzo satisfactorio *m* satisfactory
  effort
esmerado neat, carefully done
especial special
especialista *m* or *f* specialist
especialización *f* specialization
especializado specialized
especializar to specialize
específico specific
esperados logros de aprendizaje *m pl*
  expected learning outcomes
espina bífida *f* spina bifida
espíritu *m* spirit
espiritual spiritual
esquema *m* outline, sketch
estabilidad *f* stability

establecimiento *m* establishment
estadio *m* stadium
estadística *f* statistic
estado mental *m* mental state
estar de acuerdo to agree
estar en exposición to be on display
estatal pertaining to the state
estéril sterile
estética *f* esthetics
estético esthetic
estima *f* esteem
estimular to stimulate
estímulo *m* stimulant, stimulus
estímulo auditivo *m* auditory stimulus
estímulo visual *m* visual stimulus
estrategia *f* strategy
estrategia de enseñanza *f* teaching
  strategy
estrategia pedagógica *f* teaching strategy
estrella de oro *f* gold star
estrés *m* stress
estructura *f* structure
estructurado structured
estudiantado *m* student body
estudiante *m* or *f* student
estudio *m* study
estudio de cine *m* movie studio
estudio de televisión *m* television studio
estudios de laboratorio *m pl* laboratory
  studies
estudios interdisciplinarios *m pl*
  interdisciplinary studies
estudios sociales *m pl* social studies
estúpido stupid
etapa *f* stage
etapa de las operaciones concretas *f*
  stage of concrete operations
etapa de las operaciones formales *f*
  stage of formal operations
etapa preoperacional *f* preoperational
  stage
etapa sensorimotora *f* sensorimotor
  stage
ética *f* ethics
ético ethical
étnico ethnic
evaluación *f* evaluation
evaluación formativa *f* formative
  evaluation

evaluación sumativa *f*   summative (final) evaluation
evaluar   to evaluate
evento *m*   event
evitar   to avoid
evocar   to evoke
evolución *f*   evolution
exacto   exact
examen *m*   test, exam
examen nacional para docentes *m*   national teachers exam
exámenes de ingreso *m pl*   entrance exams
examinando *m*   examinee, examination candidate
examinar   to examine
excepción *f*   exception
exigir   to require, demand
éxito *m*   success
experiencia *f*   experience
experimentación *f*   experimentation
experimentar   to experiment
experimento *m*   experiment
experto *m*   expert
explícito   explicit
explorar   to explore
exponer   to expose
exposición *f*   exposition
expresión *f*   expression
expresión individual *f*   individual expression
expresión verbal *f*   verbal expression
expuesto   exposed
expulsar   to expel
expulsión *f*   expulsion
externo   external
extranjero *m*   foreigner

F

facilidad *f*   facility, ease
factor *m*   factor
factores motivadores *m pl*   motivational factors
facultad *f*   faculty, power
facultativo   facultative, optional
falta *f*   lack
falta de disciplina *f*   lack of discipline
falta de esfuerzo *f*   lack of effort
falta de interés *f*   lack of interest

falto   lacking, deficient
fallar   to pronounce a verdict
fallo *m*   verdict, judgement, sentence
familia *f*   family
familia con desventaja *f*   disadvantaged family
familia menos privilegiada *f*   underprivileged family
familia nuclear *f*   nuclear family
familiar   familiar
fase *f*   phase
fastidiar   to annoy, bother
favorecer   to favor
fecha *f*   date
federal   federal
figura *f*   figure
figurar   to appear
fijo   stationary, fixed
filmar   to film
film(e) *m*   film
filosofía *f*   philosophy
filosófico   philosophical
fin *m*   end, goal
financiero   financial
física *f*   physics
físico   physical
fisiológico   physiological
flautista *m* or *f*   flutist
flexibilidad *f*   flexibility
flexible   flexible
fomentar   to encourage, foster
fomentar la discusión   to encourage discussion
fomento *m*   promotion, encouragement, fostering
fondos *m pl*   funds
fondos estatales *m pl*   state funds
fondos federales *m pl*   federal funds
fontanería *f*   plumbing
forma *f*   form
formación *f*   training
formación profesional *f*   professional training
formal   formal
formativo   formative
formato *m*   format
fórmula *f*   formula
formulación *f*   formulation
formular   to formulate

fracasar   to fail
fracaso *m*   failure
fragmento *m*   fragment
francés *m*   French (language)
frecuencia *f*   frequency
frente *m*   front
frente del salón *m*   front of the room
frustrante   frustrating
fuente *f*   source
fuentes de información *f pl*   sources of
   information
fuerza laboral *f*   work force
fuerzas armadas *f pl*   armed forces
fumar   to smoke
función *f*   function
funcionamiento *m*   functioning
fundación *f*   foundation
fundamental   fundamental
fundar   to found; to establish

G

gallego *m*   Galician (language)
ganar   to earn
ganarse la vida   to earn a living
gato *m*   cat; jack (car)
gen *m*   gene
generación *f*   generation
generaciones venideras *f pl*   future
   generations
generalista *m* or *f*   generalist
generalización *f*   generalization
genio *m*   genius
gente joven *f*   young people
geografía *f*   geography
gimnasia *f*   gymnastics
gimnasio *m*   gymnasium
glandular   glandular
globalismo *m*   globalism
gobierno *m*   government
gobierno estatal *m*   state government
gobierno local *m*   local government
gol *m*   goal
grabadora *f*   tape recorder
grabadora de casetes *f*   cassette
   recorder
grabar   to record
grado *m*   grade; level
grado de autosuficiencia *m*   degree of
   self-sufficiency

grado de independencia *m*   degree of
   independence
gradual   gradual
graduarse   to graduate
gráfica *f*   chart, graph
gratuito   gratuitous, free
grave   serious
gravedad *f*   gravity, seriousness
grupo *m*   group
grupo de intereses especiales *m*   special-
   interest group
grupo específico *m*   specific group
grupo étnico *m*   ethnic group
grupo heterogéneo *m*   heterogeneous
   group
grupo homogéneo *m*   homogeneous
   group
grupo mayoritario *m*   majority group
grupo minoritario *m*   minority group
grupos de baile *m pl*   dance groups, ballet
   groups
guardería para niños *f*   nursery, day-care
   center
gubernamental   governmental
guía *m* or *f*   guide
guiado   guided
guiar   to guide
gustar   to taste; to like
gusto *m*   taste

H

habilidad *f*   ability, skill
habilidad limitada en inglés *f*   limited
   English proficiency (LEP)
habilidades de nivel superior *f pl*
   higher-level skills, higher-order skills
habilidades diferentes *f pl*   different
   abilities
habilidades mentales *f pl*   mental skills
habitante *m* or *f*   inhabitant
hábito *m*   habit
hacer buen tiempo   to be nice weather
hacer ejemplo de   to set an example of,
   make an example of
hacer hincapié   to emphasize, stress
hacer mal tiempo   to be bad weather
hecho *m*   fact
hembra *f*   female
heredado   inherited

heredar   to inherit
hereditario   hereditary
herencia *f*   inheritance; heritage
héroe *m*   hero
herramientas *f pl*   tools
heterogéneo   heterogeneous
híbrido *m*   hybrid
higiene *f*   hygiene
hiperactividad *f*   hyperactivity
hiperkinesis *f*   hyperkinesis
hipótesis *f*   hypothesis
hispanohablante   Spanish-speaking
historia *f*   history
histórico   historical
hogar *m*   home
homogeneización *f*   homogenization
homogéneo   homogeneous
honesto   honest
horno *m*   oven
horno de microondas *m*   microwave oven
hostelería *f*   hotel management
humanista   humanistic
humano *m*   human (being)
humano   human

I

idea *f*   idea
ideales democráticos *m pl*   democratic
  ideals
ideas preconcebidas *f pl*   preconceived
  ideas
identidad *f*   identity
identificación temprana *f*   early
  identification (detection)
identificar   to identify
ideológico   ideological
idioma *m*   language
idioma extranjero *m*   foreign language
idioma materno *m*   mother tongue, native
  language
idóneo   suitable, proper
iglesia *f*   church
ilegal   illegal
imagen *f*   image
imaginación *f*   imagination
imaginar   to imagine
imam *m*   imam, Moslem clergyman
impacto *m*   impact
impedimento *m*   impediment

impedimento físico *m*   physical
  impediment
ímpetu *m*   impetus
implementación *f*   implementation
implementar   to implement
implícito   implicit
imponer   to impose
importancia *f*   importance
imposición *f*   imposition
imprescindible   indispensable, absolutely
  necessary
impresionante   impressive
impulsar   to impel
impulsividad *f*   impulsiveness
inapropiado   inappropriate
incentivo *m*   incentive
inclusivo   inclusive
incomodar   to annoy, bother, disturb
incrementar   to increase
incremento *m*   increment, increase
inculcar   to inculcate, instill
independencia *f*   independence
independencia económica *f*   economic
  (financial) independence
independiente   independent
independientemente   independently
independizarse   to become independent
indicador *m*   indicator
indicar   to indicate
indígena   indigenous
indirecto   indirect
indispensable   indispensable
individual   individual
individualismo *m*   individualism
inducción *f*   induction
inductivo   inductive
industrial   industrial
industrializado   industrialized
infancia *f*   infancy
inferencia *f*   inference
inferir   to infer
influencia *f*   influence
información *f*   information
informar   to inform
informática *f*   computer science
informes *m pl*   information, data
infundir   to instill
ingeniero *m*   engineer
ingerir   to ingest, take in, imbibe

inglés *m*   English
inglés como segundo idioma *m*   English
   as a second language (ESL)
ingresar   to enter; to enroll
inhabilidad *f*   inability
iniciar   to initiate
iniciar un pleito   to initiate a lawsuit, sue
iniciativa *f*   initiative
iniciativa individual *f*   self-initiative
injusto   unjust, unfair
inmigración *f*   immigration
inmigrante *m* or *f*   immigrant
innato   innate
inscribirse   to enroll, register
inscrito   enrolled
institución *f*   institution
instrucción *f*   instruction
instrucción especializada *f*   specialized
   instruction
instrucción formal *f*   formal instruction
instrucción individualizada *f*
   individualized instruction
instrucción preescolar *f*   preschool
   instruction
instruir   to instruct
instrumental   instrumental
instrumentalista   instrumentalist
instrumento *m*   instrument
instrumento de medición *m*
   measurement instrument
integración *f*   integration
integrado   integrated
integral   integral
integrar   to integrate
intelectual   intellectual
inteligencia *f*   intelligence
intensificar   to intensify
interacción *f*   interaction
interactivo   interactive
interdependencia *f*   interdependence
interdisciplinario   interdisciplinary
interés *m*   interest
interesar   to interest
intermediario *m*   intermediary
internacional   international
internado *m*   boarding school student
interno   internal
interpersonal   interpersonal
interpretación *f*   interpretation

interpretar   to interpret
intérprete *m* or *f*   interpreter
intervención *f*   intervention
intervención de la policía *f*   police
   intervention
intervención temprana *f*   early
   intervention
intervenir   to influence, intervene
intolerancia *f*   intolerance
introducción *f*   introduction
introducir   to introduce
inventario *m*   inventory
inversión *f*   investment
invertir   to invest
investigación *f*   investigation
investigador *m*   investigator
investigar   to investigate
islam *m*   Islam

J

japonés *m*   Japanese
jardín de infancia *m*   kindergarten
jefe de departamento *m*   department head
jerarquía *f*   hierarchy
jubilarse   to retire
judaísmo *m*   Judaism
juego en grupo *m*   group play
juego individual *m*   individual play
juicio *m*   judgement, common sense,
   sound judgement
juicio profesional *m*   professional
   judgement
junta *f*   board
junta de educación *f*   Board of Education
justicia *f*   justice
justicia social y económica *f*   social and
   economic justice
juventud *f*   youth
juzgar   to judge

K

kinder *m*   kindergarten

L

laboratorio *m*   laboratory
laboratorio de biología *m*   biology
   laboratory
laboratorio de física *m*   physics
   laboratory

laboratorio de química *m*   chemistry
   laboratory
laico   lay, secular
lamentar   to lament
lanzamiento *m*   launching
lanzar   to launch
láser *m*   laser
lavadora *f*   washing machine, washer
lavaplatos *m*   dishwasher
lavar   to wash
lector *m*   reader
lectura *f*   reading
leer   to read
legal   legal
legislación *f*   legislation
legislar   to legislate
lengua *f*   language
lengua de instrucción *f*   language of
   instruction
lengua extranjera *f*   foreign language
lengua hablada *f*   spoken language
lengua materna *f*   mother tongue, native
   language
lenguaje *m*   language
lenguaje escrito *m*   written language
lenguaje hablado *m*   spoken language
lenguaje por señas *m*   sign language
lento   slow
lesión cerebral *f*   brain damage
letra *f*   letter
ley *f*   law
libertad *f*   liberty
libertad de movimiento *f*   freedom of
   movement
libro de planes *m*   plan book
libro de texto *m*   textbook
licencia *f*   license
licencia de supervisor *f*   supervisor's
   certificate
licenciatura *f*   Master's degree
líder *m*   leader
limitación *f*   limitation
limitación de tiempo *f*   time limitation
limitado   limited
limpiar   to clean
lingüístico   linguistic
listado *m*   list
literatura *f*   literature
local   local

lógica *f*   logic
lógico   logical
lograr   to achieve
lograr las metas   to meet the objectives
logro *m*   success
logro académico *m*   academic success,
   achievement
lugar *m*   place
luz *f*   light

LL

llave *f*   key; wrench
llenar el blanco   to fill in the blank
llevar a cabo   to carry out
llevarse bien con   to get along with

M

madre soltera *f*   single mother
madurez *f*   maturity
madurez física *f*   physical maturity
maestría *f*   Master's (Master of Arts)
   degree
maestría en educación *f*   Master's
   (Master of Arts) degree in Education
maestro *m*   teacher
maestro ansioso *m*   anxious teacher
maestro aprendiz *m*   student teacher
maestro de escuela elemental *m*
   elementary school teacher
maestro de materia *m*   subject matter
   teacher
maestro de primaria *m*   elementary
   school teacher
maestro de salón *m*   classroom teacher
maestro de secundaria *m*   secondary
   (high) school teacher
maestro indolente *m*   indolent (lazy)
   teacher
maestro itinerante *m*   itinerant (traveling)
   teacher
maestro nato *m*   born teacher
maestro ponderado *m*   prudent (tactful)
   teacher
maestro potencial *m*   future teacher
mal comportamiento *m*   bad behavior
mala conducta *f*   bad behavior
manipulación *f*   manipulation
mano de obra *f*   labor, workers,
   workforce

mantener   to maintain
mantener el orden   to maintain order
mantenimiento *m*   maintenance
mantenimiento de la disciplina *m*
   maintaining discipline
mantenimiento de planta *m*   building
   (plant) maintenance
mantenimiento del orden *m*   maintaining
   order
mantenimiento del orden y la disciplina
   m   maintaining order and discipline
manual *m*   manual
manual escolar *m*   textbook
máquina *f*   machine
máquina de escribir *f*   typewriter
máquinas comerciales *f pl*   business
   machines
marihuana *f*   marijuana
martillo *m*   hammer
masa *f*   mass
mascota *f*   pet
matemáticas *f pl*   mathematics
matemáticas básicas *f pl*   basic
   mathematics
matemáticas comerciales *f pl*   business
   mathematics
materia *f*   subject (matter)
materia académica *f*   academic subject
materia de estudio *f*   subject matter,
   content area
material *m*   material
material de lectura *m*   reading material
material impreso *m*   printed material
materiales audiovisuales *m pl*
   audiovisual materials
materiales didácticos *m pl*   teaching
   materials
materno   maternal
matrícula *f*   enrollment, registration
matriculado   enrolled
matricularse   to enroll, register
matrimonio *m*   marriage, matrimony
máximo   maximum
mayoría *f*   majority
mayoritario *m*   majority
mecánica *f*   mechanics
mecánico *m*   mechanic
mecanografía *f*   typing, typewriting
mechero de bunsen *m*   bunsen burner

medición *f*   measurement
medición y evaluación *f*   tests and
   measurements, measurement and
   evaluation
medida *f*   measure
medieval   medieval
medio ambiente *m*   environment
medio día *m*   half day
medio físico *m*   environment
medios de comunicación masiva *m pl*
   mass communication media
medir   to measure
mejora *f*   improvement
mejoramiento *m*   improvement
mejorar   to improve
memoria *f*   memory
memorizar   to memorize
menor de edad *m* or *f*   minor
menos privilegiado   underprivileged
mente *f*   mind
mercancía *f*   merchandise
meta *f*   goal
meta común *f*   common goal
metáfora *f*   metaphor
metal *m*   metal
meter a los alumnos en clases especiales
   to place students in special classes
método *m*   method
método audiolingual *m*   audiolingual
   method
método de aprendizaje cooperativo *m*
   cooperative learning method
método de dominio *m*   mastery method
método de enseñar *m*   teaching method
método de gramática y traducción *m*
   grammar-translation method
método de presentación *m*   presentation
   method
método directo *m*   direct method
método ecléctico *m*   eclectic method
método natural *m*   natural method
metodología *f*   methodology
metodología ecléctica *f*   eclectic
   methodology
metodología por concepto (conceptual) *f*
   conceptual methodology
metodología por tópico *f*   topical
   methodology
métodos eficaces *m pl*   effective methods

mezcladora *f*   mixer
microficha *f*   microfiche
microfilm(e) *m*   microfilm
micrófono *m*   microphone
microscopio *m*   microscope
miembro *m*   member
mínimo   minimum
minoritario   minority
minusválido *m*   disabled (person)
modalidad *f*   modality
modelar   to model
modelo *m*   model
modelo masculino *m*   male model
modificación *f*   modification
modificación de conducta *f*   behavior
   modification
modificar   to modify
molestar   to annoy, bother
monitor *m*   monitor
monitor de video *m*   video monitor
monitoria *f*   monitoring, admonition
monolingüe   monolingual
moral   moral
mostrar   to show
motivación *f*   motivation
motivar   to motivate
motivo de logro *m*   success motive
mover   to move
movimiento *m*   movement
muebles *m pl*   furniture
muestra *f*   sample
multicultural   multicultural
multinacional   multinational
multiplicar   to multiply
muscular   muscular
música *f*   music
mutuo   mutual

N

nacimiento *m*   birth
nacional   national
natación *f*   swimming
natural   natural
necesario   necessary
necesidad *f*   necessity, need
necesidad emocional *f*   emotional
   need
necesidad física *f*   physical need
necesidades básicas *f pl*   basic needs

necesidades de los estudiantes *f pl*
   students' needs
necesidades fisiológicas *f pl*
   physiological needs
necesidades humanas *f pl*   human needs
necesitar   to need
negativo   negative
negociar   to negotiate
negociar un contrato   to negotiate a
   contract
niñez *f*   childhood
niño con desventaja *m*   underprivileged
   child
niño de habla española *m*   Spanish-
   speaking child
niño desventajado *m*   underprivileged
   child
niño hiperactivo *m*   hyperactive child
niños con desventaja *m pl*
   underprivileged children
niños de ascendencia mexicana *m pl*
   children of Mexican ancestry
   (background)
niños de edad escolar *m pl*   school-age
   children
nivel *m*   level
nivel administrativo *m*   administrative
   level
nivel apropiado *m*   appropriate level
nivel de educación *m*   level of education
nivel de inteligencia *m*   level of
   intelligence
nivel de interés *m*   interest level
nivel de logro *m*   level of success,
   achievement
nivel de madurez *m*   maturity level
nivel de motivación *m*   motivational level
nivel de preocupación *m*   level of
   concern
nivel de rendimiento *m*   achievement
   level
nivel intelectual *m*   intellectual level
nivel socioeconómico *m*   socioeconomic
   level
nivelar   to level out, even out, balance
nobleza *f*   nobility
noción *f*   notion
nombramiento *m*   appointment
nombrar   to name, appoint

norma *f*   norm
normal   normal
normal promedio   average (intelligence classification)
nota *f*   grade, mark
nota final *f*   final grade
notar   to note
novato *m*   novice, beginner
nubilidad *f*   marriageable (child-bearing) age
nuclear   nuclear
nutrir   to nourish, feed

O

obedecer   to obey
obediencia *f*   obedience
objetivo *m*   objective
objetivo específico *m*   specific objective
objetivos de la lección *m pl*   lesson objectives
objetivos educativos (educacionales) *m pl*   educational objectives
obligación *f*   obligation
obligar   to oblige
obligatorio   obligatory
obra de teatro *f*   play (theatrical)
observación *f*   observation
observar   to observe
obtención *f*   attainment, obtaining
obtener   to obtain
ocurrencia *f*   occurrence
ocurrir   to occur
odio *m*   hate
oficina central *f*   central office
oficina del distrito *f*   district office
oído *m*   ear; hearing (sense of)
oír   to hear
oler   to smell
olfato *m*   smell (sense of)
operador *m*   operator
operar   to operate
opinión *f*   opinion
opinión de la comunidad *f*   community opinion
oponente *m or f*   opponent
oponer   to oppose
oportunidad *f*   opportunity
oportunidades de empleo *f pl*   employment opportunities

oportunidades educativas *f pl*   educational opportunities
oración *f*   sentence; prayer
oral   oral
orar   to pray
orden *m*   order
orden fijo *m*   fixed order
ordenación *f*   ordering, arrangement
ordenador *m*   computer
ordenanza *f*   ordinance; order
ordenar   to order
organización *f*   organization
organización de los padres *f*   parents' organization
organización social *f*   social organization
organizar   to organize
orquesta *f*   orchestra
ortografía *f*   spelling
otorgar   to grant, give

P

países en vías de desarrollo *m pl*   developing countries
países industrializados *m pl*   industrialized countries
panfleto *m*   pamphlet
pantalla *f*   screen
papas *f pl*   potatoes
papel *m*   role; paper
parálisis *f*   paralysis
parálisis cerebral *f*   cerebral palsy
parque *m*   park
párrafo *m*   paragraph
parroquial   parochial
partes componentes *f pl*   component parts
participación *f*   participation
participante *m or f*   participant
participar   to participate
partícipe *m or f*   participant
partidario *m*   follower, supporter
pasillo *m*   hall
paso a paso   step by step
patológico   pathological
patrón *m*   pattern
patrones de inmigración *m pl*   immigration patterns
patrones gramaticales *m pl*   grammatical patterns
pauta *f*   guideline

pedagógico   pedagogical
pedagogo *m*   teacher
película *f*   film
peluquería *f*   hairdressing, hairdresser's
peluquero *m*   hairdresser
penalidad *f*   penalty
péndulo *m*   pendulum
pensamiento *m*   thought
pensamiento abstracto *m*   abstract thought
pensamiento crítico *m*   critical thinking
pensar   to think
percepción *f*   perception
percepción visual *f*   visual perception
percibir   to perceive
pérdida auditiva *f*   hearing loss
pérdida parcial del oído *f*   partial hearing loss
perezoso   lazy
periódicamente   periodically
período *m*   period
permanecer   to remain
permanencia *f*   permanence, tenure
permiso *m*   permission
permitir   to permit
perseverancia *f*   perseverance
personal   personal
personal *m*   personnel
personalidad *f*   personality
perspectivas multiculturales *f pl*   multicultural perspectives
persuadir   to persuade
pertenecer   to belong
pesadilla *f*   nightmare
picar   to pique, arouse
pintar   to paint
piscina *f*   swimming pool
pista *f*   track
pista y campo *f*   track and field
pizarra *f*   chalkboard
pizarrón *m*   chalkboard
placer *m*   pleasure
plan *m*   plan
plan anual *m*   yearly plan
plan de estudios *m*   course of study
plan de la lección *m*   lesson plan
plan del día *m*   daily plan
plan educativo individual *m*   individualized program

planear   to plan
planificación *f*   planning
planificación para una unidad *f*   unit plan
planificar   to plan
planta *f*   plant
plato *m*   dish, plate
plazo corto de tiempo *m*   short period of time
pleito *m*   lawsuit
plomero *m*   plumber
pluralismo *m*   pluralism
pluralismo cultural *m*   cultural pluralism
población *f*   population
población estudiantil *f*   student population
pobreza *f*   poverty
poder *m*   power
poder político *m*   political power
polémica *f*   polemic, controversy
polémico   controversial
policía *f*   police force; *m* or *f*   police officer
política *f*   policy; politics
político   political
poner en vigor   to put into effect, enforce
por medio de   by means of
porcentaje *m*   percentage
portarse mal   to behave badly
poseer   to possess
posgrado   postgraduate
postsecundario   postsecondary
potencial *m*   potential
potencial intelectual *m*   intellectual potential
práctica *f*   practice
práctica bajo supervisión *f*   supervised practice
práctica guiada *f*   guided practice
práctica independiente *f*   independent practice
práctico   practical
precio *m*   price
preciso   precise, exact
predecir   to predict
predicción *f*   prediction
predominar   to predominate
preescolar   preschool
preferencia *f*   preference

preferencia comunitaria (de la comunidad) *f* community preference
preferible preferable
preferir to prefer
pregunta *f* question
prejuicio *m* prejudice
preliminar preliminary
premisa *f* premise
preocupación *f* concern, worry
preocupaciones sociales *f pl* social concerns
preocupante worrisome
preocuparse to worry
preoperacional preoperational
preparación *f* preparation
preparación académica *f* academic preparation
preparación pedagógica *f* teacher preparation, teacher training
preparar to prepare
preparatorio preparatory
prepubertad *f* prepuberty
presencia *f* presence
presentación *f* presentation
presión *f* pressure
presionar to press, push, put pressure on
préstamo estudiantil *m* student loan
prestar atención to pay attention
presupuesto *m* budget
pretender to pretend
primario primary
primitivo primitive
primordial fundamental, essential
principal *m or f* principal
principio de la conservación *m* conservation principle
principios éticos *m pl* ethical principles
prioridad *f* priority
privado private
privilegiado privileged
privilegio *m* privilege
probabilidad *f* probability
probabilidad de éxito *f* probability of success
probar to prove
problema *m* problem
problema complejo *m* complex problem
problema de aprendizaje *m* learning disability (problem)

problema emocional *m* emotional problem
problemas personales *m pl* personal problems
problemática *f* problems (group of)
problemático problematic(al)
procedimiento *m* process, procedure
proceso *m* process
proceso de aprendizaje *m* learning process
proceso de maduración *m* maturing process
proceso educativo *m* educational process
proceso social *m* social process
procrear to procreate
profesión *f* profession
profesional professional
profesor universitario *m* university professor
proficiencia *f* proficiency
proficiencia en el uso del lenguaje *f* language proficiency
profundidad *f* profoundity, depth
programa *m* program
programa académico *m* academic program
programa académico tradicional *m* traditional academic program
programa bilingüe *m* bilingual program
programa bilingüe de dos sentidos *m* two-way bilingual program
programa bilingüe de mantenimiento *m* bilingual maintenance program
programa bilingüe de transición *m* transitional bilingual program
programa comercial *m* business program
programa de educación especial *m* special education program
programa de estudios *m* program of study
programa de mantenimiento *m* maintenance program
programa de posgrado *m* (post)graduate program
programa de televisión *m* television program
programa de transición *m* transitional program

programa preescolar *m*   preschool
   program
programa regular *m*   regular program
   (mainstream)
programar   to program
progreso *m*   progress
progreso satisfactorio *m*   satisfactory
   progress
prohibición *f*   prohibition
prohibido   prohibited
prohibir   to prohibit
promedio *m*   average
promedio   average
promedio de notas *m*   grade average
promover   to promote
pronóstico *m*   prognosis, prediction
proponente *m* or *f*   proponent
proponer   to propose
proporción *f*   proportion
proposición *f*   proposition
propósito *m*   purpose
protección *f*   protection
proteger   to protect
proveer   to provide
provisión *f*   provision
provocar   to provoke
proyectar   to project
proyector *m*   projector
prueba *f*   test
prueba con referencia a criterio *f*
   criterion-referenced test
prueba de admisión *f*   admissions test
prueba de aprovechamiento *f*
   achievement test
prueba de aptitud *f*   aptitude test
prueba de aptitud académica *f*
   Scholastic Aptitude Test (SAT)
prueba de ensayo *f*   essay test
prueba de inteligencia *f*   intelligence test,
   IQ test
prueba de logro *f*   achievement test
prueba de proficiencia *f*   proficiency test
prueba de selección múltiple *f*   multiple-
   choice test
prueba de verdad o falso *f*   true-false test
prueba diagnóstica *f*   diagnostic test
prueba estandarizada *f*   standardized test
prueba normalizada *f*   standardized test,
   norm referenced test

prueba preliminar *f*   pre(liminary) test
pruebas psicológicas *f pl*   psychological
   tests
psicolingüístico   psycholinguistic
psicología *f*   psychology
psicología de la adolescencia *f*
   adolescent psychology
psicología de la niñez *f*   child psychology
psicológico   psychological
psicólogo *m*   psychologist
psicomotor   psychomotor
psíquico   psychic
pubertad *f*   puberty
público *m*   public, audience
público   public
puede beneficiarse de entrenamiento
   trainable
puericia *f*   childhood
puesto *m*   position, job
puntuación *f*   score
pupitre *m*   student's desk

Q

quejarse   to complain
química *f*   chemistry
quitar   to remove, take away

R

rabino *m*   rabbi
racial   racial
raciocinio *m*   reasoning
rama *f*   branch
raza *f*   race
razón *f*   reason
razonamiento *m*   reasoning
razonar   to reason
reaccionar   to react
real   real, royal
realista   realistic
rebeldía *f*   rebellion
recién llegado *m*   newcomer
reciente   recent
recíproco   reciprocal
recitación en coro *f*   choral recitation
recobrar   to recover, regain
recoger   to gather, collect
recomendable   recommendable
recomendar   to recommend
reconocer   to recognize

reconocimiento *m* recognition, awareness
recordación *f* memory, recall
recordar to remember
recurso *m* resource
recursos limitados *m pl* limited resources
recursos materiales *m pl* material resources
redacción *f* writing
redistribución *f* redistribution
reducir to reduce
reflejar to reflect
reflejo *m* reflection
reflejo de insuficiencia *m* inferiority complex
reflexionar to reflect
reforzar to reinforce
refrigeradora *m* or *f* refrigerator
refuerzo *m* reinforcement
regla *f* rule; ruler
regla arbitraria *f* arbitrary rule
regla de cálculo *f* slide rule
reglas de disciplina *f pl* rules of discipline
regular regular
relación *f* relation, relationship
relaciones familiares *f pl* family relations (relationships)
relaciones humanas *f pl* human relations
relaciones interdependientes *f pl* interdependent relations
relaciones interpersonales *f pl* interpersonal relations
relevante relevant
religión *f* religion
religioso religious
remedial remedial
remedio *m* remedy, cure
rendimiento *m* yield, return; performance, achievement
rendimiento académico *m* academic achievement
rendir to yield, produce
reparar to repair
repertorio *m* repertory
repetición *f* repetition
repetir to repeat
representación *f* representation
representar to represent
requerir to require

requisito *m* requisite, requirement
resolución *f* resolution
resolver to resolve, solve
respaldar to back, support
respetar to respect
respeto *m* respect
respeto mutuo *m* mutual respect
responder to answer, respond
responsabilidad *f* responsibility
responsabilidades en el hogar *f pl* home responsibilities, family obligations
responsable responsible
respuesta *f* answer, response
restar to take away
restringido restrictive
restringir to restrict
resultado *m* result
resultado esperado *m* expected result
resultar to result
retardación *f* retardation
retardación psicolingüística *f* psycholinguistic retardation
retardo *m* delay, retardation
retardo mental *m* mental retardation
retención *f* retention, holding back
retiro *m* retirement
retórica *f* rhetoric
retraso mental *m* mental retardation
retroalimentación *f* feedback
retroproyector *m* overhead projector
reunirse to meet, come together
reversibilidad *f* reversibility
revista *f* magazine
revolución *f* revolution
Revolución industrial *f* Industrial Revolution
riguroso rigorous
ritmo *m* rhythm
rodar películas to film
rodear to surround
ropa *f* clothes, clothing
rotular to label, letter (inscribe)
ruso *m* Russian (language)
rutina *f* routine
rutinario routine

S

sacar beneficio de to benefit from
sacerdote *m* priest

sala de auditorio *f*   auditorium
salario *m*   salary
salario promedio *m*   average salary
salir a la luz   to come out, come to light
salivar   to salivate
salón de clase *m*   classroom
salón de clase regular *m*   regular
    classroom
sanción *f*   sanction
satisfacción *f*   satisfaction
satisfacer   to satisfy
satisfactorio   satisfactory
secadora *f*   dryer
secreción *f*   secretion
secreción glandular *f*   glandular secretion
secuencia *f*   sequence
secundario   secondary
sede *f*   seat; see; headquarters
segregación *f*   segregation
segregación racial *f*   racial segregation
segregar   to segregate
segundo idioma *m*   second language
seguridad *f*   safety, security
seguridad financiera *f*   financial security
selección del libro de texto *m*   textbook
    selection
selectivo   selective
semejanza *f*   similarity
semestre *m*   semester
sencillo   simple
senectud *f*   old age, senility
senilidad *f*   senility
sensible   sensitive; sensible
sensorial   sensorial, sensory
sensorimotor   sensorimotor
sentido *m*   sense
sentido de grupo *m*   group feeling
sentido de identidad *m*   sense of identity
sentido de responsabilidad *m*   sense of
    responsibility
sentido de unidad *m*   feeling of unity
sentir   to feel
separación *f*   separation
ser humano *m*   human being
serie *f*   series
severo   severe
sexo *m*   sex
sexual   sexual
sexualidad *f*   sexuality

sexualidad humana *f*   human sexuality
sí mismo *m*   self, ego
sicológico   psychological
sierra *f*   saw
sierra de mano *f*   handsaw
sierra eléctrica *f*   electric saw
silla *f*   chair
simbólico   symbolic
símbolo *m*   symbol
similar *m* or *f*   counterpart
simplificar   to simplify
sinceridad *f*   sincerity
sincero   sincere
sindicato de maestros *m*   teachers' union
Síndrome de Inmunodeficiencia
    Adquirida (SIDA) *m*   Acquired
    Immune Deficiency Syndrome (AIDS)
síntesis *f*   synthesis
sistema *m*   system
sistema educativo *m*   educational system
sistema público de educación *m*   public
    education system
situación *f*   situation
sobre la media en inteligencia   above-
    average intelligence
sobrevivir   to survive
social   social
socialización *f*   socialization
sociedad *f*   society
sociedad avanzada *f*   advanced society
sociedad primitiva *f*   primitive society
socioeconómico   socioeconomic
sociológico   sociological
sociólogo *m*   sociologist
sociopolítico   sociopolitical
soler   to be in the habit of, to do often,
    usually
solicitar   to request, ask for, solicit
solicitud *f*   application (for something)
solución *f*   solution
sonar   to ring
sonido *m*   sound
sordera *f*   deafness
sordo   deaf
sostener   to maintain, keep up, support
status *m*   status
status social *m*   social status
status socioeconómico *m*   socioeconomic
    status

subcultura *f* subculture
suburbio *m* suburb
suburbio rico *m* wealthy suburb
subvención *f* subsidy
subvencionar to subsidize
subvenciones gubernamentales *f pl*
  government subsidies
suceso *m* event
sucio dirty
sueldo *m* salary
suerte *f* luck
sufrir to suffer
sugerir to suggest
superarse to excel, surpass oneself
superintendente *m* or *f* superintendent
superintendente auxiliar *m* or *f* assistant
  superintendent
superior superior, higher
supervisar to supervise
supervisión *f* supervision
supervisor *m* supervisor
supervivencia *f* survival

T

tabla *f* table
tabla de multiplicar *f* multiplication
  table
tablero de felpa *m* felt board
tablón de anuncios *m* bulletin board
tacto *m* touch
tachar de to accuse of, label (in a
  negative way)
taller *m* shop, workshop
taller de artes manuales *m* industrial arts
  workshop
taller de carpintería *m* carpentry
  workshop
taller de mecánica *m* auto mechanic shop
tamaño *m* size
tamaño de la clase *m* class size
tamaño de la escuela *m* school size
tarea *f* assignment, task
tasa *f* rate
tasa de deserción *f* drop-out rate
tasa de deserción escolar *f* school drop-
  out rate
taxonomía *f* taxonomy
teatro *m* theater
teclado *m* keyboard

técnicas *f pl* techniques
técnicas de enseñar *f pl* teaching
  techniques
técnicas de presentación *f pl*
  presentation techniques
técnico technical
tecnología *f* technology
tema *m* theme
tendencia *f* tendency
tender a to tend to
tener cuidado to be careful
tener éxito to be successful
tener lugar to take place
tener sueño to be sleepy
teología *f* theology
teoría *f* theory
teoría de evolución *f* theory of evolution
terminar to finish, end
término *m* term
terminología *f* terminology
tesis *f* thesis
testigo *m* witness
texto *m* text
tijeras *f pl* scissors
tipo *m* type
título *m* degree (university)
título de docente *m* teaching degree
título universitario *m* university degree
tiza *f* chalk
tobogán *m* slide; toboggan
tocar to touch
tolerancia *f* tolerance
tolerar to tolerate
toma de decisiones *f* decision making
tomar apuntes to take notes
tomar parte to take part
tomar una siesta to take a nap
tópico *m* topic
torno *m* lathe
trabajador diestro *m* skilled laborer
trabajador social *m* social worker
trabajar to work
trabajo *m* work
trabajo cooperativo *m* cooperative work
trabajo de equipo *m* teamwork
trabajo en equipos *m* teamwork, group
  work
trabajo en grupos *m* group work
tradicional traditional

trámites *m pl*   procedures, formalities, steps
transferencia *f*   transference, transfer
transferir   to transfer
transición *f*   transition
transmisión *f*   transmission
transmitir   to transmit
transportadores de droga *m pl*   drug carriers
trato de los viejos *m*   treatment of the elderly
tridimensional   three-dimensional
trigonometría *f*   trigonometry
trocito *m*   little piece (segment)
tubo *m*   pipe, tube
tubo de ensayo *m*   test tube
tumbar   to fall

U

umbral de pobreza *m*   poverty line
unánime   unanimous
unidad *f*   unit; unity
uniformidad *f*   uniformity
uniformidad en las opiniones *f*   uniformity of opinion
universidad *f*   university
universidad acreditada *f*   accredited university
universitario   pertaining to a university
urbano   urban
usar   to use
uso *m*   use
uso de (las) drogas *m*   drug use
utilidad *f*   utility, usefulness
utilizar   to use, utilize

V

valerse de   to make use of
validez *f*   validity
válido   valid

valor *m*   value
valor educativo *m*   educational value
valorar   to value, evaluate
valores de la sociedad *m pl*   societal values
valores sociales *m pl*   social values
variar   to vary
variedad *f*   variety
varón *m*   male
vascuence *m*   Basque (language)
vecindad *f*   neighborhood
vecindario *m*   neighborhood
vejez *f*   old age
venéreo   venereal
venta de drogas *f*   sale (selling) of drugs
ventaja *f*   advantage
ver   to see
verbal   verbal
verificación *f*   verification
verificación de comprensión *f*   comprehension check
verificar   to verify
viceprincipal *m or f*   vice-principal
video *m*   video
violencia *f*   violence
violento   violent
virilidad *f*   virility
visión *f*   vision
vista *f*   sight; view
visual   visual
vocación *f*   vocation
vocacional   vocational
votar   to vote

X

xenofobia *f*   xenophobia (fear and hatred of strangers or foreigners)

Z

zanahoria *f*   carrot

ENGLISH-SPANISH VOCABULARY

A

abandon abandonar
ability la capacidad, la habilidad
ability to learn la capacidad de aprender
abnormal anormal
above-average intelligence sobre la media en inteligencia
abstract abstracto
abstract thought el pensamiento abstracto
abstraction la abstracción
academic académico
academic achievement el rendimiento académico
academic background los antecedentes académicos
academic curriculum el currículo académico
academic preparation la preparación académica
academic program el programa académico
academic subject la materia académica
academic success el logro académico
accept aceptar
acceptance la aceptación
acceptance of authority la aceptación de la autoridad
accreditation la acreditación
accredited acreditado
accredited university la universidad acreditada
accuse of tachar de
achieve lograr
achievement el rendimiento, el logro
achievement level el nivel de rendimiento, el nivel de logro
achievement test la prueba de aprovechamiento, la prueba de logro
acquire adquirir

Acquired Immune Deficiency Syndrome (AIDS) el Síndrome de Inmunodeficiencia Adquirida (SIDA)
acquisition la adquisición
action la acción
activity la actividad
adapt adaptar
adequately adecuadamente
adherence el apego
adherent el (la) adherente, el adepto
administer administrar
administration la administración
administrative administrativo
administrative level el nivel administrativo
administrator el administrador
admission la admisión
admissions test la prueba de admisión
adolescence la adolescencia, la puericia
adolescent el (la) adolescente
adolescent psychology la psicología de la adolescencia
adopt adoptar
adoption la adopción
adult el adulto
advance organizer el conjunto previsor
advancement el avance
advanced avanzado
advanced science las ciencias avanzadas
advantage la ventaja
advisable aconsejable
advise aconsejar
advocate abogar por
affect afectar
affection el afecto; el cariño
affective domain el ambiente afectivo
affiliation la afiliación
age la edad
agree estar de acuerdo
agreement el acuerdo

agricultural science   la agronomía
agronomy   la agronomía
alcohol   el alcohol
algebra   el álgebra *f*
allude to   aludir a
aloud   en voz alta
alphabet   el alfabeto
alternate   alternar
ambition   la ambición
analysis   el análisis
analyze   analizar
ancestry   la ascendencia
Anglo-Saxon   anglosajón
animate   animar
animation   la animación
annoy   fastidiar, incomodar, molestar
annual   anual
answer   la contestación, la respuesta
answer   responder, contestar
anticipate   anticipar
anticipation   la anticipación
antisocial   antisocial
antisocial behavior   el comportamiento
   antisocial, la conducta antisocial
anxious   ansioso
appear   figurar, aparecer, parecer
application   la aplicación; **(for
   something)** la solicitud
apply   aplicar
appoint   nombrar
appointment   el nombramiento
appreciate   apreciar
appreciation   el aprecio
apprehend   aprehender
apprehension   la aprehensión
apprenticeship   el aprendizaje
appropriate   apropiado
appropriate conduct   la conducta
   apropiada
appropriate level   el nivel apropiado
approve   aprobar
approved   aprobado
aptitude   la aptitud
aptitude test   la prueba de aptitud
arbitrary   arbitrario
arbitrary rule   la regla arbitraria
area   el área *f*
argument   el argumento
aristocracy   la aristocracia

arithmetic   la aritmética
armed forces   las fuerzas armadas
arms   las armas
arouse   picar
arrangement   el arreglo; la ordenación
art   el arte
ask for   solicitar, pedir
aspect   el aspecto
aspiration   la aspiración
assault   el asalto
assembly   la asamblea
assignment   la tarea
assimilate   asimilar
assimilation   la asimilación
assistant superintendent   el (la)
   superintendente auxiliar
association   la asociación
assure   asegurar
at district level   a nivel de distrito
at the same time   a la vez
attachment   el apego
attain   alcanzar
attainment   la obtención
attempt   ensayar
attend   asistir a
attention   la atención
attitude   la actitud
attribute   atribuir
audiocassette   el (la) audiocasete
audiolingual method   el método
   audiolingual
audiovisual   audiovisual
audiovisual equipment   el equipo
   audiovisual
audiovisual materials   los materiales
   audiovisuales
auditorium   la sala de auditorio
auditory   auditivo
auditory stimulus   el estímulo
   auditivo
authority   la autoridad
auto shop   el taller mecánico
auxiliary   auxiliar
available   disponible
average   el promedio
average   promedio; **(intelligence
   classification)** normal promedio
average age   la edad promedio
average salary   el salario promedio

avoid   evitar
awareness   el reconocimiento

B
baby   el bebé
Bachelor's (Bachelor of Arts) degree in
   Education   el bachillerato en educación
back   respaldar
background   la ascendencia **(ethnic);** los
   antecedentes **(academic)**
bad behavior   la mala conducta, el mal
   comportamiento
balance   el equilibrio
balance   nivelar
ballpoint pen   el bolígrafo
band   la banda
barber   el barbero
base   la base
basic   básico
basic concepts   los conceptos básicos
basic education   la educación básica
basic knowledge   los conocimientos
   básicos
basic mathematics   las matemáticas
   básicas
basic needs   las necesidades básicas
basic skills   las destrezas básicas
basketball   el baloncesto
Basque (language)   el vascuence
be absent   ausentarse
be acquainted with   conocer
be bad weather   hacer mal tiempo
be careful   tener cuidado
be fitting   adecuarse
be in charge of   encargarse de
be in the habit of   soler
be nice weather   hacer buen tiempo
be on display   estar en exposición
be sleepy   tener sueño
be successful   tener éxito
be suitable   adecuarse
become   convertirse
become accustomed   acostumbrarse
become independent   independizarse
begin   empezar
beginner   el novato
behave   comportarse, portarse
behave badly   portarse mal, comportarse
   mal

behavior   el comportamiento, la conducta
behavior modification   la modificación
   de conducta
belief   la creencia
bell   la campana
belong   pertenecer
belonging   la afiliación
below-average intelligence   bajo la media
   en inteligencia
beneficial   beneficioso
benefit from   beneficiarse de, sacar
   beneficio de
bilingual   bilingüe
bilingual class   la clase bilingüe
bilingual education   la educación
   bilingüe
bilingual maintenance program   el
   programa bilingüe de mantenimiento
bilingual program   el programa bilingüe
bilingual transitional program   el
   programa bilingüe de transición
bilingualism   el bilingüismo
binational   binacional
biological   biológico
biological age   la edad biológica
biology   la biología
biology laboratory   el laboratorio de
   biología
birth   el nacimiento
blame   la culpa
blame   culpar
blind   ciego
blindness   la ceguera
board   la junta
Board of Education   la junta de
   educación
boarding student   el internado
bore   aburrir
born teacher   el maestro nato
bother   fastidiar, incomodar, molestar
brain damage   la lesión cerebral
branch   la rama
breeding   la cría
bring about changes   efectuar cambios
bring up   criar
brood   la cría
budget   el presupuesto
building (plant) maintenance   el
   mantenimiento de planta

bulletin board   el tablón de anuncios
bunsen burner   el mechero de bunsen
business   el comercio
business   comercial
business machines   las máquinas
   comerciales
business mathematics   las matématicas
   comerciales
business program   el programa comercial
by means of   por medio de

C

cabinetmaker   el (la) ebanista
cabinetmaking   la ebanistería
cafeteria   la cafetería
calculate   calcular
calculator   el calculador, la calculadora
calculus   el cálculo
camera   la cámara
camera equipment   el equipo de cámaras
capable   capaz
care   el cuidado
care for   cuidar a (de)
career   la carrera
careful   cuidadoso
carefully done   esmerado
carpenter   el carpintero
carpentry   la carpintería
carpentry workshop   el taller de
   carpintería
carrot   la zanahoria
carry out   llevar a cabo, ejecutar
carrying out   el cumplimiento
case   el caso
cassette   la (el) casete
cassette recorder   la grabadora de casetes
caste   la casta
cat   el gato
Catalan   el catalán
cataloguing   la catalogación
Catalonian (language)   el catalán
categorize   categorizar
cause   la causa
cause   causar
celebrate   celebrar
celebration   la celebración
census   el censo
center   el centro
central   central

central office   la oficina central
cerebral   cerebral
cerebral palsy   la parálisis cerebral
certification   la certificación
chair   la silla
chalk   la tiza
chalkboard   la pizarra, el pizarrón
change   el cambio
change   cambiar
characteristic   la característica
chart   la gráfica
check   chequear
chemistry   la química
chemistry laboratory   el laboratorio de
   química
child development   el desarrollo del
   niño
child growth   el crecimiento del niño
child psychology   la psicología de la
   niñez
childhood   la niñez
Chinese   el chino
choral recitation   la recitación en coro
Christianity   el cristianismo
chromosome   el cromosoma
chronological   cronológico
chronological age   la edad cronológica
church   la iglesia
circle   el círculo
citizen   el ciudadano
citizenship   la ciudadanía
civic   cívico
civics   la cívica
clan   el clan
clash   el choque
class   la clase
class size   el tamaño de la clase
classic   clásico
classification   la clasificación
classify   clasificar
classify students   clasificar a los alumnos
classroom   el salón de clase, la sala de
   clase, el aula
classroom teacher   el maestro de salón
clean   limpiar
clergy   el clero
clothes   la ropa
clothing   la ropa
cocaine   la cocaína

cognitive   cognoscitivo
cognitive development   el desarrollo
  cognoscitivo
cognitive growth   el crecimiento
  cognoscitivo
cognitive levels   los niveles cognoscitivos
collaborate   colaborar
collaboration   la colaboración
colleague   el (la) colega
collect   recoger
collective   colectivo
college prep course   el curso
  preuniversitario
color   el color
come into play   entrar en juego
come out   salir a la luz
come to light   salir a la luz
come together   reunirse
commercial   comercial
commercial (business) correspondence
  la correspondencia comercial
commission   la comisión
commit   cometer
common   común
common goal   la meta común
common sense   el juicio, el sentido común
communicate   comunicar
communication   la comunicación
community   la comunidad
community opinion   la opinión de la
  comunidad
community preference   la preferencia
  comunitaria (de la comunidad)
company   la compañía
compare   comparar
comparison   la comparación
compass   el compás
compensate   compensar
compensation   la compensación, la
  compensa
compete   competir
competence   la competencia
competent   competente
competition   la competencia
competitiveness   la competividad
complain   quejarse
complex   complejo
complex problem   el problema complejo
component parts   las partes componentes

comprehend   comprender
comprehension   la comprensión
comprehension check   la verificación de
  comprensión
comprehensive   comprensivo
comprehensive high school   la escuela
  secundaria comprensiva
computer   la computadora, el ordenador,
  el computador
computer equipment   el equipo de
  informática
computer science   la informática
concentrate   concentrarse
concentration   la concentración
concept   el concepto
conception   la concepción
conceptual   conceptual
conceptual methodology   la metodología
  por concepto (conceptual)
concern   la preocupación
conclude   concluir
conclusion   la conclusión
concrete   concreto
condition   condicionar
conditioning   el condicionamiento
conduct   la conducta, el comportamiento
confidence   la confianza
configuration   la configuración
conflict   el conflicto
confront   confrontar, enfrentarse
congenital   congénito
congenital defect   el defecto congénito
connection   la conexión
conscience   la conciencia
conscientious   concienzudo
consequence   la consecuencia
conservation   la conservación
conservation principle   el principio de la
  conservación
consistency   la consistencia
constant   constante
construction   la construcción
consume   consumir
consumer   el consumidor
consumerism   el consumerismo
consumption   el consumo
contain   contener
content   el contenido
content area   la materia de estudio

context el contexto
continue continuar
continuous continuo
contract el contrato
contradictory contradictorio
contribute contribuir
contribution el aporte; la contribución
control el control
control controlar
controversial polémico
controversy la controversia; la polémica
conversion la conversión
convert convertirse
conviction la convicción
convince convencer
cook cocinar
cooker la cocina
cooking la cocina
cooperate cooperar
cooperation la cooperación
cooperative cooperativo
cooperative learning el aprendizaje cooperativo
cooperative learning method el método de aprendizaje cooperativo
cooperative work el trabajo cooperativo
coordinator el coordinador
core curriculum el currículo central
corporal corporal
corporeal corpóreo
correct corregir
correctly correctamente
correlation la correlación
correspond corresponder
cosmetology la cosmetología
cost el costo
cost costar
cost of opportunity el costo de oportunidad
cost per student el costo por alumno
counselor el consejero
counterpart el (la) contraparte, el (la) similar
counterproductive contraproducente
county el condado
course el curso
course of study el plan de estudios
court la corte
coverage la cobertura

crayons las crayolas
creativity la creatividad
crime el crimen
criminal criminal
criminal activity la actividad criminal
crisis la crisis
criterion el criterio
criterion-referenced test la prueba con referencia a criterio
critic el crítico
critical crítico
critical thinking el pensamiento crítico
critical-thinking skills las destrezas de pensamiento crítico
cultural cultural
cultural disadvantage la desventaja cultural
cultural pluralism el pluralismo cultural
culture la cultura
cure el remedio
curiosity la curiosidad
curriculum el currículo

D

daily plan el plan del día
damage dañar
dance el baile
dance groups los grupos de baile
dancer el bailarín
data los datos, los informes
date la fecha
day-care center la guardería para niños
deaf sordo
deafness la sordera
debility la debilidad
decade la década
decadence la decadencia
decision la decisión
decision making la toma de decisiones
declarative declarativo
declarative knowledge los conocimientos declarativos
decline la declinación, la baja
decor el decorado
decoration el decorado
decrease el descenso, la disminución
decrease bajar, disminuir
decreasing decreciente
decrepitude la decrepitud, la caducidad

dedicate   dedicar
dedication   la dedicación
deductive   deductivo
deductively   de forma deductiva
defect   el defecto
defend   defender
deficiency   la deficiencia
deficient   falto
defined   definido
definite   definitivo
degree (university)   el título
degree of independence   el grado de
   independencia
degree of self-sufficiency   el grado de
   autosuficiencia
delay   el atraso, el retardo
delinquent   el (la) delincuente
delinquent behavior   la conducta
   delincuente
deliver   entregar
demand   exigir
demanding criteria   los criterios
   exigentes
democracy   la democracia
democratic ideals   los ideales
   democráticos
demographic   demográfico
demography   la demografía
demonstrate   demostrar
demonstration   la demostración
deny   denegar, negar
department head   el jefe de departamento
Department of Education   el
   Departamento (Ministerio) de
   Educación
depress   deprimir
depth   la profundidad
derive   derivar
descend   descender
descent   el descenso
design   el diseño
design   diseñar
desirable   deseable
desire   el deseo
desk (student's)   el pupitre; **(teacher's)**
   el escritorio
detach oneself   desprenderse
detail   el detalle
detailed   detallado

detect   detectar
detection   la detección
detector   el detector
deter   disuadir
determination   la determinación
determine   determinar
develop   desarrollar
developing countries   los países en vías
   de desarrollo
development   el desarrollo
development of basic skills   el desarrollo
   de las destrezas básicas
development of higher-level skills   el
   desarrollo de destrezas a nivel superior
developmental age   la edad de desarrollo
dexterity   la destreza
diagnostic   diagnóstico
diagnostic test   la prueba diagnóstica
diagnostic tools   los aparatos de
   diagnóstico
didactic   didáctico
difference   la diferencia
different   diferente
different abilities   las habilidades
   diferentes
differentiate   diferenciar
diminish   disminuir
diminution   la disminución
diploma   el diploma
diplomat   el diplomático
direct   directo
direct   dirigir
direct method   el método directo
director   el director
dirty   sucio
dirty   ensuciar
disabled (person)   el minusválido
disadvantage   la desventaja
disadvantaged   desventajado
disappear   desaparecer
disappearance   la desaparición
disaster   el desastre
disciple   el discípulo
discipline   la disciplina
discriminate   discriminar
discrimination   la discriminación
discuss   discutir
discussion   la discusión
dish   el plato

dishwasher el lavaplatos
dismiss denegar
disobedience la desobediencia
disobey desobedecer
disparity la disparidad
disposition la disposición
dissuade disuadir
dissuasion la disuasión
distribute distribuir
distribution la distribución
district el distrito
district office la oficina del distrito
disturbance el disturbio
diversity la diversidad
divide dividir
doctorate el doctorado
dog el perro
domestic doméstico
dominant dominante
draw dibujar
driver el conductor
drop out of school abandonar la escuela
drop-out rate la tasa de deserción
dropping out of high school (act of) el abandono de la escuela superior
dropping out of school (act of) la deserción escolar
drug la droga
drug of preference la droga de preferencia
drug transporters los transportadores de droga
drug use el consumo de (las) drogas, el uso de (las) drogas, el empleo de (las) drogas
drunkenness la embriaguez
dryer la secadora
dwarfism el enanismo
dynamics la dinámica
dysfunction la disfunción
dyslexia la dislexia
dystrophy la distrofia

E

early childhood education la educación preescolar
early identification (detection) la identificación temprana

early intervention la intervención temprana
earn ganar
earn a living ganarse la vida
ease la facilidad
eclectic ecléctico
eclectic method el método ecléctico
eclectic methodology la metodología ecléctica
ecology la ecología
economic (financial) independence la independencia económica
economical económico
economy la economía
educable capaz de ser educado
educate educar
education la educación
education course el curso de pedagogía
educational educativo, educacional
educational content el contenido educativo
educational equity la equidad educacional
educational objectives los objetivos educativos (educacionales)
educational opportunities las oportunidades educativas
educational process el proceso educativo
educational system el sistema educativo
educational value el valor educativo
educator el educador, el pedagogo
effect el efecto
effective efectivo, eficaz
effective methods los métodos eficaces
effectiveness la efectividad, la eficacia
effort el esfuerzo
ego el sí mismo
egocentric egocéntrico
elderly los ancianos
elect elegir
elective course el curso a elegir, el curso facultativo, el curso opcional
electric current la corriente eléctrica
electric saw la sierra eléctrica
electrical household appliance el (aparato) electrodoméstico
electrician el (la) electricista
electronic calculator la calculadora electrónica

electronic equipment   el equipo electrónico
elementary   elemental
elementary education   la educación elemental, la educación primaria
elementary school   la escuela elemental
elementary school teacher   el maestro de escuela elemental, el maestro de primaria
eliminate   eliminar
elimination   la eliminación
elitist   elitista
emotional   emocional
emotional need   la necesidad emocional
emotional problem   el problema emocional
emphasis   el énfasis
emphasize   enfatizar, hacer hincapié
employee   el empleado
employment opportunities   las oportunidades de empleo
encompass   abarcar
encourage   fomentar, animar
encourage discussion   fomentar la discusión
encouragement   el fomento
end   el fin
end   terminar
enforce   poner en vigor
engineer   el ingeniero
English as a second language (ESL)   el inglés como segundo idioma
English (language)   el inglés
English-speaking   anglohablante, de habla inglesa
enroll   inscribirse; ingresar; matricularse
enrolled   inscrito; matriculado
enrollment   la matrícula
enter   entrar; ingresar
enterprise   la empresa
entire (whole) year   el año entero
entrance exams   los exámenes de ingreso (de admisión)
entry   la entrada
environment   el ambiente, el medio ambiente, el medio físico
epoch   la época
equilibrium   el equilibrio
equipment   el equipo

erroneously   erróneamente
error   el error
essay test   la prueba de ensayo
essential   esencial, primordial
establish   fundar, establecer
establishment   el establecimiento
esteem   la estima
esteem needs   las necesidades de estima
esthetic   estético
esthetics   la estética
ethical   ético
ethical principles   los principios éticos
ethics   la ética
ethnic   étnico
ethnic diversity   la diversidad étnica
ethnic group   el grupo étnico
evaluate   evaluar
evaluation   la evaluación
even out   nivelar
event   el evento, el suceso
evoke   evocar
evolution   la evolución
exact   exacto, preciso
exam   el examen
examination candidate   el examinando
examine   examinar
examinee   el examinando
example   el ejemplo
excel   superarse
exception   la excepción
execute   ejecutar
execution   la ejecución
exercise   ejercer
expected learning outcomes   los esperados logros de aprendizaje
expected result   el resultado esperado
expel   expulsar
experience   la experiencia
experiment   el experimento
experiment   experimentar
experimentation   la experimentación
expert   el experto
expertise   la destreza
explicit   explícito
explore   explorar
expose   exponer
exposed   expuesto
exposition   la exposición
expression   la expresión

expulsion la expulsión
external externo

F

face confrontar
face up to enfrentarse
facility la facilidad
fact el hecho
factor el factor
faculty la facultad, los docentes
fail fracasar
failure el fracaso
fall tumbar
familiar familiar
family la familia
family relations (relationships) las relaciones familiares
favor favorecer
federal federal
federal funds los fondos federales
feed alimentar, dar de comer, nutrir
feedback la retroalimentación
feel sentir
feeling of group el sentido de grupo
feeling of unity el sentido de unidad
felt board el tablero de felpa
female la hembra
field el campo
field of specialization el campo de especialización
figure la figura
files los archivos
fill in the blank llenar el blanco
film la película, el film(e)
film filmar, rodar películas
final grade la nota final
financial financiero
financial security la seguridad financiera (económica)
fine arts las bellas artes
finish terminar
firearms las armas de fuego
fixed fijo
fixed order el orden fijo
flexibility la flexibilidad
flexible flexible
flutist el (la) flautista
focus el enfoque
focus enfocarse

follower el adepto; el (la) adherente; el partidario
follow-up activities las actividades de seguimiento
fondness el afecto
food la alimentación
foreign language el idioma extranjero, la lengua extranjera
foreigner el extranjero
form la forma, la configuración
form configurar
formal education la educación formal
formal instruction la instrucción formal
formalities los trámites
format el formato
formative formativo
formative evaluation la evaluación formativa
formula la fórmula
formulate formular
formulation la formulación
foster fomentar
fostering el fomento
found fundar
foundation la fundación
fragment el fragmento
free gratuito
free public education la educación pública gratuita
freedom of movement la libertad de movimiento
French (language) el francés
frequency la frecuencia
frequently con frecuencia
front el frente
front of the room el frente del salón
frustrating frustrante
fulfill cumplir
fulfillment el cumplimiento
full day el día entero
full-time a tiempo completo
function la función
functioning el funcionamiento
fundamental fundamental, primordial
funds los fondos
furniture los muebles
future generations las generaciones venideras
future teacher el maestro potencial

G

Galician (language)   el gallego
gather   recoger
gene   el gen, el gene
general science   las ciencias generales
generalist   el (la) generalista
generalization   la generalización
generation   la generación
genius   el genio
geography   la geografía
German   el alemán
get along with   llevarse bien con
give   otorgar
glandular   glandular
glandular secretion   la secreción
   glandular
globalism   el globalismo
goal   el gol, la meta, el fin
gold star   la estrella de oro
goods and services   los bienes y servicios
government   el gobierno
government subsidies   las subvenciones
   gubernamentales
governmental   gubernamental
grade   la calificación, la nota; el grado
grade average   el promedio de notas
gradual   gradual
graduate   graduarse
grammar-translation method   el método
   de gramática y traducción
grammatical pattern   el patrón
   gramatical
grant   otorgar
graph   la gráfica
gravity   la gravedad
group   el grupo
group play   el juego en grupo
group work   el trabajo en grupos
growing   creciente
growth   el crecimiento
guidance counselor   el consejero (de
   orientación)
guide   el (la) guía
guide   guiar
guided   guiado
guided practice   la práctica guiada
guideline   la pauta
gymnasium   el gimnasio
gymnastics   la gimnasia

H

habit   el hábito, la costumbre
hairdresser   el peluquero
hairdresser's   la peluquería
hairdressing   la peluquería
half day   el medio día
hall   el pasillo
hammer   el martillo
handsaw   la sierra de mano
harm   dañar
harmony   la armonía
hate   el odio
have (acquire) a thorough knowledge of
   dominar
have lunch   almorzar
hear   oír
hearing   la audición; **(sense of)**   el oído
hearing aid   el aparato acústico
hearing loss   la pérdida auditiva
hereditary   hereditario
hero   el héroe
heterogeneous   heterogéneo
heterogeneous class   la clase heterogénea
heterogeneous group   el grupo
   heterogéneo
hierarchy   la jerarquía
high school   la escuela superior, la escuela
   secundaria
high socioeconomic level   el alto nivel
   socioeconómico
higher education   la educación superior
higher-level cognitive skill   la destreza de
   alto nivel cognoscitivo
higher-level reasoning ability (skill)   la
   destreza de razonamiento a nivel
   superior
higher-level skills   las habilidades de
   nivel superior
high-school diploma   el diploma de la
   escuela superior
historical   histórico
history   la historia
holding back   la retención
home   el hogar
home economics   las ciencias domésticas,
   la economía doméstica
home responsibilities   las
   responsabilidades en el hogar
homogeneous   homogéneo

homogenization   la homogeneización
honest   honesto
hotel management   la hostelería
human   humano
human behavior   la conducta humana
human being   el ser humano, el humano
human needs   las necesidades humanas
human relations   las relaciones humanas
human sexuality   la sexualidad humana
humanistic   humanista
hurt   dañar
hybrid   el híbrido
hygiene   la higiene
hyperactive child   el niño hiperactivo
hyperactivity   la hiperactividad
hyperkinesis   la hiperkinesis
hypothesis   la hipótesis

I

idea   la idea
identify   identificar
identity   la identidad
ideological   ideológico
illegal   ilegal
illiterate   analfabeto
image   la imagen
imagination   la imaginación
imagine   imaginar
imam   el imam
imbibe   ingerir
immigrant   el (la) inmigrante
immigration   la inmigración
immigration patterns   los patrones de
   inmigración
impact   el impacto
impediment   el impedimento
impel   impulsar
impetus   el ímpetu
implement   implementar
implementation   la implementación
implicit   implícito
importance   la importancia
impose   imponer
imposition   la imposición
impressive   impresionante
improve   mejorar
improvement   el mejoramiento, la mejora
impulsiveness   la impulsividad
in a low voice   en voz baja

in rows   en filas
inability   la inhabilidad
inappropriate   inapropiado
inappropriate behavior   la conducta
   inapropiada
incentive   el incentivo
inclination   la disposición
include   abarcar
inclusive   inclusivo
increase   el incremento
increase   incrementar, aumentar
increasing   creciente
increment   el incremento
inculcate   inculcar
independence   la independencia
independent   independiente
independent practice   la práctica
   independiente
independently   independientemente
in-depth knowledge   el dominio
indicate   indicar
indicator   el indicador
indigenous   indígena
indirect   indirecto
indispensable   imprescindible,
   indispensable
individual   individual
individual expression   la expresión
   individual
individual play   el juego individual
individualism   el individualismo
individualized instruction   la instrucción
   individualizada
individualized program   el plan
   educativo individual
indolent (lazy) teacher   el maestro
   indolente
induction   la inducción
inductive   inductivo
inductively   de forma inductiva
industrial   industrial
industrial arts   las artes manuales
industrial arts course   el curso de artes
   manuales
industrial arts workshop   el taller de
   artes manuales
Industrial Revolution   la Revolución
   industrial
industrialized   industrializado

industrialized countries los países industrializados
infancy la infancia
infer inferir
inference la inferencia
inferiority complex el reflejo de insuficiencia, el complejo de inferioridad
influence la influencia
inform informar
information la información, los informes
ingest ingerir
inhabitant el (la) habitante
inherit heredar
inheritance la herencia
inherited heredado
initiate iniciar
initiate a lawsuit iniciar un pleito
initiative la iniciativa
innate innato
inside adentro
instead of en lugar de
instill inculcar; infundir
institution la institución
instruct instruir
instruction la instrucción
instrument el instrumento
instrumental instrumental
instrumentalist instrumentalista
insure asegurar
integral integral, íntegro
integrate integrar
integrated integrado
integrated content el contenido integrado
integration la integración
intellectual intelectual
intellectual capacity la capacidad intelectual
intellectual development el desarrollo intelectual
intellectual level el nivel intelectual
intellectual potential el potencial intelectual
intelligence la inteligencia
intelligence quotient (IQ) el cociente de inteligencia
intelligence test la prueba de inteligencia

intensify intensificar
interaction la interacción
interactive interactivo
interdependence la interdependencia
interdependent relations las relaciones interdependientes
interdisciplinary interdisciplinario
interdisciplinary studies los estudios interdisciplinarios
interest el interés
interest interesar
intermediary el intermediario
internal interno
international internacional
international school la escuela internacional
interpersonal interpersonal
interpersonal relations las relaciones interpersonales
interpret interpretar
interpretation la interpretación
interpreter el (la) intérprete
intervene intervenir
intervention la intervención
interview la entrevista
intolerance la intolerancia
introduce introducir
introduction la introducción
inventory el inventario
invest invertir
investigate investigar
investigation la investigación
investigator el investigador
investment la inversión
IQ test la prueba de inteligencia
Islam el islam
isolate aislar, apartar
isolation el aislamiento
issue emitir
itinerant (traveling) teacher el maestro itinerante

J
jack (car) el gato
Japanese el japonés
Judaism el judaísmo
judge juzgar
judgement el juicio; (**judicial**) el fallo
justice la justicia

K
keep up   sostener
key   la llave
keyboard   el teclado
kindergarten   el jardín de infancia, el
  kínder
kitchen   la cocina
know   conocer, saber
knowledge   los conocimientos

L
label   rotular;   (in a negative way) tachar
  de
laboratory   el laboratorio
laboratory studies   los estudios de
  laboratorio
lack   la falta
lack   carecer (de)
lack of discipline   la falta de disciplina
lack of effort   la falta de esfuerzo
lack of interest   la falta de interés
lacking   falto
lament   lamentar
language   el idioma, la lengua, el lenguaje
language of instruction   la lengua de
  instrucción
language proficiency   la proficiencia en
  el uso del lenguaje
laser   el láser
lathe   el torno
launch   lanzar
launching   el lanzamiento
law   la ley
lawsuit   el pleito
lay   laico
lazy   perezoso
leader   el líder
learn   aprender
learner   el educando
learning   el aprendizaje
learning disability (problem)   el
  problema de aprendizaje
learning process   el proceso de
  aprendizaje
lecture   la conferencia
lecturer   el (la) conferencista
legal   legal
legislate   legislar
legislation   la legislación

lesson objectives   los objetivos de la
  lección
lesson plan   el plan de la lección
letter   la letra
level   el nivel; el grado
level of concern   el nivel de
  preocupación
level of education   el nivel de
  educación
level of intelligence   el nivel de
  inteligencia
level of interest   el nivel de interés
level of success   el nivel de logro
level out   nivelar
liberty   la libertad
librarian   el bibliotecario
library   la biblioteca
license   la licencia
light   la luz
lighting   el alumbrado
lighting and sound equipment   el equipo
  de alumbrado y sonido
like   gustar
limitation   la limitación
limited   limitado
limited English proficiency (LEP)   la
  habilidad limitada en inglés
limited resources   los recursos
  limitados
lineage   la ascendencia; la casta, el linaje
linguistic   lingüístico
linguistic development   el desarrollo
  lingüístico
list   el listado, la lista
listen   escuchar
listener   el escuchador
listening comprehension   la comprensión
  auditiva
literacy   la alfabetización
literature   la literatura
little piece (segment)   el trocito
local   local
local government   el gobierno local
locate   colocar
lock   cerrar con llave
logic   la lógica
logical   lógico
long-term   a largo plazo
look for   buscar

looking for attention   la búsqueda de atención
love   el amor
low socioeconomic level   el bajo nivel socioeconómico
lower   bajar
lower class   la clase baja
lowering   el descenso
lower-level cognitive skill   la destreza de bajo nivel cognoscitivo
luck   la suerte

M

machine   la máquina
magazine   la revista
maintain   mantener, sostener
maintain order   mantener el orden
maintaining discipline   el mantenimiento de la disciplina
maintaining order   el mantenimiento del orden
maintaining order and discipline   el mantenimiento del orden y la disciplina
maintenance   el mantenimiento
maintenance program   el programa de mantenimiento
majority   la mayoría
majority group   el grupo mayoritario
make an error (a mistake)   cometer un error
make an example of   hacer ejemplo de
make use of   valerse de
male   el varón
male model   el modelo masculino
manage   administrar
management   la administración
manipulation   la manipulación
manual   el manual
manual labor   la mano de obra
marijuana   la marihuana
mark (grade)   la calificación, la nota
marriage   el matrimonio
marriageable age   la nubilidad
mass   la masa
mass communication   la comunicación masiva
mass media   los medios de comunicación masiva
master   dominar

Master's (Master of Arts) degree   la maestría; la licenciatura
Master's (Master of Arts) degree in Education   la maestría en educación
mastery   el dominio
mastery method   el método de dominio
match   emparejar
matching   de pareo
material   el material
maternal   materno
mathematics   las matemáticas
matrimony   el matrimonio
maturing process   el proceso de maduración
maturity   la madurez
maturity level   el nivel de madurez
maximum   máximo
means of mass communication   los medios de comunicación masiva
measure   medir
measure   la medida
measurement   la medición
measurement instrument   el instrumento de medición
mechanic   el mecánico
mechanics   la mecánica
medieval   medieval
meet   reunirse
meet the objectives   lograr las metas
member   el miembro, el afiliado
memorization   la memorización
memorize   aprender de memoria, memorizar
memory   la memoria, la recordación
mental   mental
mental ability   la capacidad mental
mental age   la edad mental
mental development   el desarrollo mental
mental retardation   el retardo mental, el retraso mental, el atraso mental
mental skills   las habilidades mentales
mental state   el estado mental
mentally retarded/deficient person   el (la) débil mental
merchandise   la mercancía
metal   el metal
metal detector   el detector de metal
metaphor   la metáfora
method   el método

methodology la metodología
microfiche la microficha
microfilm el microfilm(e)
microphone el micrófono
microscope el microscopio
microwave oven el horno de microondas
Middle Ages la Edad Media
middle class la clase media
middle school la escuela media
mind la mente
minimum mínimo
minor el (la) menor de edad
minority minoritario
minority group el grupo minoritario
mixer la mezcladora
modality la modalidad
model el (la) modelo
model modelar
modification la modificación
modify modificar
monitor el monitor
monitoring la monitoria
monolingual monolingüe
moral moral
mother tongue el idioma materno, la
  lengua materna
motivate motivar
motivation la motivación
motivational factors los factores
  motivadores
motivational level el nivel de motivación
motor skills las destrezas motriles
move mover
movement el movimiento
movie studio el estudio de cine
multicultural multicultural
multicultural education la educación
  multicultural
multicultural perspectives las
  perspectivas multiculturales
multinational multinacional
multinational enterprise la empresa
  multinacional
multiple-choice test la prueba de
  selección múltiple
multiplication table la tabla de
  multiplicar
multiply multiplicar
muscular muscular

muscular dystrophy la distrofia
  muscular
music la música
Muslim clergyman el imam
mutual mutuo
mutual respect el respeto mutuo

N

name nombrar
national nacional
national teacher exam el examen
  nacional para docentes
native language el idioma materno, la
  lengua materna
natural natural
natural method el método natural
neat esmerado
necessary necesario
necessity la necesidad
need la necesidad
need necesitar
negative negativo
negotiate negociar
negotiate a contract negociar un contrato
neighborhood la vecindad, el vecindario,
  el barrio
newcomer el recién llegado
nightmare la pesadilla
nobility la nobleza
norm la norma
normal normal
normal school la escuela normal
note notar
notebook el cuaderno
notion la noción
nourish nutrir
novice el novato
nuclear family la familia nuclear
nursery la guardería (para niños), infantil

O

obedience la obediencia
obey obedecer
objective el objetivo
obligation la obligación
obligatory obligatorio
obligatory education la educación
  obligatoria
oblige obligar

observation   la observación
observe   observar
obtain   conseguir, obtener
obtaining   la obtención
occur   ocurrir
occurrence   la ocurrencia
old age   la vejez, la ancianidad
operant conditioning   el
   acondicionamiento operante
operate   operar
operator   el operador
opinion   la opinión
opponent   el (la) oponente
opportunity   la oportunidad
opportunity cost   el costo de oportunidad
oppose   oponer
optional   facultativo, opcional
oral   oral
orally   de forma oral
orchestra   la orquesta
order   el orden; la ordenanza
order   ordenar
ordering   la ordenación
ordinance   la ordenanza
organization   la organización
organize   organizar
out loud   en voz alta
outline   el bosquejo, la esquema
outside   afuera
oven   el horno
overhead projector   el retroproyector

P

paint   pintar
pamphlet   el panfleto
paper   el papel
paragraph   el párrafo
paralysis   la parálisis
parents' organization   la organización de
   los padres
park   el parque
parochial   parroquial
parochial school   la escuela parroquial
partial hearing loss   la pérdida parcial del
   oído
participant   el (la) participante, el (la)
   partícipe
participate   participar
participation   la participación

pass (a course)   aprobar (un curso)
pathological   patológico
pattern   el patrón
pay attention   prestar atención
pedagogical   pedagógico
penalty   la penalidad
pendulum   el péndulo
perceive   percibir
percentage   el porcentaje
perception   la percepción
performance   el rendimiento
period   el período
periodically   periódicamente
permanence   la permanencia
permission   el permiso
permit   permitir
perseverance   la perseverancia
personal   personal
personality   la personalidad
persuade   persuadir
pet   la mascota
phase   la fase
philosophical   filosófico
philosophy   la filosofía
physical   físico
physical arrangement   el arreglo físico
physical control   el control físico
physical defect   el defecto físico
physical development   el desarrollo físico
physical education   la educación física
physical environment   el contorno físico
physical impediment   el impedimento
   físico
physical maturity   la madurez física
physical need   la necesidad física
physics   la física
physics laboratory   el laboratorio de
   física
physiological   fisiológico
physiological needs   las necesidades
   fisiológicas
pipe   el caño, el conducto, el tubo
pique   picar
place   el lugar
place   colocar
place students in special classes   meter a
   los alumnos en clases especiales
plan   el plan
plan   planear, planificar

plan book   el libro de planes
planning   la planificación
plant   la planta
plant construction   la construcción de la planta
plastic knife   el cuchillo de plástico
plate   el plato
play (theatrical)   la obra de teatro
playground equipment   el equipo de parque
plead for   abogar por
pleasure   el placer
plumber   el plomero, el fontanero
plumbing   la fontanería
pluralism   el pluralismo
polemic   la polémica
police force   la policía
police intervention   la intervención de la policía
police officer   el (la) policía
policy   la política
political   político
political power   el poder político
politics   la política
poll   la encuesta
poor neighborhood   el barrio pobre
population   la población
position   el puesto; la colocación
positioning   la colocación
possess   poseer
postgraduate   posgrado
postgraduate program   el programa de posgrado
postsecondary   postsecundario
postsecondary education   la educación postsecundaria
potatoes   las papas
potential   el potencial
poverty   la pobreza
poverty line   el umbral de pobreza
power   el poder; la facultad
practical   práctico
practice   la práctica
praise   el elogio
praise   elogiar
pray   orar
prayer   la oración
precise   preciso
preconceived idea   ls idea preconcebida

predict   predecir
prediction   la predicción
predominate   predominar
prefer   preferir
preferable   preferible
preference   la preferencia
pregnancy   el embarazo
prejudice   el prejuicio
preliminary   preliminar
pre(liminary) test   la prueba preliminar
premise   la premisa
preoperational   preoperacional
preoperational stage   la etapa preoperacional
preparation   la preparación
preparatory   preparatorio
preparatory school   la escuela preparatoria
prepare   preparar
prepuberty   la prepubertad
preschool   preescolar
preschool instruction   la instrucción preescolar
preschool program   el programa preescolar
preschool teacher   el (la) docente preescolar
prescription drugs   las drogas recetadas
presence   la presencia
presentation   la presentación
presentation method   el método de presentación
presentation techniques   las técnicas de presentación
press   presionar
pressure   la presión
pretend   afectar, pretender
price   el precio
priest   el cura, el sacerdote
primary   primario
primary education   la educación primaria
primitive   primitivo
primitive society   la sociedad primitiva
principal   el (la) principal
printed material   el material impreso
priority   la prioridad
private   privado
private education   la educación privada
private school   la escuela privada

privilege el privilegio
privileged privilegiado
probability la probabilidad
probability of success la probabilidad de éxito
problem el problema; **problems (group of)** la problemática
problematic(al) problemático
procedural knowledge los conocimientos de procedimiento
procedure el procedimiento
process el procedimiento, el proceso
procreate procrear
produce rendir
profession la profesión
professional profesional
professional judgement el juicio profesional
professional training el entrenamiento profesional, la formación profesional
proficiency la proficiencia
proficiency test la prueba de proficiencia
prognosis el pronóstico
program el programa
program programar
program of study el programa de estudios
progress el progreso
prohibit prohibir
prohibited prohibido
prohibition la prohibición
project el proyecto
project proyectar
projection equipment el equipo de proyectores
projector el proyector
promote promover, fomentar
promotion el fomento
pronounce a verdict fallar
proper idóneo
properly debidamente
proponent el (la) proponente
proportion la proporción
proposal la propuesta
propose proponer
proposition la proposición
protect proteger
protection la protección

prove probar
provide proveer
provision la provisión
provoke provocar
prudent (tactful) teacher el maestro ponderado
psychic psíquico
psycholinguistic psicolingüístico
psycholinguistic retardation la retardación psicolingüística
psychological psicológico, sicológico
psychological tests las pruebas psicológicas
psychologist el psicólogo
psychology la psicología
psychomotor psicomotor
psychomotor disorders los desórdenes de tipo psicomotor
puberty la pubertad
public el público
public público
public education la educación pública
public education system el sistema público de educación
public school la escuela pública
punish castigar
punishment el castigo
purpose el propósito
push presionar
put colocar
put into effect poner en vigor
put pressure on presionar

Q

quality la calidad, la cualidad
quantitative cuantitativo
quantity la cantidad
quest la búsqueda
question la cuestión, la pregunta
question cuestionar

R

rabbi el rabino
race la raza
racial racial
racial balance el equilibrio racial
racial segregation la segregación racial
raise criar
raising la cría

range (cooking) la cocina
rate la tasa
reach alcanzar
react reaccionar
read leer
reader el lector
reading la lectura
reading material el material de lectura
real real
realistic realista
rear criar
reason la razón; el raciocinio
reason razonar
reasoning el razonamiento; el raciocinio
reasoning ability (skill) la destreza de
  razonamiento
rebellion la rebeldía
recent reciente
recent census el censo reciente
reciprocal recíproco
recognition el reconocimiento
recognize reconocer
recommend recomendar
recommendable recomendable
record el disco
record grabar
recover recobrar
redistribution la redistribución
reduce reducir
reduction la disminución, la reducción
reflect reflejar; reflexionar
reflex el reflejo
refrigerator la refrigeradora, la nevera
regain recobrar
register inscribirse, matricularse
registration la matrícula
regular regular, normal
regular classroom el salón de clase
  regular (normal)
regular program (mainstream) el
  programa regular (normal)
reinforce reforzar
reinforcement el refuerzo
relation la relación
relationship la relación
relevant relevante
reliability la confiabilidad
reliable confiable
religion la religión

religious religioso
religious school la escuela religiosa
remain permanecer
remedial remedial
remedial course el curso remedial
remedy el remedio
remember recordar
remove quitar
remove oneself desprenderse
repair reparar
repeat repetir
repertory el repertorio
repetition la repetición
represent representar
representation la representación
request solicitar
require exigir, requerir
required course el curso obligatorio
requirement el requisito
requisite el requisito
resolution la resolución
resolve resolver
resource el recurso
resource materials (supplies) los
  recursos materiales
respect el respeto
respect respetar
respond responder
responsibility la responsabilidad
responsible responsable
restrict restringir
restrictive restringido
restrooms los aseos
result el resultado
result resultar
retardation la retardación, el retardo
retention la retención
retire jubilarse
retirement el retiro
return el rendimiento
reversibility la reversibilidad
reward la recompensa
rhetoric la retórica
rhythm el ritmo
right el derecho
right to vote el derecho al voto
rigorous riguroso
ring sonar
role el papel, el rol

room la cámara, el cuarto, el salón, la sala
rote learning el aprender de memoria
routine la rutina
routine rutinario
rule la regla
ruler la regla
rules of discipline las reglas de disciplina
Russian (language) el ruso

S

safety la seguridad
safety needs las necesidades de seguridad
salary el salario, el sueldo
sale (selling) of drugs la venta de drogas
salivate salivar
sample la muestra
sanction la sanción
sandbox el cajón de arena
satisfaction la satisfacción
satisfactory satisfactorio
satisfactory effort el esfuerzo
satisfactorio
satisfactory progress el progreso
satisfactorio
satisfy satisfacer
save ahorrar
saw la sierra
scale la escala
scandal el escándalo
scenery el escenario
scholarship la beca
Scholastic Aptitude Test (SAT) la
prueba de aptitud académica
school age la edad escolar
school-age children los niños de edad
escolar
school authorities las autoridades
escolares
school community la comunidad de la
escuela
school district el distrito escolar
school drop-out rate la tasa de deserción
escolar
school library la biblioteca escolar
school size el tamaño de la escuela
school year el año escolar
sciences las ciencias
scientific científico
scientific data los datos científicos

scissors las tijeras
score la puntuación, la nota, el puntaje
screen la pantalla
sculpture la escultura
search la búsqueda, la busca
search buscar
seat el asiento; **(headquarters)** la
sede
second language el segundo idioma
secondary secundario
secondary education la educación
secundaria
secondary (high) school teacher el
maestro de secundaria, el profesor
secondary school la escuela secundaria
secretion la secreción
secular laico
secular school la escuela laica
security la seguridad
see ver
segregate segregar
segregation la segregación
segregation barriers las barreras de la
segregación
selective selectivo
self el sí mismo
self-actualization la autorrealización
self-expression la autoexpresión
self-initiative la iniciativa individual
self-realization la autorrealización
self-sufficiency la autosuficiencia
semester el semestre
senility la senilidad, la caducidad, la
senectud
sense el sentido
sense of identity el sentido de
identidad
sense of responsibility el sentido de
responsabilidad
sensible sensible
sensible (sound) conclusion la
conclusión de juicio
sensitive sensible
sensorial sensorial
sensorimotor sensorimotor
sensorimotor stage (phase) la etapa
sensorimotora
sensory sensorial
sentence la oración; **(judicial)** el fallo

separation   la separación
sequence   la secuencia
series   la serie
serious   grave
seriousness   la gravedad
set an example of   hacer ejemplo de
set apart   apartar
severe   severo
sex   el sexo
sex education   la educación sexual
sexual   sexual
sexual activity   la actividad sexual
sexuality   la sexualidad
shape   la configuración
shape   configurar
share   compartir
shock   el choque
shop   el taller
short period of time   el plazo corto de
   tiempo
short-term   a corto plazo
show   demostrar, mostrar
sight   la vista
sign language   el lenguaje por señas
similarity   la semejanza
simple   sencillo
simplify   simplificar
sincere   sincero
sincerity   la sinceridad
situation   la situación
size   el tamaño
sketch   el bosquejo, la esquema
skill   la destreza, la habilidad
skilled laborer   el trabajador diestro
skillful   diestro
slide (playground)   el tobogán
slide rule   la regla de cálculo
slight brain dysfunction   la disfunción
   cerebral mínima
slow   lento
slowness   el atraso
smell (sense of)   el olfato
smell   oler
smoke   fumar
social   social
social and economic justice   la justicia
   social y económica
social concerns   las preocupaciones
   sociales

social organization   la organización
   social
social process   el proceso social
social status   el status social
social studies   los estudios sociales
social values   los valores sociales
social worker   el trabajador social
socialization   la socialización
societal values   los valores de la sociedad
society   la sociedad
socioeconomic   socioeconómico
socioeconomic level   el nivel
   socioeconómico
socioeconomic status   el status
   socioeconómico
sociological   sociológico
sociologist   el sociólogo
sociopolitical   sociopolítico
solicit   solicitar
solution   la solución
solve   resolver
soul   el ánimo
sound   el sonido
sound judgement   el juicio
source   la fuente
sources of information   las fuentes de
   información
Spanish-speaking   de habla española,
   hispanohablante
Spanish-speaking child   el niño de habla
   española
special   especial
special aptitude   la aptitud especial
special education   la educación especial
special education program   el programa
   de educación especial
special-interest group   el grupo de
   intereses especiales
specialist   el (la) especialista
specialization   la especialización
specialize   especializar
specialized   especializado
specialized area   el área de
   especialización
specialized instruction   la instrucción
   especializada
specialized teacher   el (la) docente
   especialista
specific   específico

specific group   el grupo específico
specific objective   el objetivo específico
spelling   la ortografía
spina bifida   la espina bífida
spirit   el ánimo, el espíritu
spiritual   espiritual
spoken language   la lengua hablada, el lenguaje hablado
sports   los deportes
stability   la estabilidad
stadium   el estadio
stage   la etapa; (theatrical) el escenario
stage of concrete operations   la etapa de las operaciones concretas
stage of formal operations   la etapa de las operaciones formales
stage set (theatrical)   el decorado
standardized test   la prueba estandarizada, la prueba normalizada
state funds   los fondos estatales
state (pertaining to)   estatal
state school   la escuela estatal
stationary   fijo
statistic   la estadística
status   el status
step   el paso; (procedure) el trámite
step by step   paso a paso
sterile   estéril
stimulant   el estímulo
stimulate   estimular
stimulus   el estímulo
story   el cuento
stove   la cocina
strategy   la estrategia
stress   el estrés
stress   hacer hincapié
structure   la estructura
structured   estructurado
student   el (la) estudiante, el alumno; el discípulo
student body   el estudiantado
student loan   el préstamo estudiantil
student population   la población estudiantil
student teacher   el maestro aprendiz
students' needs   las necesidades de los estudiantes
study   el estudio
study   cursar

stupid   estúpido
subculture   la subcultura
subject matter   la materia de estudio
subject matter teacher   el maestro de materia
subject (school)   la asignatura, la materia
subsidize   subvencionar
subsidy   la subvención
suburb   el suburbio
success   el éxito, el logro
success motive   el motivo de logro
sue   iniciar un pleito
suffer   sufrir
suggest   sugerir
suitable   idóneo
summative evaluation   la evaluación sumativa
superintendent   el (la) superintendente
superior   superior
supervise   supervisar
supervised practice   la práctica bajo supervisión
supervision   la supervisión
supervisor   el supervisor
supervisor's certificate   la licencia de supervisor
supplies   los recursos materiales
support   el apoyo
support   apoyar, respaldar
supporter   el adepto; el partidario
surpass oneself   superarse
surround   rodear
surroundings   el contorno
survey   la encuesta
survival   la supervivencia
survive   sobrevivir
swimming   la natación
swimming pool   la alberca, la piscina
swing   el columpio
symbol   el símbolo
symbolic   simbólico
synthesis   la síntesis
system   el sistema
systems analysis   el análisis de sistemas

T

table (chart)   la tabla
take a course   cursar
take a nap   tomar una siesta

take away   quitar, restar
take in   ingerir
take notes   tomar apuntes
take part   tomar parte
take place   tener lugar
tape recorder   la grabadora
task   la tarea
taste   el gusto
taxonomy   la taxonomía
teach   enseñar
teacher   el maestro, el (la) docente, el pedagogo, el profesor
teacher certification   la certificación de docentes
teacher preparation   la preparación (formación) pedagógica
teacher training   la preparación (formación) pedagógica
teachers' association   la asociación de maestros
teachers' union   el sindicato de maestros
teaching   la docencia; la enseñanza
teaching career   la carrera docente
teaching degree   el título de docente
teaching materials   los materiales didácticos
teaching method   el método de enseñar
teaching of basic skills   la enseñanza de las destrezas básicas
teaching strategy   la estrategia de enseñanza, la estrategia pedagógica
teaching techniques   las técnicas de enseñar
team   el equipo
team of specialists   el equipo de especialistas
teamwork   el trabajo de equipo, el trabajo en equipos
technical   técnico
techniques   las técnicas
technology   la tecnología
television program   el programa de televisión
television studio   el estudio de televisión
tend to   tender a
tendency   la tendencia
tenure   la permanencia
term   el término

terminology   la terminología
test   el examen, la prueba
test   probar
test tube   el tubo de ensayo
tests and measurements   la medición y evaluación
text   el texto
textbook   el libro de texto, el manual escolar
textbook selection   la selección del libro de texto
theater   el teatro
theme   el tema
theology   la teología
theory   la teoría
theory of evolution   la teoría de evolución
theory of knowledge   la teoría del conocimiento
thesis   la tesis
think   pensar
thought   el pensamiento
three-dimensional   tridimensional
time limitation   la limitación de tiempo
tolerance   la tolerancia
tolerate   tolerar
tools   las herramientas
topic   el tópico
topical methodology   la metodología por tópico
touch   el tacto
touch   tocar
track   la pista
track and field   pista y campo
traditional   tradicional
traditional academic program   el programa académico tradicional
trainable   puede (capaz de) beneficiarse de entrenamiento
training   el entrenamiento, la formación
transfer   la transferencia
transfer   transferir
transference   la transferencia
transition   la transición
transitional program   el programa de transición
transmission   la transmisión
transmit   transmitir
treatment of the elderly   el trato de los viejos

trial and error   ensayo y error
trigonometry   la trigonometría
true-false test   la prueba de verdad o falso
trust   confiar
trustworthy   confiable
try   probar
try out   ensayar
tube   el tubo
two-way bilingual program   el programa
  bilingüe de dos sentidos
type   el tipo
typewriter   la máquina de escribir
typewriting   la mecanografía
typing   la mecanografía

U

unanimous   unánime
unanimous decision   la decisión
  unánime
underprivileged   menos privilegiado,
  desventajado
underprivileged child   el niño con
  desventaja, el niño desventajado, el
  niño menos privilegiado
underprivileged family   la familia menos
  privilegiada
understand   entender, comprender
understanding   la comprensión
unfair   injusto
unfortunately   desgraciadamente
uniformity   la uniformidad
uniformity of opinion   la uniformidad en
  las opiniones
unit   la unidad
unit plan   la planificación para una
  unidad
unity   la unidad
university   la universidad
university degree   el título universitario
university (pertaining to)   universitario
university professor   el profesor
  universitario (de universidad)
unjust   injusto
unwed mother   la madre soltera
upper class   la clase alta
urban   urbano
urban center   el centro urbano
use   el uso
use   emplear, usar, utilizar

use of drugs   el empleo de (las) drogas, el
  consumo de (las) drogas
use to   soler
usefulness   la utilidad
utility   la utilidad

V

valid   válido
validity   la validez
value   el valor
value   valorar
variety   la variedad
vary   variar
venereal   venéreo
venereal disease   la enfermedad venérea
verbal   verbal
verbal expression   la expresión verbal
verdict   el fallo
verification   la verificación
verify   averiguar, chequear, verificar
vice-principal   el (la) viceprincipal
video   el video
video monitor   el monitor de video
view   la vista
violence   la violencia
violent   violento
violent act   el acto de violencia
violent crime   el crimen violento
virility   la virilidad
vision   la visión
visual   visual
visual perception   la percepción visual
visual stimulus   el estímulo visual
vocation   la vocación
vocational   vocacional
vocational education   la educación
  (técnica) vocacional
vote   votar

W

warning   el aviso
wash   lavar
washer   la lavadora
washing machine   la lavadora
weakness   la debilidad
wealthy community   la comunidad rica
wealthy suburb   el suburbio rico
within full view   a vista completa
witness   el testigo

woodworker el (la) ebanista
woodworking la ebanistería
work el trabajo
work trabajar
work force la fuerza laboral, la mano de obra
workshop el taller
worrisome preocupante
worry la preocupación
worry preocuparse
wrench la llave
write escribir
writing la escritura, la redacción
written language el lenguaje escrito

X
xenophobia la xenofobia

Y
yearly plan el plan anual
years of experience los años de experiencia
years of professional experience los años de experiencia profesional
yield el rendimiento
yield rendir
young people la gente joven
youth la juventud

INDEX